34-028-2

モーゲンソー

国　際　政　治

——権力と平和——

（中）

原　彬久監訳

岩波書店

POLITICS AMONG NATIONS

The Struggle for Power and Peace

Fifth Edition, Revised

by Hans J. Morgenthau

Fifth Edition, Revised, originally published 1978
by Alfred A. Knopf, Inc., New York.
This Japanese edition published 2013
by Iwanami Shoten, Publishers, Tokyo
by arrangement with
McGraw-Hill Global Education Holdings, LLC, New York
through The English Agency (Japan) Ltd., Tokyo.

目　次

凡　例

第四部　国家権力の制限
――バランス・オブ・パワー――……一五

第一一章　バランス・オブ・パワー……一六
社会的均衡……一七
バランス・オブ・パワーの二つの主要なパターン……二六

第一二章　バランス・オブ・パワーの諸方法……三五
分割支配……三五
代　償……三七
軍　備……四〇
同　盟……四一
バランスの「保持者」……七〇

第一三章　バランス・オブ・パワーの構造……八〇
優勢システムと従属システム……八〇
バランス・オブ・パワーにおける構造的変化……八六
第一四章　バランス・オブ・パワーの評価……八九
バランス・オブ・パワーの不確実性……九一
バランス・オブ・パワーの非現実性……一〇一
バランス・オブ・パワーの不十分性……一一六

第五部　国家権力の制限……一三一
――国際道義と世界世論――
第一五章　力の抑制要因としての道義、慣習、法……一三三
第一六章　国際道義……一四三
人命の保護……一四四
普遍的道義対民族的普遍主義……一六八
第一七章　世界世論……二〇三
世界の心理的統一……二〇七

技術的統合の曖昧さ……二〇九
ナショナリズムの障害……二一五
第六部　国家権力の制限——国際法——……二二七
第一八章　国際法の主要問題……二二八
国際法の一般的性質……二二八
国際法における法の定立機能……二三六
国際法における司法機能……二四八
国際法の執行……二六七
第一九章　主　権……三〇〇
主権の一般的性格……三〇〇
主権の同義語——独立、平等、全会一致……三〇六
主権ではないもの……三一〇
主権はどのようにして失われるか……三一四
主権は分割できるか……三一九

第七部　現代世界の国際政治……三四三
第二〇章　民族的普遍主義の新しい道義的力……三四四
古いナショナリズムと新しいナショナリズム……三四四
人心獲得のための闘争……三五一
宣伝の三つの原理……三五四
第二一章　新しいバランス・オブ・パワー……三六八
新しいバランス・オブ・パワーの硬直性……三六八
バランサーの消滅……三七八
植民地フロンティアの消滅……三八六
植民地革命……三九四
二極システムの潜在力……三九八
第二二章　全面戦争……四一〇
全国民の戦争……四一四
全国民による戦争……四一三
全国民に対する戦争……四一四
戦争の機械化……四一七

すべてを賭けた戦争……四三八
全面的機械化、全面戦争、全体支配……四四五
原　注……四五九

本書の構成

第 一 部　国際政治の理論と実践
第 二 部　権力闘争としての国際政治
第 三 部　国　力
……………………………………以上、上巻
第 四 部　国家権力の制限——バランス・オブ・パワー
第 五 部　国家権力の制限——国際道義と世界世論
第 六 部　国家権力の制限——国際法
第 七 部　現代世界の国際政治
……………………………………以上、中巻
第 八 部　平和の問題——制限による平和
第 九 部　平和の問題——変革による平和
第一〇部　平和の問題——調整による平和
解説／あとがき／人名索引
……………………………………以上、下巻

〔翻訳分担〕

（監訳者）
原　彬久　日本語版への序文、第一部、第一〇部担当

＊

織　完　初版序文～改訂第五版序文、第五部担当
高柳先男　第二部担当
星野昭吉　第三部担当
許　世楷　第四部担当
波多野里望　第六部担当
三輪公忠　第七部担当
東寿太郎　第八部（第二三章～第二七章）担当
筒井若水　第八部（第二八章）、第九部担当

凡　例

一、原典において次の(1)〜(4)に該当するものは、日本語版では「　」で示した。
(1)　イタリック体(斜体)の固有名詞(ただし、書名および新聞・雑誌名は除く)。
(2)　大文字の固有名詞、あるいは大文字による強調語句のうち、とくに訳出上必要と考えられるもの。
(3)　引用符(" ")。
(4)　以上三項以外でも訳出の都合上とくに必要と考えられるもの。
二、原典におけるイタリック体の書名および新聞・雑誌名は『　』で示した。
三、上記一の(1)および二を除くイタリック体は、その訳出文字に傍点を付した。
四、原典の〔　〕は原則として——または(　)にするが、この符号を取り払って訳出した場合もある。
五、原典の——はそのまま——にする場合とこれを取り払う場合がある。原典に——がない場合でも適宜——を使っている。
六、原典の(　)はそのまま(　)にした。
七、原注の番号は、章ごとに通し番号を付し、各巻末にまとめた。
八、訳注は〔　〕で示した。

九、原典における引用文は、既訳がある場合でも、モーゲンソーの引用文(英語版)そのものを訳出するよう心がけたため、既訳を参考にしつつ引用文を訳出したケースが少なくない。既訳者諸氏に厚くお礼申し上げたい。

十、原典の各版「序文」は、日本語版では逆順にした。

十一、原典の巻末にある付録類は割愛した。

十二、原典の巻末にある索引は人名のみの索引にした。

モーゲンソー

国際政治

（中）

第四部　国家権力の制限

——バランス・オブ・パワー——

第一一章　バランス・オブ・パワー

力を求めようとする諸国家――それぞれの国は現状を維持あるいは打破しようとしているのだが――の熱望は、バランス・オブ・パワーと呼ばれる形態と、その形態の保持を目ざす政策とを必然的に生みだすものである。(1) われわれは、わざわざ「必然的に」というなぜなら、ここでまたもや、われわれは国際政治の理解を妨げてきた、またわれわれを幻想の虜にしてきた、基本的な誤解に直面するからである。その誤った見解によると次のような主張になる。すなわち人間は、一方における権力政治およびその必然的な結果としてのバランス・オブ・パワーと、他方におけるよりよい国際関係とのうちから、ひとつを選択するということである。またその主張によると、バランス・オブ・パワーに基づく対外政策とは、考えられる幾つかの対外政策のうちのひとつであり、愚かで邪悪な人間のみが、前者すなわちバランス・オブ・パワーの政策を選んで、後者すなわち他の諸政策を拒否する、ということになるのである。

次のようなことは以下のページで示されることになろう。つまり、すべての社会は多数の自律的単位で構成されているが、その構成部分の自律性は一般的な社会原理によるものであり、しかも国際的なバランス・オブ・パワーは、この一般的な社会原理の単なる特殊なあらわれにすぎないということ、そして、バランス・オブ・パワーおよびその保持を目ざす政策は、諸主権国家から成り立つ社会においては、単に不可避のものであるのみならず本質的な安定要因であるということ、さらには国際的なバランス・オブ・パワーの不安定は、原理そのものの欠点によるのではなくて、ある特定の条件――この条件の下でその原理は、諸主権国家から成る社会のなかで作用する――によるものであるということ、以上である。

社会的均衡

普遍的概念としてのバランス・オブ・パワー

「バランス」の同義語としての「均衡」(equilibrium)の概念は、多くの科学――物理学、生物学、経済学、社会学、および政治学――で一般に使われている。それは、多数の自律的な力から成り立つ、ひとつのシステムのなかにおける安定を意味する。外部の力によって、あるいはこのシステムを構成する要素の変化によってその均衡が攪乱《かくらん》されるたびに、このシステムは、本来のあるいは新たな均衡を再建しようとする傾向を示すのである。このような均衡は、人間の身体にも存在する。成長の過程で人間の身体が変化している間でも、身体のそれぞれの器官に生ずる変化がその身体の安定を攪乱しない限り、均衡は持続する。このことは、もしそれぞれの器官における量的および質的変化が互いに釣り合うならば、とくにそうである。しかし、もし外部の妨害によって身体の器官のひとつが傷ついたり失われたり、あるいはその器官のひとつに有害な成長または病的な変形があれば、その均衡は攪乱される。この場合、身体は、攪乱が発生する以前に得ていたものと同じかあるいは異なるレヴェルでの均衡を確立しなおすことによってその攪乱を克服しようと試みるのである。(2)

同じような均衡の概念は社会科学においても使われている。たとえば経済学がそうである。経済システムの相異なる要素間の関係について、たとえば貯蓄と投資、輸出と輸入、供給と需要、生産コストと価格との関係について、この均衡の概念が使われている。現代の資本主義それ自体は、「平衡力」(countervailing power)のシステムとして描かれてきた。(3) それは総体としての社会にも適合する。したがってわれわれは、東部と西部、北部と南部のような異なる地理的領域の間、農業と工業、重工業と軽工業、大企業と小企業、生産者と消費者、経営と労働のような異なる活動の種類の間、都市と地方、老年と中年と青年、経済の領域と政治の領域、中産階級と上層階級と下層階級、のような異なる機能集団の間の適切なバランスを求めるのである。

このようなすべての均衡の基礎には、実は二つの仮定がある。第一に、相互にバランスを保つ諸要素は社会にとって必要であるかあるいは存在する価値があるということ。第二に、諸要素の間に均衡の状態がなければ、ある要素が、他の諸要素よりも優勢を占め、他の諸要素の利益と権利を侵害し、そして最終的には他の諸要素を破壊するかもしれないということである。したがって、このようなあらゆる均衡の目的は、システムを構成している諸要素の多様性を破壊せずに、システムの安定を維持することである。もし目標が安定のみにあるとすれば、ある要素が他の諸要素を破壊ないし圧倒し、他の諸要素にとって替わるのを許容することによって、それはなし遂げられよう。目標は、安定に加えてシステムのすべての要素を保持することにあるのだから、均衡は、いかなる要素も他の諸要素より優勢にならないようにするということを目ざさなければならない。均衡を維持するのに用いられる方法は、ある要素の性向が他の諸要素の性向を圧倒するほどには強くなく、しかし前者が後者に圧倒されないほどに強いという程度にまでは、いろいろな要素が他と異なる性向を追求するのを許容することにある。ロバート・ブリッジズの言葉には、次のようなものがある。

「われわれの安定は、均衡にほかならない。そして英知は、予測できないものを巧妙に管理することのなかにある。」

社会的均衡の仕組みを、「ザ・フェデラリスト」ほど明瞭かつ簡潔に述べたものはない。アメリカの政治の抑制と均衡のシステムに関して、「ザ・フェデラリスト」の第五一篇は、次のように述べている。

「利害を対立・競合させることによって、よりよい動機が欠如している状態を補おうとするこの方策は、公私にわたる人間事象全般をつうじてみられるところである。とくに、それは、権力の補助的な配分にあらわれている。この場合、つねに目ざすところは、各官職を——そのおのおのが他を抑制できるように、すなわち個々人の私的利害が公権力を監視することができるように——分断し按配することである。こういった慎重な工夫は、国家の最高権力の配分にあたっても、その必要性を減ずることはありえないのである。」〔松本重治編『世界の名著33』中央公論社、一九七〇年、三九七ページ参考〕

ジョン・ランドルフの言葉には、次のようなものがある。「あなたは、羊皮紙の文書〔これは諸契約、法規、条約などをさしている〕を、諸制約で埋めつくすことはできよう。しかし、力のみが力を制約できるのである」[4]。

国内政治におけるバランス・オブ・パワー

均衡あるいはバランスの概念は、国際分野以外に、国内の政府および政治の領域において、確かに最も重用されてきた[5]。議会の諸機関は、しばしばその内部で、バランス・オブ・パワーを発展させてきた。多党制は、とりわけこのような発展に役立っている。多党制では、二つの集団がそれぞれ立法機関の少数派を代表しつねに相対立していれば、多数派を形成することができるかどうかは第三集団の投票にかかることになる。第三集団は、この二つの集団のうちのより弱い——潜在的にあるいは実際に弱い——方に加わる傾向をもち、したがってより強い方を抑制する。アメリカの議会の二党制でさえも、次のような場合には、この抑制・均衡過程の典型的な形態を示した。すなわち、フランクリン・D・ルーズヴェルト政府の末期において、さらにはトルーマン政府のほとんどすべての時期をつうじて、南部の民主党員は、第三党を構成し、多くの問題について少数派の共和党と一緒になって投票したのである。したがって彼らは、議会における多数

派の民主党を抑制したばかりでなく、民主党によってコントロールされていた行政部をも抑制したのである。(6)

アメリカの政治は、その安定が構成部分間の均衡によって維持されているという政治システムの顕著な現代的実例である。ブライス卿の言葉には次のようなものがある。

「憲法は、明らかに抑制と均衡の道具としてつくられた。政府の各部門は、他の諸部門を制約し、そして全体の平衡状態を維持すべきものであった。立法部は、行政部および司法部の両者と釣り合いがとれていなければならなかった。立法部の両院は、相互に釣り合うべきものであった。国の政府は、そのすべての諸部門をひっくるめて、諸州政府と釣り合いがとれていた。その均衡は、国民自身によって以外は変更できない文書の保護下におかれているので、国の政府のどの部門も他の諸部門を吸収あるいは侵害できない。………各部門は、その独立を維持し、そしてある限度内でのみ他の諸部門に挑戦できる。」

しかし、政治の諸機関および諸役職(すなわち、歴代ある一定の役職を担当する人たち)の間には、必ず絶えざる闘争――ダーウィンが動植物の間に存在すると明言したような、生存のための闘争――がある。そして、動植物の場合と同じように政治の領域においても、この闘争によってそれぞれの機関あるいは役職は刺激されて、それ自体の存続のために全力を尽くすことになり、またそのもてる力を、発展の可能性のあるいかなる方向にも発展させるわけである。アメリカ政府の各部門は、その範囲と力との拡張に努めてきており、それぞれある方向へは進展してきたが、しかし他の方向へ進むことについては他の諸部門の同等あるいはより強い圧力によって制約されてきたのである。[7]」

「ザ・フェデラリスト」の第五一篇は、チャールズ・A・ビアードによって「動的な均衡」あるいは「動く力の平行四辺形」と呼ばれた力の構造を次のように明らかにした。[8]

「………政府を構成している諸部門がその相互関係によってお互いを適切な地位におくことができると同じように、バランス・オブ・パワーの欠陥は、政府の内部構造を組み立てることによって補われねばならない。………しかしいくつかの権力が同一部門に漸次集中することを防止するための確実な保証は、各部門の運営にあたるものに対して、他部門からの侵犯に抵抗するに必要な憲法上の手段と、その侵犯に抵抗するための個人的な動機を与える、ということにある。………防御のための対策は、他の場合と同様、この場合においても、攻撃の危険性と均衡していなければならない。一部門の人びととの野望は、他部門の人びととの野望に拮抗していなければならない。人間の利益は、その人の地位がもつ憲法上の権利と結合されなければならない………」〔前掲『世界の名著33』、三九五―六ページ参考〕。これら憲法上の措置の目的は、「その社会の一部分を他の部分による権利の侵害からまもることである。相異なる利益は、市民のいろいろな階級の間に必ず存在する。多数者が共通の利益によって結合すれば、少数者の権利は危うくなろう」〔前掲『世界の名著33』、三九八―九ページ参考〕。

執筆者のハミルトンあるいはマディソンは、「多数者全体の不法な結合を――たとえその実現性があるとしても――きわめてありえないものにするほどに、多種多様な市民をこの社会に包含することによって」少数者の権利の保障を期待した。さらに彼らは続けて、「………この社会自体が、市民のなかであまりに多くの部分、利益、階級に割れるので、各個人のあるいは少数者の権利は、多数者の利益による結合の危険に遇うことがほとんどないであろう」〔前掲『世界の名著33』、三九九ページ参考〕と述べた。保障は、「利益の多様性のなかに」あり、そして保障の程度は、「利益の種類の数次第である」。したがって、チャールズ・A・ビアードは、アメリカ政治の原理を次のように要約している。「憲法をつくった人たちは、政治がその行動において権力としてあらわれる、ということを理解していた。彼らは、三部門における人びとの野心や利害関係や勢力を、相互に張り合わせ、一群の機関だけが権力のすべてを掌握してしまわないように、すなわち、それが危険なまでに強力となることのないようにしたつもりであった」。[9]

ここで、「ザ・フェデラリスト」、ブライス卿、およびチャールズ・A・ビアードがアメリカ政治の構造および動態に関する彼らの分析において使用した概念を、国際政治の用語とおきかえてみる必要がある。そうすれば、アメリカ憲法の抑制均衡のシステムと国際的なバランス・オブ・パワーとの両者に共通した主要な要素が明らかになる。いいかえると、同じ原動力が、アメリカの抑制均衡のシステムと国際的なバランス・オブ・パワーのシステムとを生んだのである。両システムは、その使用する手段およびその目的を実現する程度においてどんなに異なっていても、それ自体の安定およびその構成要素の自律性のためには同じ機能を遂行しようとするのである。両者とも、変化、不均衡、そしていろいろなレヴェルにおける新たなバランスの樹立、といった同じ動的な過程から免れるものではない。

国際的なバランス・オブ・パワーの主要なパターンは何か。それが発生し作用する典型的な状況は何か。それが遂行する機能は何か。そして最近の歴史において、それはいかなる変化をしてきたか。

バランス・オブ・パワーの二つの主要なパターン

国際社会の基礎には二つの要因がある。ひとつは多様性であり、他のひとつは、その構成要素である各国の対立である。力を求めようという各国の欲望は、二つの異なる方法で、お互いを紛争に陥らせる。つまり、歴史のいかなる時点においても、そのほとんどすべてとはいわないにせよ、幾つかの国は争っているのである。言葉を換えると、国際舞台の権力闘争は、二つの典型的なパターンで営まれる。

直接的対抗のパターン

A国がB国に対して帝国主義的政策をとりはじめるとすると、その政策に対抗して、B国は、現状維持政策あるいはみずから帝国主義的政策をとることがある。一八一二年におけるフランスおよびその同盟国とロシアとの対抗、一九三一年から一九四一年までの日本と中国との対立、一九四一年からの連合国対枢軸国の争いは、このパターンに該当する。このパターンは、直接的対抗の一種であり、その力を他国に樹立しようとする一方の国と、屈服することを拒否する他方の国との直接的対抗である。

B国がC国に対して帝国主義的政策かあるいは現状維持政策を追求している間、A国もまた、C国に対して帝国主義的政策を追求することができようし、このA国の政策に対して、C国は、抵抗あるいは服従のいずれをもなしうる。この場合、Cへの支配がAの政策の目標である。他方、Bは、Cに対して現状を保持することを望むか、あるいはみずからのためにCを支配することを望むかのいずれかであるので、Aの政策と対立する。ここにおけるAとBの間の権力闘争のパターンは、直接的対抗のパターンではなく、競争のそれである。この権力闘争の目的はCへの支配であり、しかもAとBの間の力の争いは、競争という媒介をとおしてのみ行なわれるのである。このパターンは、たとえば、イランの支配をめぐるイギリスとロシアの間の競争においてみることができる。そこでは両国間の権力闘争は、過去百年の間繰り返しあらわれた。それはまた、ドイツにおける支配的な影響力の獲得をめぐる競争――これが第二次世界大戦以後、フランス、イギリス、ソ連およびアメリカの間の関係を特徴づけてきた――においても明らかにみられる。東南アジア諸国へのコントロールをめぐるアメリカと中国との間の競争は、同じパターンのもうひとつの実例となっている。

バランス・オブ・パワーが作用し、その典型的機能を遂行するのは、このような状況においてである。直接的対抗のパターンにおいては、バランス・オブ・パワーは、いずれの国もその政策が他国の政策に打ち勝つことを期待することから直接生まれる。AはBに対して、Bの決定をコントロールでき、したがってみずからの帝国主義的政策を成功させるほどまでその力を増大させようとする。他方、BはAの圧力に抵抗することができ、したがってAの政策を挫いたり、さもなければみずから帝国主義政策に乗りだしてうまくいく程度までその力を増やそうとするだろう。後者の場合、ひるがえってAもまた、Bの帝国主義的政策に抵抗することができて、しかも自己の政策を首尾よく追求することができるようにその力を増やすにちがいない。一国の力の増強は、少なくともそれに比例して他国の力の増強を呼ぶ。この相対抗する力の釣り合いは、次のようなことになるまで進行してやまない。すなわち、関係諸国が、その帝国主義的政策をすべて放棄しないまでもその目的を変更したとき、あるいはある一国が、他国に対して決定的優勢を得たときまたは得たと信じたとき、である。したがって弱い方が強い方に屈服するか、あるいは戦争が係争に決着をつけるか、のいずれかになるのである。

バランス・オブ・パワーがこのような状況において有効に作用する限り、それは、二つの機能を遂行する。それは、各国間の関係に不確かな安定をつくりだす。その安定は、つねに攪乱される危険にあり、したがって、つねに修復されなければならないものである。しかし、これは、前述のような権力パターンの状況の下で得られる唯一の安定である。というのは、ここでわれわれは、バランス・オブ・パワーの不可避的な内部矛盾に直面するからである。バランス・オブ・パワーが遂行すると考えられている二つの機能のうちのひとつは、諸国家間の力関係における安定をはかることである。だが、これらの関係は、われわれがみてきたように、その性質上、絶えず変化する。これらは、本質的に不安定なのである。天秤皿の相互の位置を決める分銅が、重くなったり軽くなったりして絶えず変化する傾向をもつがゆえに、バランス・オブ・パワーの達成するいかなる安定も不確かにならざるをえないし、しかも外から介在してくる変化に応じて絶え間なく調整作用を受けざるをえないわけである。これらの状況下で成功したバランス・オブ・パワーの果たすいまひとつの機能は、ある国が他国から自由であるということを保障することである。

バランスは本質的に不安定で動的な特性をもつ――それは偶然にあるいは一時的に不安定であったり動的であったりするのではなくて、本質的かつつねに不安定で動的なのである――がゆえに、関係諸国の独立もまた、本質的に不確かで危険にさらされている。しかし、ここで再び述べなければならないことは、一定の権力パターンの状況の下では、各国の独立の基盤は、ほかでもなく、それぞれの国がその自由を他国の力によって侵されないようにするその力にある、ということである。三一ページの図は、この状況を図解したものである〔図1〕。

競争のパターン

いまひとつのパターン、つまり競争のパターンにおいては、バランス・オブ・パワーの力学は前述のものと同じである。AがBの反対にあいながらCを支配するために必要とする力は、それがBの力によって圧倒されない限り、Bと釣り合っている。また他方、逆に、Aの反対にあいながらCを支配しようとするBの力は、Aの力によって圧倒されない限り、Aと釣り合っている。しかし、ここでバランスがさらに果たす機能は、AとBの関係において不確かではあるが安定と安全をつくりだすことのほかに、AあるいはBの侵害に対してCの独立を保護するということにある。Cの独立は、AB間の力関係の単なる函数である〔図2〕。

もしこの関係が帝国主義国Aに決定的に有利に転ずるならば、Cの独立はただちに危険に陥る〔図3〕。

もし現状維持国Bが決定的かつ恒久的に優位に立つならば、その優位の程度に応じて、Cの自由はより安全になる〔図4〕。

最後に、もし帝国主義国Aが、その帝国主義的政策をすべて放棄するか、あるいはその政策をCから他の対象国Dに恒久的に移すかしたならば、Cの自由は永久に保障される〔図5〕。

弱国の独立を保持するというバランス・オブ・パワーのこの機能を、エドマンド・バークほど明確に認識した人はいない。彼は、一七九一年にみずからの『フランス事情の考察』という本のなかで次のように述べた。

「これら二人の君主――プロシア王とドイツ皇帝――が不和である間、ドイツの自由

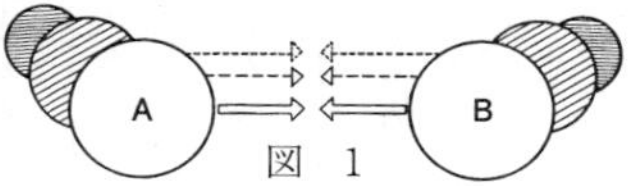

図 1

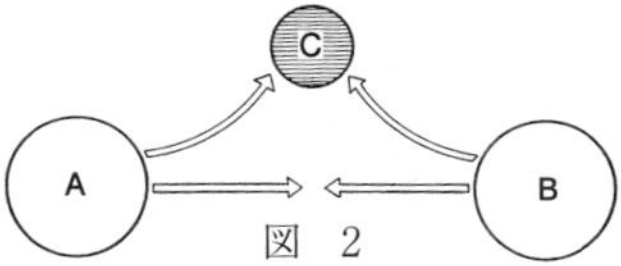

図 2

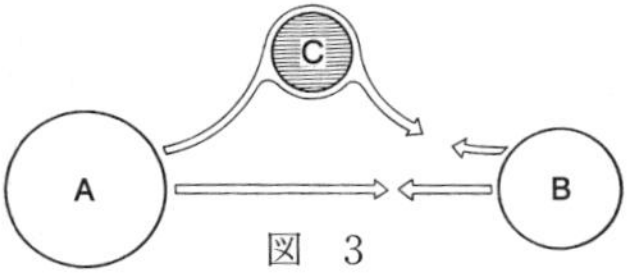

図 3

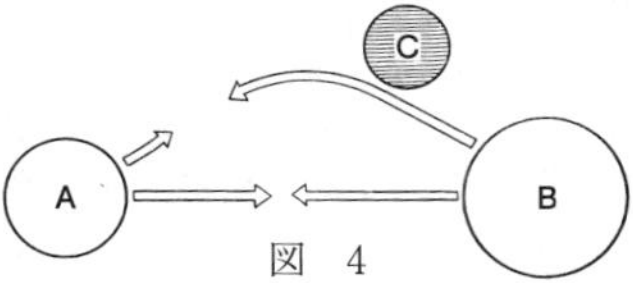

図 4

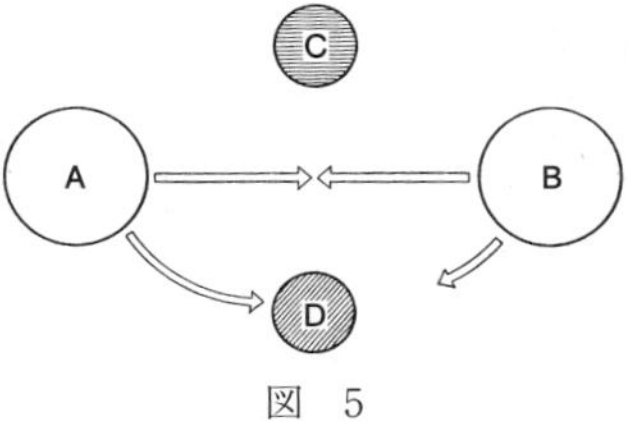

図 5

は安全である。しかし、もしこれまでに彼らが、相互縮小においてよりも、釣り合いのとれた相互拡大において一層直接的かつ明確な利益がある、と信ずるほどに理解し合っていたならば、すなわちもし二人の君主が、彼らのうちのどちらかが他国を略奪しようとしてもそうさせないようにするという旧来の政策をまもることによって安全を得るよりは、略奪の分配によってより多くの富が得られそうである、と考えるようになれば、その瞬間からドイツの自由は、なくなる。[10]」

小国はつねにその独立を、第二次世界大戦前のベルギーやバルカン諸国のように、バランス・オブ・パワーに負うか、あるいは、中南米の小国やポルトガルのように、ある保護国の優位に負うのか、それともスイスやスペインのように、帝国主義的欲望をそそらないということに負うのか、これらのうちのいずれかである。このような小国が中立を維持する能力は、つねにこれらの要因のいずれかあるいはすべてに帰するのである。第一次世界大戦におけるオランダ、デンマークおよびノルウェー、両世界大戦におけるスイスおよびスウェーデンがその例である。

同じ要因は、いわゆる緩衝国——列強の近くに位置し、それらの軍事的安全に役立つ弱国——の存在の理由ともなっている。その存在をバランス・オブ・パワーに負う緩衝国の顕著な例は、独立国としての歴史がはじまった一八三一年から第二次世界大戦に至るまでのベルギーである。ソ連の西部と南西部国境に沿ってのびているフィンランドからブルガリアまでの、いわゆるロシア安全保障地帯に属する諸国家は、優勢な近隣国家の容認によって存在しており、この近隣国家の軍事的・経済的利益に役立っているのである。

朝鮮とバランス・オブ・パワー

これらいろいろな要因はすべて、相ついで朝鮮の運命に影響を及ぼしてきた。その地理的位置が中国に近いため、強い隣国からのコントロールないし介入によって、朝鮮はその長い歴史の大半を独立国として存在してきたのである。中国の力が朝鮮の独立を保護するに十分でないときにはいつでも、他の一国、概して日本が朝鮮半島に足場を獲得しようと試みた。紀元前一世紀から、朝鮮の国際的地位は大体、中国の優位かあるいは中国・日本間の対抗か、のいずれかによって決定されてきたのである。

七世紀における朝鮮の統一そのものは、中国の介入の結果であった。一三世紀から、一九世紀の中国の力の衰退に至る間、朝鮮は、その宗主国としての中国に服従する関係に立ち、そして政治および文化における中国のリーダーシップを受け入れた。一六世紀末以降は日本が、持続的成功をみなかったとはいえ、朝鮮に侵入してからというものは、中国の要求に対抗してみずからの朝鮮支配の要求を揚げるに至ったのである。日本は、一八九四―五年の日清戦争における勝利の結果として、その要求を実現することができた。ついで日本は、朝鮮への支配についてロシアから挑戦され、そして一八九六年からはロシアの影響力が優勢になった。朝鮮への支配をめぐる日本・ロシア間の対抗は、一九〇四―五年の日露戦争におけるロシアの敗北で終わりを告げた。こうして日本の朝鮮に対する支配は確立されたが、それも、第二次世界大戦における日本の敗北で終結した。それからはアメリカが、朝鮮におけるロシアの野心の抑制者として日本にとって替わった。中国は朝鮮戦争への介入によって、朝鮮支配についてのその伝統的関心を再びもちはじめる。このように二千年以上もの間、朝鮮の運命は、朝鮮を支配する一国の優位、あるいはその支配をめぐって競争する二国間のバランス・オブ・パワー、のいずれかによって左右されてきたのである。

第一二章　バランス・オブ・パワーの諸方法

均衡の過程は、重い方の秤皿の重量を減らすか、あるいは軽い方の重量を増やすか、のいずれかによって展開される。

分割支配

講和条約に厄介な条件を課すことや、反乱と革命を扇動することなどを除けば、前者の方法、つまり重い方の秤皿の重量を減らすという方法は、「分割して支配せよ」という格言にその典型的な表現をみいだすことができる。それは、競争者の分割ないしは分割の維持によって、競争者を弱めたりあるいは弱いままにしておこうとする諸国家が用いてきた方法である。近代におけるこの種の最も重要かつ一貫した政策は、フランスの対ドイツ政策およびソ連の対ヨーロッパ政策である。一七世紀から第二次世界大戦終結までは、ドイツ帝国を多くの小独立国に分割するのを支持するか、あるいはこれら諸国の統一国家への合体を阻止するか、このいずれかがフランス対外政策の変わらざる原則であった。リシュリューによるプロテスタント諸君主への援助、ナポレオン一世によるライン同盟への支持、ナポレオン三世による南部ドイツの諸君主に対する加勢、第一次世界大戦後の分離運動――結局は失敗したのだが――に対する支持、および第二次世界大戦後のドイツ統一に対する反対、これらすべてには、共通してヨーロッパのバランス・オブ・パワーが考慮されていた。しかもフランスは、まさにこのバランス・オブ・パワーが強大なドイツ国家によって脅かされる、と感じていたのである。同じように、一九二〇年代から現在に至るまで、ソ連は、ヨーロッパ統合のすべての計画に一貫して反対してきた。それは、ヨーロッパ諸国の分割された力を併合して「西側陣営」とすることは、ソ連の安全を脅かすような力を敵に与えることになる、という考えにソ連が立ったからである。

幾つかの国の力を均衡させるいまひとつの方法は、より弱い国の力を増やすことである。この方法は、次のような二つの異なった手段によって遂行される。第一は、Bは、Aの力をたとえ上まわらないまでも、それを十分相殺できるように、Bの力を増やすことができるし、またその逆も同じである。あるいは、Bは、Aに対してBと同一の政策を追求している他のあらゆる諸国家の力をB自身の力と合体させればよい。この場合、

Aは、Bに対してAと同一の政策を追求している他のあらゆる諸国家の力をA自身の力と合体させるであろう。第一の選択は、軍縮に加えて代償政策とか軍備競争によって、第二の選択は同盟政策によって例証される。

代　償

領土的な性質をもった代償行為は、ある国の領土の獲得によってすでに攪乱された、あるいは攪乱されようとしたバランス・オブ・パワーを維持するための、一八、一九世紀における通常の方策であった。スペイン継承戦争を終結させた一七一三年のユトレヒト条約は、領土的代償の手段によるバランス・オブ・パワーの原則を初めて明確に認めたものである。そこでは、この条約にあるように、「ヨーロッパの均衡を維持するため」(*ad conservandum in Europa equilibrium*)に、ヨーロッパおよび植民地にあるスペインの領土のほとんどすべてをハプスブルク家とブルボン家との間で分割することが定められている。

一七七二年、一七九三年、一七九五年における三度のポーランド分割は、あとで論ずるような理由から[1]、ある意味において、古典的なバランス・オブ・パワーの時代が終わったことを示すものであるが、その分割が代償の原則の下に行なわれたという点では、バランス・オブ・パワーの本質を再確認するものでもあった。利害関係国――オーストリア、プロシア、ロシア――のうち、いずれか一国が、他国を除外してポーランドから領土を得ることは、バランス・オブ・パワーをくつがえすことになる。そのため、三国間の力の配分が、ポーランド分割後もその前とほとんど同じであるようなやり方で同国の領土を分割することに三国は同意したのである。オーストリアとロシアの間の一七七二年の条約のなかでは、「取得物……は、完全に平等であらねばならず、一国の分けまえは、他国の分けまえを超えてはならない」、とさえ明記されていた。

土地の肥沃さおよび住民の数と質は、各国が領土の獲得をつうじて取得する力の増強程度を決定する客観的基準とみなされた。一八世紀において、この基準はぞんざいに適用されたが、ウィーン会議は、一八一五年に、住民の数、質、およびタイプの基準によって領土を評価する義務のある統計委員会を任命して、代償政策にみがきをかけたのである。

一九世紀後半および二〇世紀初頭において、代償の原則は、植民地領土の分配、さらには植民地ないし半植民地の勢力範囲の境界画定に再び慎重に適用された。とくに、アフリカはこの期間中、主要な植民地主義列強が勢力範囲の境界を定める無数の条約の対象となった。こうして、フランス、イギリス、およびイタリアの間のエチオピア支配をめぐる競争は、ポーランド分割のモデルにならって一九〇六年の条約で一時的に解決された。この条約は、関係諸国間のバランス・オブ・パワーをこの地域に確立することを目的として、エチオピアを三つの勢力範囲に分割したのである。同じように、イギリスとロシアの間のイランをめぐる対抗は、一九〇七年の英露協商を生みだした。これは、締約当事国の勢力範囲、および、イランの単独支配下の緩衝地帯を確定したものである。この場合の代償は、領土主権の徹底的割譲にあるのでなく、むしろ商業的搾取、政治的および軍事的浸透、そして将来ありうる主権の最終的確立のために、ある一定の領土を特定国の排他的利益の下に留保することにあるのである。いいかえると、この特定国は、当該領土に対して十分な所有権をもたないが、その勢力範囲内では他国の競争あるいは反対を受けずに行動する権利をもつわけである。ひるがえって、他国もまたみずからの勢力範囲のために、相手側特定国の自制を要求する権利を有するのである。

しかし、前述の諸条約におけるように、代償の原則が計画的に適用されることがない場合でさえも、バランス・オブ・パワーのシステムのなかでなされる政治的取決めは、それが領土にかかわるものであろうとなかろうと、代償の原則を含まないものはない。なぜならば、このようなシステムのなかでは、相当の利益を代償として受け取るという期待――それが十分な根拠をもとうがもつまいが――がなければ、いかなる国家も他国に政治的利益を譲与することに同意はしないからである。政治的妥協に終わる外交交渉の取引は代償の原則の最も一般的な形にすぎず、しかもこのような取引は、それ自体バランス・オブ・パワーと有機的に結びつけられているのである。

軍備

しかし、一国が、その自由になる力をもって、バランス・オブ・パワーの維持あるいは回復に努める場合の基本的な手段は、軍備である。A国が、B国の軍備に後れをとらないように、さらにはそれにまさるようにしよう――またその逆の場合も同様であるが――という軍備競争は、不安定で動的なバランス・オブ・パワーの典型的な手段である。軍備競争の必然的結果として、軍事的準備の負担が絶え間なく増大し、それが、ますます多くの国家予算をむさぼり、かくて恐怖や猜疑や不安を一層深刻なものにするのである。ドイツとイギリスとの間の海軍の競争、およびフランスとドイツとの陸軍の対抗、という第一次世界大戦直前の状況はこのことを例証している。

このような状況認識があったからこそ、競争諸国の相互比例的な軍縮によって――たとえ恒久的平和を樹立しないまでも――安定したバランス・オブ・パワーをつくりだす企てが、ナポレオン戦争終結以来繰り返しなされてきたのである。相互比例的な軍縮によるバランス・オブ・パワー安定化の技術は、領土的代償の技術にいくらか似ている。なぜなら、これら両方の技術は、取決めが各国それぞれの力にどれほど影響を及ぼすかを量的に評価する必要があるからである。このような量的評価をなすときにつきまとう困難――たとえば、一九三二年のフランス陸軍の軍事力と、ドイツの工業潜在力によって表わされる軍事力との相互関係を評価する場合がそうであった――は、安定したバランス・オブ・パワーを軍縮によってつくりだそうという企ての大半を失敗させる大きな要因となった。この種の唯一の顕著な成功例は、一九二二年のワシントン海軍条約である。そこにおいて、イギリス、アメリカ、日本、フランス、およびイタリアは、海軍軍備の相互比例的な縮小と制限とに同意した。しかし留意すべきは、この条約が、太平洋地域におけるイギリス・アメリカ優位の基礎に立って力関係の安定をもとめる、総合的な政治的・領土的決定の一部であったということである。(2)

同　盟

しかし、バランス・オブ・パワーの歴史的に最も重要な表現は、二つの孤立した国の均衡にではなく、一国と他の同盟との関係、あるいは諸国家からなる同盟と他の同盟との関係にみいだされるはずである。

同盟の一般的性質

同盟は、バランス・オブ・パワー——それは、多数国家システムのなかで作用する——の必然的機能である。相互に競争しているA国とB国が自分たちの相対的な権力地位を維持、増進するためには、三つの選択範囲がある。A国とB国は、みずからの力を増大することができる。彼らは、みずからの力に他国の力を加えることができる。あるいは、彼らは、敵対国から他国の力を引き離すことができる。A国とB国が第一の選択をすれば、彼らは軍備競争に乗りだすことになる。A国とB国が第二および第三の選択肢を選べば、彼らは同盟政策を追求することになる。

したがって、ある国家が同盟政策を追求すべきか否かは、原則の問題ではなく便宜の問題である。もしある国家が、自分は他から助力を受けなくてもよいほど強いのだと考えたり、あるいは、同盟から生ずる義務負担が、予期される利益を超えそうだ、と考えるならば、その国家は同盟を避けるだろう。これらの理由のいずれかあるいは両方のために、イギリスおよびアメリカは、その歴史の大部分をつうじて、他国との平時における同盟に入ることを差し控えてきたのである。

一八二三年におけるモンロー・ドクトリンの宣言から一九四一年における真珠湾攻撃までの間、イギリスとアメリカは、少なくとも他のヨーロッパ諸国に対する関係においては、あたかも両国が同盟しているかのように行動してきたとはいえ、やはり互いに同盟を締結することを控えてきた。この時期における両国の関係は、国家が同盟なしでやっていける状況のいまひとつの実例を提供している。その状況は、次のようなときに発生するのである。すなわち、彼らの利益が相互一致の政策と行動とをあまりにも明白に要求しているので、これら利益、政策、および行動を明示的に定式化して同盟条約の形にすることが余計なことにみえるという場合である。

イギリスおよびアメリカはともに、ヨーロッパ大陸に対しては、ヨーロッパのバランス・オブ・パワーの保持ということに共通の利益をもっていた。この利益の一致の結果、彼らは、実際上の必要から、そのバランスに脅威を与える国に反対する陣営にみずからをおいたのである。そして一九一四年および一九三九年に、イギリスがヨーロッパのバランス・オブ・パワーをまもるために戦争に突入したとき、アメリカは、当初中立にふさわしい公平さを著しく欠く形でイギリスを支持し、ついで戦場にみずから加わった。もし一九一四年および一九三九年において、正式の同盟条約でイギリスと結ばれていたならば、アメリカはもっと早く宣戦したであろう。しかしその場合、条約に記載された一般的政策と具体的行動は、彼らの実際になしたこととさしてちがわなかったであろう。

共通の政策と行動を要求する利益の共通性は、必ずしも明示的な同盟という形での法制化を必要とするわけではない。しかし他方では、同盟はその設立のためには利益の共有を必然的に要求する。[3] そこで、既存の利益の共有はいかなる条件の下で同盟の明示的な定式化を必要とするのか。そして、同盟は既存の利益の共有にいかなるものを付け加えるのであろうか。

同盟というものは、既存の利益の共有と、さらにはその利益に役立つ一般的政策および具体的手段を、とくに限定条件を課すという形で一層明確化する。[4] 諸国家が共有する利益は、ヨーロッパのバランス・オブ・パワーの保持におけるアメリカとイギリスの利益ほどには、地理的領域や目的やそれ特有の政策についてとくに明確で限定的であるというわけではない。また諸国家が共有する利益は、共通の仮想敵に関しても、明確で限定的であるというわけではないのである。なぜなら、典型的な同盟は特定の一国あるいは諸国家の集団に対して向けられるが、一方では、利益を共有するイギリスおよびアメリカの敵は、事の性質上――つまり、ヨーロッパのバランス・オブ・パワーを脅かすものはみな敵であるがゆえに――あらかじめ指定されることはないからである。当時のバランス・オブ・パワーを脅かしているようにみえるのはどの国家か、ジェファーソンはそれによって彼の好意をナポレオンに寄せたりイギリスに移したりした。それと同じように、ナポレオン戦争に続くこの世紀の間、イギリスとアメリカは、つねに変化しがちな状況に照らして、その時点においてバランス・オブ・パワーに最大の脅威を与えるのはどこか、ということを決めなければならなかった。敵を個々に決定するのではなく、その果たす機能によって決定するという総括的な敵の設定の仕方は、抽象的に設定された侵略者――それが誰であろうとも――に対して向けられる集団安全保障と同じような特徴を思い起こさせる。

第三国に対抗して二つの国家を連合させる典型的な利益は、敵を決定することに関してはより一層明確であり、そして追求されるべき目的および政策に関してはあまり厳密ではない。一九世紀末の数十年間、オーストリアがドイツと同盟してフランスとロシアとに反対していたとき、フランスはドイツと対抗し、ロシアはオーストリアと対抗していた。フランスとロシアの利益は、政策を決定し行動を導く共通項をどのようにして与えられたのか。いいかえると、敵、味方の双方がそれぞれの利益に影響を及ぼすある偶発事件において何を期待すべきか、を知りうるような「応援義務発生事由」は、どのように決定されたのであろうか。一八九四年の同盟条約は、これらの機能を果たすためのものであった。もし一八九四年の露仏同盟の目的と政策が、ヨーロッパにおけるイギリス・アメリカ間の協力の目的と政策のように明らかであったならば、同盟条約など不必要であったろう。もし敵の存在が曖昧であったならば、いかなる同盟条約もうまくいかなかったであろう。

したがって、二国ないしそれ以上の国家間の協力を呼び起こす利益の共有がすべて、この協力関係を同盟条約の法的約定によって明記すべきであると要求するわけではない。共通の利益が政策と行動において組織だっていないときにのみ、同盟条約は、その共通の利益を明示的かつ効果的なものにすることを要請されるのである。これら共通利益――この共通利益を表わす同盟や共通利益に役立つ政策もともにそうであるが――は、以下に示す五つの点によって特徴づけられよう。すなわち、これら利益の本来の性質および相互関係、利得および力の配分、関係諸国の利益全体のなかで占める共通利益の割合、共通利益の時間的継続性、および共通の政策と行動を促す効力である。そこで、われわれは同盟の特徴として、その利益と政策が加盟国間で全く一致しているもの、補完的なもの、さらには、イデオロギー的性格をもつもの、というふうに特徴づけることができる。われわれはさらに、同盟を、相互的なものと片務的なもの、一般的なものと限定的なもの、一時的なものと恒久的なもの、効力をもつものともたないもの、に識別することができる。

ヨーロッパに関するイギリス・アメリカ同盟は、利益の一致に役立つ同盟の典型的な実例になっている。すなわち、この場合には、一方の側の目的——ヨーロッパにおけるバランス・オブ・パワーの保持——は、他方の目的でもあるからである。アメリカとパキスタンの間の同盟は、補完的な利益に奉仕する同盟、という多くの現代的実例のうちのひとつである。アメリカにとってそれは、封じ込め政策の範囲を拡張するという主要な目的に役立つ。パキスタンにとってそれは、同国の隣人に対抗してその政治的、軍事的、および経済的潜在力を増大させるという目的に主として役立つのである。

イデオロギー的な同盟の純粋なタイプは、一八一五年の神聖同盟条約と一九四一年の大西洋憲章に示されている。二つの文書はともに、署名国がみずからそれへの支持を誓う一般的な道義原則、および彼らがその実現を誓約する一般的な目的を規定した。一九四五年のアラブ連盟条約は、一九四八年の対イスラエル戦争以来、主としてイデオロギー的な団結を表わす同盟の現代的実例となっている。

これよりはるかに典型的なのは、同一の同盟条約において、物質的な取決めのうえにさらにイデオロギー的な約定を加えているものである。[5] たとえば、一八七三年の三帝同盟は、オーストリア、ドイツ、およびロシアのいずれかが攻撃された場合の、三国間の軍事援助を規定しており、それと同時に共和主義者の破壊に対して三君主の団結を強調した。現代においては、共産主義者の破壊に対するイデオロギー的な約束が同盟条約に挿入され、同様の機能を果たしている。イデオロギー的な要素はまた、実質的利益に基づいた同盟についての公式解釈においては、この実質的利益の範囲を超えたイデオロギー的な団結という形であらわれるのである。共通の文化、政治制度、および理想に基づいていて、しかも、包括的かつ世界的規模のものとしてのイギリス・アメリカ同盟の概念——これは一九五六年におけるイギリスのエジプト侵攻以前においては共有されていた——は、ひとつの適例である。

同盟に対するこのようなイデオロギー的な要素の政治的効果については、三つの可能性を区別しなければならない。物質的利益に関係のない、純粋にイデオロギー的な同盟は失敗せざるをえない。それは、政策を決定したり行動を指導したりすることができず、また、政治的結束が不在なのにあたかも存在しているかのようにみせかけることによって誤った方向にみずからを導く。イデオロギー的な要素が現実的な利益の共有に付け加えられるとき、その要素は、道義的確信および情動的な選好を同盟の支持の方向へと糾合することによってその同盟を強化する。イデオロギー的要素はまた、同盟を弱めることができる。それは、同盟が明確にするとされていた共通利益の性質および限界を曖昧にすることによって、さらには、政策と行動の協調程度からいって必ず失望に終わるような期待を増大させることによって、である。この二つの可能性については、イギリス・アメリカ同盟が再び実例として役立つであろう。

同盟国間における利得の配分は、理想的には完全に相互的なものでなければならない。この場合、締約国がお互いのために使った労力は、それが受け取る利得に釣り合っている。この理想は、力において同等である国家の間で締結されてしかも同一利益に奉仕する同盟においては比較的実現しやすい。またここでは、当事国すべてが平等にその資源を使って同じ誘因に反応し、あるひとつの利益を促進するのである。利得の配分におけるいまひとつの極端な例は、片務的なものである。「ライオン結社」(*societas leonina*)のなかでは、一方が利得の最大部分を受け取るのに対し、他方が負担の主要部分を引き受ける。このような同盟の目的が受益者の領土的および政治的保全の維持である限り、その同盟は、保証条約と見分けがつかなくなる。補完的な利益は、きわめて容易にこの種の利得配分の不均衡を助長しやすい。なぜなら、これらの利益は明らかにその内容において相異なるのであり、しかもこれらの利益の相対的評価は主観的解釈によってゆがめられやすいからである。力における著しい優位は、この主観的な解釈に必ず影響を与えるはずである。

利得の配分は、したがって、政策の決定と同じように、同盟のなかにおける力の配分を反映するものになりやすい。大国は、利得および政策について、弱い同盟国を相手にみずから思いどおりにふるまう絶好の機会をもつことになる。マキアヴェリが、必要による以外は強国と同盟することのないよう弱国に警告を発したのはこのためである。[6] アメリカと南朝鮮の間の関係はこのような状況を例示している。

しかし、利得、政策、および力の間のこのような相互関係は、決して不可避のものではない。弱国が、その強大な同盟国にとってかけがえのない大きな価値をもっていても不思議ではない。この場合、弱国は、自分が与えたり与えなかったりすることのできるユニークな利得によって、同盟のなかで、現実の物的な力の配分とは必ずしも完全には一致しない地位を与えられるのである。最近の歴史においては、基地に関するアメリカとスペインとの関係、および石油に関するアメリカとサウジアラビアとの関係が、われわれの心に浮かんでくる。

前述のイギリス・アメリカ同盟の誤った解釈もまた、限定的同盟と全般的同盟との間の混乱を例証するものである。全面戦争の時代において、戦時同盟は、次のような意味において全般的なものになる傾向がある。すなわち、戦時同盟は戦争遂行と平和解決の両方に関する、締約当事国の利益すべてを包含するということである。他方、平時の同盟は、署名国の全部の利益および目的のうちのある一部分に限定される傾向がある。国家は、いろいろな国家といろいろな同盟を結ぶことになろうし、それらは、特定のことについては相互に重複し矛盾するかもしれない。

典型的な同盟は、締約当事国間の全部の利益のうちのある小部分を共通の政策と手段に変えようとする。これら諸利益のなかには、同盟の目的と無関係なものもあれば、その目的に役立つものもあるし、その目的から逸脱したり、さらにはその目的と両立しえないものもある。したがって典型的な同盟は、多様な利益と目的の動態的な領域のなかに組み込まれている。この同盟の有効性および有効期間は、同盟の基盤をなしている共通利益が、関係諸国の他の利益に対してどれだけ強力であるかにかかっている。同盟の価値と可能性は、どれほどその範囲が限られていようとも、全般的な政策――その枠のなかで同盟は機能すると考えられている――の文脈において考察されなければならない。

特徴的にいえば、全般的な同盟は、長続きせず戦時において大いにみられる。なぜなら、戦争に勝つという最も重要な共通利益と、戦争遂行の目的である利益を平和解決によって獲得するというこれまた最優先の共通利益は、ひとたび勝利が獲得され平和条約が署名されると、伝統的に別々でしかもしばしば両立し難いそれぞれの国の利益に道を譲らざるをえなくなるからである。他方、同盟の永続性と同盟が助長する利益の限定的な性質との間には相関関係がある。(7) なぜなら、このような特定の限定的な利益のみが長続きしやすく、もちのいい同盟に土台を据えることができるからである。一七〇三年に締結された、イギリスとポルトガルとの間の同盟は、数世紀にわたって存続した。それは、イギリス艦隊によるポルトガルの港の保護というポルトガル側の利益と、大西洋からポルトガルへの海路のコントロールというイギリス側の利益が長続きしたためである。しかし、一般的な歴史的観察として次のようなことがいえよう。すなわち、同盟条約は、「永久に」、あるいは一〇年ないし二〇年の期間で締結されていることにより、しばしば恒久的な有効性があるとされてきたが、実際のところ同盟条約は、それが推進すると考えられている共通利益の外形――それは、一般的には不安定でつかのまのものではあるが――よりも、さらにもろかったということである。概して、同盟条約は短命である。

同盟が、その基礎をなす利益の共有性にどれほど依存しているかによっても、われわれは効果的な同盟と非効果的な同盟との間の区別を説明することができる。同盟が効果的である――すなわちそのメンバーの一般的政策および具体的手段を調整することのできること――ためには、そのメンバーが、一般的な目的についてばかりでなく、政策および手段についても合意しなければならない。多くの同盟が紙くず同様の約束にとどまったのは、このような合意がみられなかったからである。しかもこういった合意がみられなかったのは、利益の共有が一般的目的の域を超えて具体的な政策と手段にまで及ばなかったからである。非効果的な同盟の典型的な実例は、アメリカとフランスとの間の同盟であった。それは、第一次対フランス大同盟戦争がフランスとヨーロッパ諸君主との間に勃発した後、すなわち一七九三年のワシントンの中立宣言によって、効果のないものにされたのである。ハミルトンは、一般的な適応性を論拠にして、次のようにこの宣言を正当化した。「その戦争に乗りだすことによってアメリカが受けるであろう危害および危険と、両国の約束の性質からみてフランスに対して与えなければならない恩恵や、仲間になることによって実際にアメリカがその能力の範囲内でフランスに与えることのできる利得との間には、いかなる釣り合いも存在しないであろう」。一九三五年と一九四四年の仏ソ同盟、および一九四二年の英ソ同盟は、これとは別の適例である。同盟条約の法的効力および宣伝的な呪文は、同盟条約がもつ実際上の有効性について、観察者を容易に惑わしてしまう。この有効性を正確に評価するには、われわれは、締約当事国が同盟の遂行にあたって取り上げてきた具体的な政策と手段について検討しなければならない。

以上のような考察は、他の核保有国に向けられた、核保有国Aと非核保有国Bとの間の同盟についてとくに適切なものとなる。Aは、Bとの同盟を尊重してまで、Cによる核破壊という危険にみずからをさらすであろうか。極端に危険が伴うことは、このような同盟の有効性に疑問をなげかけることになる。ドゴールによって初めて明白に提起されたこの疑問は、アメリカとその幾つかの主要同盟国との間の協調関係を弱めてしまったのである。

同盟対世界支配

権力闘争の当然かつ不可避の結果としてのバランス・オブ・パワーは、政治史そのものと同じほどに古いものである。一方、一六世紀にはじまり一八、一九世紀に頂点に達した、政治史の体系的な論理的考察によれば、一般にバランス・オブ・パワーは、他国の世界支配――当時これは普遍的王国と呼ばれた――の意図に対抗して独立を切望している諸国の同盟という形の防衛装置である、と考えられた。Aから直接的に脅かされているBは、Aから潜在的に脅かされているC、D、およびEと結び、Aの意図をくじく〔図6参照〕。ポリュビオスは、ローマ人、カルタゴ人、およびシラクサのヒエロンとの関係についての分析においてこの形態の本質を指摘している。

「あらゆる方面から塞がれているカルタゴ人は、彼らと同盟している諸国に援助を訴えざるをえなかった。ヒエロンは、当面の戦争の全期間をつうじて最も敏速に彼らの要請に応じ、そしていまやこれまでよりも一層丁重であった。それは、ヒエロンが次のようなことを信じたからである。すなわち、そのシシリーの領土とローマ人との友好の両方をともにまもるのが彼みずからの利益になるということ、カルタゴが維持されるべきであること、そして強い国でも努力をせずしてはその最終目的を完全に達成することはできないこと、以上である。このことについて、彼は、非常に賢明かつ巧みに判断を下した。なぜならいま述べた事柄は無視されるべきではないからであり、また、すでに承認ずみの権利のためであろうと、あえてそれに抗争を挑むものがないほどにきわめて優勢な一強国の目的達成にわれわれは力をかすべきではないからである⑧。」

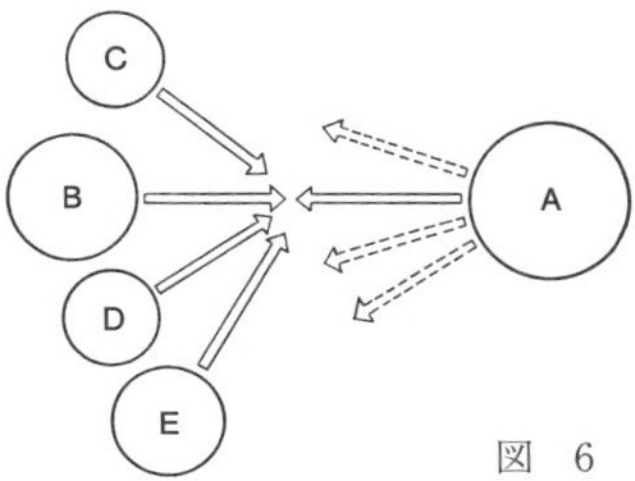

図 6

フィレンツェの政治家および歴史家である、ルチェラーイとグイッチャルディーニのあとをついで、近代において初めて同盟によるバランス・オブ・パワーというものの本質を認識した人は、フランシス・ベーコンである。彼はそのエッセイ、『帝国について』のなかで、次のように述べている。

「まず、君主たちの隣人にとっては、つねに効果をもちつづけているひとつの規則――それは、君主たちの隣人のいかなるものも、過去におけるよりももっと彼らを悩ますほどに成長する(領土の拡張、貿易の支配、接近策といったものなどによって)ものがないように、君主たちが十分に見張りをすることである――を除いては、いかなる一般的原則もありえない(つまり状況が非常に変わりやすいからである)。………イギリス国王ヘンリー八世、フランス国王フランソワ一世、皇帝カール五世の国王三頭時代をつうじて、このような見張りが行なわれた。そして、この三者はいずれも一場の勝利ものにすることができなかったし、一方の勝利への試みは、他の二者による連合あるいは必要あれば戦争によってただちに牽制されたのであり、彼らはどうしても和睦に関心をもとうとはしなかったのである。同じようなことは、ナポリ国王フェルディナンド、フィレンツェの権力者ロレンツォ・〔デ・〕メディチ、ミラノの権力者ロドヴィコ・スフォルツァの間で形成された同盟(グイッチャルディーニはこれをイタリアの安全保障であるという)でもなされた。」

ハプスブルク家のカール五世が彼の帝国を強化したり拡張したりしないようにするた

めに、フランソワ一世がヘンリー八世およびトルコと締結した同盟は、ある同盟と、普遍的王国の樹立を意図した一国との間に機能する大規模なバランス・オブ・パワーの、近代における最初の実例である。一七世紀後半において、フランスのルイ一四世は、ハプスブルク家の役割を引き継ぎ、ヨーロッパ諸国の間に同じような反発を呼び起こした。フランスの支配からヨーロッパ諸国をまもり、フランスとヨーロッパの他の諸国家との間の新たなバランス・オブ・パワーを樹立するために、イギリスおよびオランダが中心になって同盟が形成されたのである。

一七八九年のフランスに対する戦争やナポレオンに対する戦争は、ひとつの優勢な国家が世界支配を目ざして、それが諸国の独立保持のための連合によって対抗されるという、同じような形態を示している。最初の同盟は一七九二年に戦争をはじめたが、そのときの宣言文は、次のようにうたっていた。「ヨーロッパにおけるバランス・オブ・パワーの維持に関心をもついかなる国も、この壮大なバランスのなかで、かつては重要な比重を占めていたフランス王国を、これ以上国内的動乱、および無秩序と無政府状態の恐怖――このようなことが、いわばその政治的生存を破壊してきた――にゆだねるのを無関心でみていることはできない」。そしてこれらの戦争がその結末に近づいたとき、一八一四年四月二三日のパリ休戦協定の言葉にあるように、「ヨーロッパの不幸に終止符を打つこと、および構成諸国間の力の公正な再配分の上にヨーロッパの平和を基礎づけること」、すなわち、新たなバランス・オブ・パワーの上にヨーロッパの平和を築くということが依然として同盟諸国の目的であった。ドイツと日本に対して第二次世界大戦を戦う連合が存在しえたのは、すべてのメンバーに共通した、あのドイツと日本の帝国主義に対する同様の恐怖があったからである。そしてこれらのメンバーは、新たなバランス・オブ・パワーのなかで彼らの独立を保持する、というこれまた同様の目標を追求したのである。同じように、西側の二国間および多国間同盟は、一九四〇年代後半以来、新たな世界的バランス・オブ・パワーの創出をつうじてソ連の帝国主義的膨張を阻止する、という目的を追求してきたわけである。

同盟対対抗同盟

ある潜在的征服者と、それに対抗して独立をまもる諸国家の同盟との闘争は、バランス・オブ・パワーが生みだす諸形態のうちで最も劇的なものである。二つの同盟間の対抗——そのうちの片方あるいは双方が、帝国主義的目標を追求したり、相手側の連合の帝国主義的野望に対して自陣営のメンバーの独立をまもるわけであるが——は、バランス・オブ・パワー・システムのなかで最もしばしば起こる形態である。

ごくわずかの比較的重要な実例だけを述べることにしよう。三十年戦争を戦った連合——一方はフランスとスウェーデンの指導下で、他方はオーストリアの指導下で戦った——は、とくにスウェーデンとオーストリアの帝国主義的野心を助長したと同時に、相手側の野心を抑止しようとするものであった。三十年戦争後、ヨーロッパ問題を解決した幾つかの条約は、野心の抑制に役立つバランス・オブ・パワーを樹立しようとした。一七一三年のユトレヒト条約と、一七七二年の第一次ポーランド分割の間にみられた多くの同盟戦争はすべて、ユトレヒト条約がかつて樹立したバランスを維持しようとしたのであり、さらには、プロシア、ロシア、およびイギリスの力の上昇に加えて、スウェーデンの力の下降によって攪乱されがちであったバランスを保とうとするものであった。戦争の進行していたときでさえも、同盟体制がしばしば変化したことは、歴史家には驚きであった。そしてその変化によって、一八世紀は、とくに無節操の世紀であるとか、さらには、道義的考慮を欠いた世紀であるとみられたのである。ワシントンの告別演説がアメリカの民衆に警告したのは、まさにこの種の対外政策に対してであった。

しかし、このような対外政策が隆盛をきわめた時代は、実際においてと同様理論においても、バランス・オブ・パワーの黄金時代であった。この期間に、バランス・オブ・パワーに関するきわめて多くの著作が刊行されたし、またヨーロッパの君主たちは、バランス・オブ・パワーを、彼らの対外問題の処理を導く最高の原則として頼りにした。たとえばフリードリヒ大王は、次のように記した。

「ヨーロッパの政治社会が暴力的な条件下におかれているのを知ることは容易である。いわば、その政治社会は、みずからの均衡を失っており、また多くの危険を冒さずしては長く存続しえないような状態にある。政治社会は、等量の酸とアルカリの混合によってのみ生存する人体のようなものである。酸とアルカリのうち一方が優勢になると、人体はそれを嫌悪し、身体の健康がかなりの影響を受ける。そして一方の物質がさらに増大すると、それは組織の全体的破壊を引き起こすことになる。したがって、ヨーロッパの君主たちの政策と思慮分別が列強間の適正なバランスの維持を見落とすと、全政治社会の組織はそれを嫌悪し、一方に暴力が、他方に弱さが、また、一方においてはすべてのものを侵そうとする欲望が、他方においてはそれを阻止できない無能がみられるということになる。最も強いものが法を押しつけ、最も弱いものがそれに署名することを強いられる。最後に、すべてのことが無秩序と混乱の方向へと結びつく。最も強いものは、激しい奔流のように土手からあふれだしてすべてのものをもち去り、そしてこの不幸な政治社会を最も悲惨な革命にさらすのである。(9)」

君主たちが自分たちの利益を促進するために、バランス・オブ・パワーによって導かれることに甘んじたのは確かである。またそうすることによって、次のようなことが不可避的に起こったのである。すなわち、バランス・オブ・パワーが攪乱されてしまったとか、その再建に力の再編成が必要であるとか君主たちが思ったときにはいつでも、彼らは、味方を替えたり、それまでの同盟を捨てたり、新たな同盟を形成したりする、ということである。この時代には対外政策は、実際、君主たちのひとつのスポーツであった。それは、ゲームと賭博――これらは、賭けるものを厳しく限定して行なわれ、しかもいかなる種類の卓越した原則も全く欠いているのだが――以上に重大視されることはなかった。国際政治の本性がそもそもこのようなものであるから、あとで顧みて裏切りと不道徳のようにみえることでも、当時は、それはすばらしい策略、勇敢な戦略、あるいは巧みに考案された戦術的策動と同然であったし、すべてのことは、競技者全員が拘束力として認めたゲームの規則に従って行なわれたのである。この時代のバランス・オブ・パワーは、不道徳というよりも無道徳である。その唯一の基準が政治術の技術的規則であった。バランス・オブ・パワーの柔軟性――これは、技術的観点からいうと、バランス・オブ・パワー独特の長所であった――は、誠意および忠実というような道義的考慮に対する無感覚から生まれたものであり、われわれにとって非難に値するようにみえる道義的欠如の結果であったのである。

一五世紀の変わり目における近代国際システムの誕生から一八一五年におけるナポレオン戦争の終結までの間、ヨーロッパ諸国は、それぞれバランス・オブ・パワーにおける能動的な構成要素となっていた。トルコは、ただひとつの注目すべき例外であった。同盟と対抗同盟は、バランスの維持あるいはその回復のために形成された。一八一五年から第一次世界大戦勃発までの百年間、ヨーロッパのバランス・オブ・パワーは、世界規模のシステムへと漸次拡大していった。この時期は、一八二三年におけるモンロー大統領の対議会教書――これは、モンロー・ドクトリンとして知られているものをさしている――とともにはじまるともいえよう。ヨーロッパと西半球の相互の政治的独立を宣言し、したがって、いわば世界を二つの政治システムに分けることによって、モンロー大統領はヨーロッパのバランス・オブ・パワーから世界規模のバランス・オブ・パワー・システムへというその後の変化に基礎を据えたわけである。

この変化は、ジョージ・カニングが一八二六年一二月一二日イギリス外相として下院に対して行なった演説のなかで初めて明確に考察され定式化された。カニングは、フランスのスペイン侵攻によって攪乱されたバランス・オブ・パワーの回復のためにフランスと戦争しなかったことについて、すでに批判されていた。彼は批判者のいらだちをやわらげるため、新たなバランス・オブ・パワー理論を定式化したのである。イギリスがラテン・アメリカ諸国の独立を承認するという手段をつうじて、彼はこの新たに解放されたラテン・アメリカの諸共和国を能動的な構成要素としてバランスのなかに組み入れた。彼は次のように論じたのである。

「しかしバランス・オブ・パワーを回復するには、戦争のほかに手段がないであろうか。バランス・オブ・パワーは固定された不変の基準であろうか。むしろそれは、文明が進歩するにつれて、そして、新たな国家が生まれてそれらが既存の諸政治的共同体の間に入って席をしめようとするにつれて絶えず変化する基準ではなかろうか。一世紀半前、バランス・オブ・パワーは、フランスとスペインとの間で、またオランダ・オーストリアとイギリスとの間で調整されなければならなかった。何年か後、ロシアがヨーロッパ政治においてその高い地位を得た。さらに何年か後には、プロシアが、単に独立的な存在になったのみでなく優勢な君主国となった。したがってバランス・オブ・パワーは、原則において同じであったが、それを調整する諸手段は一層多様化し拡大した。これら諸手段は、重要国家の数の増加に比例して拡大した。しかもその拡大は、秤皿のどちらかにおかれる分銅の数に比例するといえよう。……フランスに対する直接攻撃以外に、あるいはスペインの領地で戦争すること以外に抵抗の方法はなかったのだろうか。もしスペインを領有することが対抗者の側にとっても無害であり――すなわち、われわれにとって無害であり――領有者にとっても無価値なものとなれば、どうであろうか。現在によりよく適合した手段によって……非難の埋め合わせが得られないものであろうか。もしフランスがスペインを占領したならば、その占領の影響を避けるために、われわれがカディスを封鎖するのは必要であったろうか。否、私は他の角度からこれをみた。私は別の半球の側に埋め合わせの材料をみつけたのである。われわれの祖先はスペインをすでに熟知していたのだが、私はスペインのことをじっくり考えて次のように断定した。すなわち、たとえフランスがスペインを領有するにしても、それは、『西インド諸島を伴った』スペインであってはならない、ということである。私は、旧世界のバランスを是正するために、新世界を成立させたのである[10]。」

同盟と対抗同盟によって営まれる世界規模のバランス・オブ・パワーへの発展は、第一次世界大戦の最中に完成した。そのなかで、実際に世界中の国々がいずれか一方の陣営に積極的に参加したのである。その戦争の名称を「世界」戦争としたのは、この発展の完成を示している。

しかし、第二次世界大戦に比べると、第一次世界大戦の起因は、もっぱら、ヨーロッパのバランス・オブ・パワーが攪乱されるのではないかというおそれにあった。そのバランスは、ベルギーとバルカンの両地域において脅かされていた。フランスの北東部国境に位置し、イギリス海峡への東側通路を監視しているベルギーは、大国間の競争の焦点となり、しかもその競争に積極的に参加するほど強くはなかった。ベルギーの独立が、ヨーロッパにおけるバランス・オブ・パワーにとって必要であることは、自明の理であった。いかなるヨーロッパの大国がベルギーを併合しても、その大国は必然的に他国家の安全にとって脅威となるほどに強大になるだろう。このことは、イギリス、オーストリア、ロシア、プロシア、およびフランスの積極的支持を得てベルギーがその独立を獲得した、まさにその時点から認識されていた。ロンドン会議に集まったこれら諸国家は、一八三一年二月一九日に、次のような宣言をした。「諸国は、ベルギー諸地方が、その独立後は全般的な安全およびヨーロッパのバランス・オブ・パワーを危うくしないようにする権利をもち、また、事態の成り行きも、諸国家に対してそのようにする義務を課した⑪」。

この目的を達成するために、一八三九年、関係五カ国は条約を締結した。そのなかで、彼らは、五署名国の集団保障の下にベルギーは「独立および永世中立国」として存在する、と宣言した。この宣言は、ヨーロッパのバランス・オブ・パワーにおけるいずれの側にもベルギーが参加するのを永久に阻止することを求めたものであった。一九一四年、ベルギー中立に対するドイツの侵犯は、ほかならぬこのドイツによってもたらされたバランス・オブ・パワーへの脅威を具体化するものであった。またドイツのこの侵犯によって、イギリスは、フランス、ロシア、およびその同盟諸国の側に加わって戦うことを正当化することができたのである。

バルカンにおけるバランス・オブ・パワーの保持についての、オーストリア、イギリスおよびロシアの関心は、この地域におけるトルコの力の弱体化に伴って起こった。一八五四年から五六年のクリミア戦争は、ロシアに対するフランス、イギリス、およびトルコの同盟がバルカンにおけるバランス・オブ・パワーを維持するために行なった戦争である。一八五四年三月一三日のこの同盟条約は、「現在の領域におけるオスマン帝国の存在は、ヨーロッパ諸国間のバランス・オブ・パワーにとって本質的な重要性をもつ」と宣言した。その後の抗争と戦争、とくに、一八七八年のベルリン会議、および一九一二年、一九一三年のバルカン戦争を導いた諸事件は、すべて次のような恐怖に影響されていた。すなわち、バルカンに主要な関心をもつ諸国家のうちの一国が、その地域において他の関係諸国の力と釣り合わないような力の増大を獲得するかもしれない、ということなのである。

第一次世界大戦直前の数年間、バルカンにおけるバランス・オブ・パワーはますます重要になった。なぜなら、オーストリア、ドイツ、およびイタリアの間の三国同盟と、フランス、ロシア、およびイギリスの間の三国協商とがほぼバランスを保っていたこともあって、バルカンにおいて決定的優勢を獲得した連合の力は、全ヨーロッパのバランス・オブ・パワーにおいて決定的優勢を容易に獲得しそうだったからである。まさにこのような恐怖があったからこそ、オーストリアは一九一四年七月一挙にセルビアとの問題を清算しようという気になったし、またドイツは、無条件にオーストリアを支持するよう刺激されたのである。同様の恐怖から、ロシアはセルビアを支持し、フランスはロシアを支持することになった。ロシア皇帝は、イギリスのジョージ五世に宛てた一九一四年八月二日付の電文においてこの状況をうまくまとめている。彼はここで次のように述べた。セルビアに対するオーストリアの優勢の結果は、「バルカンにおけるバランス・オブ・パワーをくつがえすであろう。しかもこのことは、ヨーロッパにおけるバランス・オブ・パワーを維持したいと思っている列強とともに、わが帝国にとっても、死活的利益にかかわるものである。……私は、ヨーロッパにおけるバランス・オブ・パワーの維持のために戦っているフランスとロシアとを、貴国が必ず支持するものと信ずる[12]」。

第一次世界大戦後、フランスは、ポーランド、チェコスロヴァキア、ユーゴスラヴィア、およびルーマニアと恒久的な同盟を維持し、そして一九三五年、ソ連と同盟——しかし、それは履行されなかった——を結んだ。このような政策は、一種の予防的なバランス・オブ・パワー政策として理解できよう。それはドイツの回復を予想し、そしてこのような万一の事態に直面したときに、ヴェルサイユ条約の現状を維持することを企図したものであった。他方、一九三六年におけるドイツ、イタリア、および日本の間に形成された、枢軸と呼ばれる同盟は、フランスと東ヨーロッパ諸国との同盟に対する対抗的勢力として企図されたものであり、それは、同時にソ連を中立化しようとするものであった。

したがって、戦間期は理論上、バランス・オブ・パワーの原則が国際連盟の集団安全保障の原則にとって替わられたと考えられたのだが、実際には、同盟と対抗同盟によるバランス・オブ・パワーの状況下にあったわけである。しかも事実、集団安全保障はあとでさらに詳しく示されるように[13]、バランス・オブ・パワーを消滅させはしなかった。むしろそれは、バランス・オブ・パワーを、いかなる潜在的侵略者にも対抗する普遍的な同盟という形でいま一度肯定したのである。それは、このような同盟がつねに侵略者を圧倒できる、という仮定に立っていたからである。しかし集団安全保障は、同盟が形成される場合の結合の原則においてバランス・オブ・パワーとは異なる。バランス・オブ・パワーの同盟は、ある一定の諸国家によって形成されるものであり、それぞれの国家が彼ら独自の国益とみなしたものを基礎にして、他の一定の諸国家ないし諸国家の同盟に対抗してつくられるものである。集団安全保障の組織原理は、同盟のいかなるメンバーに対するいかなる国家の攻撃も同盟のすべてのメンバーに対する攻撃とみなす、という道義的・法的義務の尊重にある。したがって、集団安全保障は、自動的に機能すると考えられている。すなわち、侵略はただちに対抗同盟を作動させ、それゆえ、許される最大限の効果を発揮して平和と安全がまもられるのである。他方、バランス・オブ・パワー・システムのなかにおける同盟は、それぞれの国の政治的要件に依存しているので、実際の機能においてあてにならないことがしばしばある。一九一五年における三国同盟からのイタリアの脱退、および一九三五年から三九年の間におけるフランスの同盟体制の崩壊は、バランス・オブ・パワーのこの弱点を例証している。

バランスの「保持者」

バランス・オブ・パワーが同盟によって実現されねばならないとすれば、そのときにはいつでも——そしてこのことは、西洋世界の歴史をつうじて一般にそうであったが——このパターンの、実際に起こりうる二とおりの変形が識別されなければならない。天秤についての比喩を用いれば、このシステムは、二つの秤皿から成り立っているといえようし、いずれの秤皿においても、一国、あるいは同じ現状維持政策または帝国主義政策によって提携している諸国家がみられるはずである。ヨーロッパ大陸の諸国家は、通常このような仕方でバランス・オブ・パワーを機能させてきたのである。

しかしこのシステムは、二つの秤皿に第三の要素——バランスの「保持者」あるいは「バランサー」——を加えて成り立っている場合もあろう。バランサーは、つねにいずれかの陣営の国家ないし国家集団の政策に結びつくとは限らない。そのシステムにおけるバランサーの唯一の目的は、バランスによって助長される具体的政策が何であろうとそれにかかわりなく、バランスそのものを維持するということにある。その結果として、バランスの保持者はひとつの要件——秤皿の相対的位置——にのみ導かれて、あるときはこちらの秤皿に、別のときにはあちらの秤皿にとその勢力を投入する。こうしてバランスの保持者はつねにその勢力を、他方より高いようにみえる秤皿――なぜなら、その秤皿の方がより軽いからである――におく。もし列強すべてが他国に対して一貫して優位に立とうとすることによってバランスを脅かしたり、またひるがえって彼らがこのような優位をまさに獲得しようとしている他国によって脅かされたりするならば、バランサーは歴史の比較的短い期間のうちに、次々と主要列強の友となったり敵となったりするであろう。パーマストンの言葉をいいかえると、バランスの保持者は永久の友人をもたないし、永久の敵ももたない。彼はただバランス・オブ・パワーそれ自体の維持に永久の関心をもつのである。

バランサーは、「光栄ある孤立」の地位にある。それは、みずからの選択によって孤立している。なぜならバランスの二つの秤皿は、成功のために必要な優位を獲得する目的で互いに競ってその皿に勢力を加えようとしなければならないのに対して、バランサーは、いずれの側とも永久に結合するなどということはしないからである。バランスの保持者は、いずれの秤皿が下がりそうかを観察するために、注意深く公平な態度で中間において待機する。その孤立は、「光栄ある」ものである。というのは、その支持あるいは不支持は権力闘争における決定的な要因となるので、バランスの保持者の対外政策は、もしそれが賢明に運営されれば、その保持者によって支持された諸国家から最大限の代価を引きだすことができるからである。しかしこの支持は、そのために支払われる代価が何であれつねに不確かなものであり、バランスの変動に伴って一方から他方に移動するので、その政策は道義的見地から憤慨されたり非難されたりする。したがって、近代のきわだったバランサーであるイギリスは次のようにいわれてきた。すなわち、イギリスは自己の戦争を他国に戦わせ、大陸を支配するためにヨーロッパを分裂させ、しかもその政策が変わりやすいためにイギリスと同盟することは不可能なくらいである、と。「不実のアルビオン〔ブリテン島の古名〕」という言葉は、いかに熱心に努力してもイギリスの支持を獲得できなかったものや、あるいは、あまりにも高い代価と思われるものを支払ったあげくその支持を失ったもののいずれかが口にする常套句となった。

バランスの保持者は、その立場が権力闘争の成り行きを決定するがゆえに、バランス・オブ・パワー・システムにおいて核心的な地位を占める。したがって、それは、システムの「裁決者《アービター》」——それは、誰が勝ち誰が負けるかを決める——と呼ばれてきた。それは、いかなる国家ないし国家連合も他に対して優位に立つことができないようにすることにより、他のすべての国家の独立とともにみずからの独立をも保持し、こうして国際政治における最も強力な要素となるのである。

バランスの保持者は、そのパワーを三つの異なる方法で行使することができる。その保持者は、バランスの維持や回復に有利な状況に従って、いずれかの側の国家ないし同盟と結びつくことができる。それはまた、平和的解決に、その支持を与えることによって同じく有利な状況に従わせることもできる。最後に、バランスの保持者はいずれの状況においてもバランス・オブ・パワーの維持とは別に、他国の力と釣り合いをとっていく過程でみずからの国家政策の目的が実現されるよう留意することができる。

ルイ一四世の支配下におけるフランス、および第一次世界大戦前一〇年間におけるイタリアは、このヨーロッパのバランス・オブ・パワーの裁決者の役割を演じようとした。しかしフランスは、ヨーロッパ大陸の権力闘争にあまりにも深く巻き込まれていたし、あまりにも強くそのバランス・オブ・パワーの一部分として組み込まれていた。また同国は、その優位をわがものにするにはあまりに無力であったために、バランサーとしての役割をうまく果たせなかった。他方イタリアは、バランス・オブ・パワーにおいてみずから核心的地位につくほどには、あちこちに投入できるだけの勢力をもたなかった。このような理由から、イタリアは道義的非難を受けただけで、同じような政策でイギリスが受けたあの尊敬を得ることはなかった。一六世紀におけるヴェニスと、ヘンリー八世の統治以後のイギリスのみが、前記の三つの方法を別々にあるいは結びつけて使い、そして、他の諸国家間のバランスを保持するということを、彼らの対外政策の礎石のひとつにすることができたのである。

この発想は、ヴェニス人に関連して、一五五三年ハンガリーのマリア王妃がイギリス駐在の帝国大使宛に書いた手紙において、はじめて明らかになった。彼女は、イタリア人がフランスに反対する十分な理由があることを指摘したが、さらに次のように続けた。「貴下は、いかにイタリア人が二人の君主——カール五世とフランソワ一世——のいずれの力をも恐れているか、そしていかにイタリアが二人の君主の力を均衡させることに関心をもっているかを知っているでしょう(14)」。数年後、フランスの同盟提案をヴェニスが拒絶したさい、フランスの政治家はこれと同じような言葉でヴェニスの対外政策を特徴づけ、そして、同盟のいずれの側からも孤立し距離をおいているその様子にとくに言及した。たとえば、カール五世の死という事件で、スペインがフランスに劣るようになるかもしれないとヴェニスが懸念したことによって、ヴェニスはフランスにこのような拒絶をしたのだ、という釈明を、一五五四年にフランスのアンリ二世は、ヴェニス大使から告げられた。しかしヴェニスは、「ものごとを均衡させる」(*tener le cose in equale stato*)ことに努めたのである。別のヴェニス大使は、一五五八年に次のように報告した。つまり、フランスとスペインの力の増大についてのヴェニスの疑念という観点からフランス人はヴェニスの対外政策を解釈した、というわけである。ヴェニスは、「秤がいずれかの側に傾く」(*que la bilancia non pendesse da alcuna parte*)ことを阻止しようとしたのである。この大使は次のことをつけ加えた。「この政策は、賢明な人たちから賞賛され、賛美されさえしている。この動乱の時代において、弱者たちは、ヴェニス共和国によって以外は保護されえないことを知っている。それゆえに、とくにイタリア人はみな、ヴェニスの独立を願望し、その軍備を歓迎するのである⑮」。

しかし、バランサーの典型的実例はイギリスによって示されてきた。「私の支持するものは勝利する」(*cui adhaero praeest*)という格言は、ヘンリー八世によるものである。彼は、その右手には、完全に均衡している二つの秤皿――一方の秤皿はフランスの重量に、他方はオーストリアの重量で占められた――をもち、そして左手にいずれかの秤皿に投入しようとしている分銅を握っている自分を、人びとに描かせたといわれている。エリザベス一世下のイギリスについては、次のようにいわれたものである。「フランスとスペインは、いわばヨーロッパのバランスの二つの秤皿であり、イギリスは、天秤の指針ないしはバランスの保持者である⑯」。一六二四年に、あるフランスのパンフレットはジェーコブ国王〔ジェームズ一世〕に対して、「皇帝カール五世とフランソワ国王から恐れられこびを売られることにより、そして、いわば彼らの間のバランスを保持することにより、両者の間に立ってみずからの役割を非常によく果たした」あのエリザベスやヘンリー八世の輝かしい事例に従うよう勧めた。

普遍的王国への新しい野心家としてルイ一四世があらわれるとともに、イギリスの使命はハプスブルク家とフランスとのバランスを保つことによって「ヨーロッパの裁決者」として行動することであるという考えが、当のイギリスや他国においてますます広く認められるようになった。これと同じ基準は、オランダに対立して、イギリスの力の最も強力な対抗者であるルイ一四世と提携したチャールズ二世およびジェームズ二世の対外政策のなかに批判的にではあるが適用されると同時に、ウィリアム三世の反フランス政策をも支持するものであった。この基準は、スペイン継承戦争に伴って、とくにイギリスにおいて定説として打ち樹てられた。そしてこれは、絶えず新しく変化する力の組み合わせに応用されながら、実際ほとんど挑戦されることなく存続した。しかしついに一九世紀半ば以後マンチェスター学派の自由主義者たちは、イギリス対外政策の原則として、ヨーロッパ大陸の問題からの完全かつ永久的な離脱、すなわち、孤立主義を提唱するに至ったのである。イギリス外交の伝統および慣例としての、この種のバランス・オブ・パワーは、イギリスの力の衰退、それに、アメリカとロシアの力の増大とともに、最近のほんの数年のうちに消えてしまったかのようである。[17] この伝統および慣例がまさに消失しようとしたとき、ウィンストン・チャーチル卿は、一九三六年三月保守党外交委員会での演説で、それを最も雄弁に次のように要約した。

「四百年の間、イギリスの対外政策とは、大陸における最も強力な勢力、最も侵略的な勢力、そして最も支配的な勢力に対抗することであり、とくに、北海沿岸低地帯がそういう勢力の手に落ちるのを防ぐことであった。このような過去四世紀に亘る一貫した目的は、それを歴史の光に照らしてみれば、呼び方や事実、周囲の事情、および諸条件に数々の変化がありながらも、あらゆる人種、民族、国家、あるいは国民の記録が示しうる、最もめざましい経験のひとつに数えられねばならない。そのうえ、いかなる場合も、イギリスはより困難な道を選んだ。スペインのフェリペ二世に立ち向かったとき、ウィリアム三世とマールバラに率いられてルイ一四世に対抗したとき、ナポレオンに対抗したとき、そして、ドイツのウィルヘルム二世に対抗したとき、イギリスは強国に味方して征服の獲物を分けてもらう方が楽だったろうし、その誘惑はたいへん強かったにちがいない。しかし、われわれはつねにより骨の折れる道を選んだ。弱国に味方し、弱国を結合させ、かくして大陸の好戦的暴君を、それが誰であろうと、どこの国の指導者であろうと、打ち破り失望させた。こうしてわれわれはヨーロッパの自由を保持し、活気のある多様な社会の発展を保護し、四度にわたる恐るべき闘争の後にますます名声を高め、ますます領土を拡大して勝ち残ってきたのである。そして同時に、北海沿岸低地帯の独立を安全にまもってきたのである。ここに、イギリス対外政策のすばらしい、たくまざる伝統がある。われわれのすべての思想は、今日、この伝統に根ざしている。われわれの祖先が行動の基準としていた正義や知識や勇気や分別を変えたり、弱めたりするようなことが起こったのを私は知らない。祖先の結論の正当さをほんの少しでも変えるようなことが人間性に起こったのを私は知らない。われわれが祖先に比べてより無力であると感じさせられるような、軍事的、政治的、経済的、あるいは科学的事実を、私は知らない。同じ途に沿って進まないかもしれないあるいは進むことができない、と感じさせられるようなものを私は何も知らない。私は、あえてあなたがたの前に、このきわめて包括的な命題を提出する。それは、もしこの命題が受け入れられれば、他のすべてのことははるかに簡単になるからである。

イギリスの政策は、どの国がヨーロッパの支配権を求めているか、ということなどは考慮しないのだ、ということに注意したまえ。問題は、その国がスペインか、フランス王国か、フランス帝国か、ドイツ帝国か、あるいはヒトラー政権か、ではない。それは、支配者とか国家には関係がない。問題はただ、誰にせよ、最も強力なもの、将来支配者たる可能性のある暴君だけである。だから、われわれは、親仏的とか、反独的とかいって問責されるのを恐れる必要はないのである。もし事情が逆転すれば、同じようにわれわれは親独的、反仏的にもなるのである。われわれが実践しているのは国家政策の原則であって、決して偶然の事情や好き嫌い、その他の感情によって支配される便法ではない。⑱」

第一三章　バランス・オブ・パワーの構造

優勢システムと従属システム

これまでわれわれは、バランス・オブ・パワーを、あたかも国際政治に能動的に関与しているすべての国を包含する唯一のシステムであるかのように述べてきた。しかし、より綿密な観察をしてみると、次のようなことが明らかになる。すなわち、このようなシステムは、しばしば幾つかのサブシステム――それらは相互に関係がある一方では、それ自身の内部でもバランス・オブ・パワーを維持している――から成り立っている、ということである。個々のシステムの間の相互関係は、次のような意味において通常は一種の上下関係にある。つまり、一方は、その秤皿において比較的大きい勢力を集積しているがゆえに優勢になり、他方は、いわばその優勢システムの秤皿に付随しているのである。

したがって、一六世紀において主要なバランス・オブ・パワーはフランスとハプスブルク家との間で作動していたが、同時に、他方ではひとつの自律的システムが、イタリア諸国の均衡を保っていた。一七世紀後半には別個のバランス・オブ・パワーが北ヨーロッパに発展し、それは、スウェーデンの力の興隆がバルト海近隣諸国に突きつけた挑戦状から生まれたものである。一八世紀において、プロシアが第一級の勢力に転化したことは、ある特殊なドイツ的バランス・オブ・パワーをもたらし、このバランスの一方の秤皿では、オーストリアがその主要勢力となった。この自律的システム、すなわち「大ヨーロッパのなかの小ヨーロッパ」は、一八六六年のプロシア・オーストリア戦争の結果としてドイツ同盟からオーストリアが排除されて、ようやく同年解消した。一八世紀にはまた、ロシアの優勢によって生じた、東ヨーロッパのバランス・オブ・パワーがみられた。ロシア、プロシア、およびオーストリアの間における、代償の原則によるポーランド分割は、この新たなシステムの最初の劇的なあらわれである。

一九世紀から現在までをつうじて、バルカンにおけるバランス・オブ・パワーは、ヨーロッパ諸国の関心事であった。早くも一七九〇年に、トルコはプロシアと条約を締結したが、そのなかでプロシアはオーストリアおよびロシアに対して戦争することを約束した。それは、「望ましいそして必要なバランス・オブ・パワーに、敵が、ダニューブ川を越えて偏見をもちこんだため」であった。一九世紀後半、列強の植民地間の一定の均衡に関連して、アフリカのバランス・オブ・パワーがとりざたされはじめた。さらに後になると、西半球や、太平洋、それに、極東および近東といったところのバランス・オブ・パワーが、外交用語に加えられた。「オーストリアの均衡」についてさえもいわれるようになった。相容れない諸民族をもつオーストリア王国については次のようにいわれた。すなわち、「絶えざる対抗者をもつヨーロッパ列強が相互に遵守し合っている行動準則を、オーストリアはみずからに適用することを強いられている」[1]、というわけである。

このような局地的なバランス・オブ・パワーのシステムが権力闘争の中心から物理的に離れれば離れるほど、すなわちそれが優勢システムの周辺で——つまり、優位に立つ諸国家の力の及ばないところで——営まれれば営まれるほど、この局地的なバランス・オブ・パワーのシステムはますます大きくなり、優勢システムへのその従属はますます目立たないものになる、というのは偶然ではない。したがって、ヨーロッパの大国が他の地域に忙殺させられている間に、イタリアのバランス・オブ・パワーは、一五世紀をつうじて比較的自律性をもって発展できた。西洋文明史の大部分をつうじて、アジア、アフリカ、およびアメリカのそれぞれのバランス・オブ・パワー・システムは、ほとんどヨーロッパ諸国に知られないほどにまで、ヨーロッパ諸国の権力配置から完全に独立していた。

第二次世界大戦までの西半球と、一八世紀末までの東ヨーロッパにおけるバランス・オブ・パワーの比較的自律的な発展は、彼らの地理的位置が当時のパワー・センターの外縁にあったことに負っている。東ヨーロッパにおけるバランス・オブ・パワーの保持を意図したポーランド分割は、いかなる他国の干渉もなく、直接的な利害関係をもつ諸国家によってなされた。南アメリカにおけるバランス・オブ・パワーを維持するために、アルゼンチンに対抗して、一八五二年に、ブラジルとウルグアイとの間で締結された同盟は、ヨーロッパのバランス・オブ・パワーときわめてわずかな関連をもつにすぎなかった。他方、自律的なアフリカのバランス・オブ・パワーについては、今日述べることができるようになったばかりである。アフリカの土着の諸国民が、互いに、そして非アフリカ諸国を相手に、力のための競争をしはじめたがゆえに、アフリカはもはや単に他の場所に中心をおいている権力闘争の客体ではないのである。

局地的なバランス・オブ・パワーと優勢なバランス・オブ・パワーとの関連が密接であればあるほど、その局地的バランス・オブ・パワーは、自律的に営まれる機会がそれだけ少なくなり、また優勢なバランス・オブ・パワーの単なる局地的表現にますますなりがちである。フリードリヒ大王から一八六六年の戦争までのドイツ同盟内のバランス・オブ・パワーは、十分な自律性と完全な統合との間の中間的状況を示している。それは、ある程度の自律性と、優勢システムへの統合とを組み合わせたものである。われわれがみたように、(2)プロシアとオーストリアの間の均衡がドイツ同盟のメンバーの自由を保持する前提条件である一方、この均衡はまた、ヨーロッパ全体のバランス・オブ・パワーの維持のために欠くべからざるものであった。

こうしてこのドイツのバランスは、二重の機能を果たした。ひとつは、それみずからの組織のなかにおける機能であり、他のひとつは、そのバランスが一部分となっている全体的なシステムのための機能である。反対に、もしプロシアとオーストリアとの合併があったり、あるいは、他方による一方への支配があったなら、それは、それぞれのドイツ諸邦の独立に有害であったばかりでなく、同時に、他のヨーロッパ諸国の自由を脅かすことになったであろう。エドマンド・バークが述べたように、「もしヨーロッパが、この帝国の独立と均衡とをヨーロッパにおけるバランス・オブ・パワー・システムの本質そのものとして理解しないなら……二世紀以上にわたるヨーロッパのすべての政治は、みじめな過ちであったことになる」(3)。それゆえに、プロシアとオーストリアとの間のバランスの存続は、単にドイツ同盟の他のメンバーのためであったのみでなく、すべてのヨーロッパ諸国のためでもあったのである。

一八六六年の戦争の結果として、プロシアおよび後のドイツがオーストリアに対する永続的な優位を獲得した——このことによって、両国間のバランスは破壊され、ドイツがヨーロッパにおいて優勢な地位についた——ときに、オーストリアの独立を、強い隣国の侵害から少なくともまもるということが、ヨーロッパのバランス・オブ・パワーの役割のひとつとなった。したがって第一次世界大戦後、勝利した連合国が、法的、経済的、および政治的手段によってオーストリアとドイツの合併の阻止に努めたのは、ヨーロッパの永続的な利益のためであった。さらに、ヒトラーが、オーストリア併合を、ヨーロッパのバランス・オブ・パワーを転覆させるに必要な布石とみなしたのは、まさにこの状況の論理の範囲内においてであった。

一九世紀最後の数十年から後、バルカンにおけるバランス・オブ・パワーは、これと同じような機能を果たしてきた。ここでもまた、バルカン諸国家間のバランス・オブ・パワーの維持は、ヨーロッパのバランスを維持するための前提条件とみなされた。局地的なバランスが脅かされるたびに、その回復のために、ヨーロッパの大国は干渉した。前に引用した第一次世界大戦の開始にあたってのロシア皇帝の言葉は、その関連性を明白に説明している④。

バランス・オブ・パワーにおける構造的変化⑤

最近、優勢なバランス・オブ・パワーと局地的システムの間の関係をみると、局地的システムの自律性が失われていく傾向がますます強まっているということがわかる。このような展開の理由は、優勢なバランス・オブ・パワーが第一次世界大戦以来経験して第二次世界大戦で明白になった、あの構造的変化にある。われわれはすでに次のようなことを指摘してきた。すなわち、西ヨーロッパおよび中部ヨーロッパから大陸の他の地域へ、さらにそこからまた他の諸大陸へと、優勢なバランス・オブ・パワーが漸次拡張してきたこと、そして、ついに第一次世界大戦においては、世界のすべての国が世界的規模のバランス・オブ・パワーに積極的に参加した、ということである。

この拡張の達成に伴い、バランスの主要勢力は、ヨーロッパから他の大陸へと移っていった。一九一四年第一次世界大戦が勃発したときには、バランスにおける主要勢力は圧倒的にヨーロッパのものであった。ひとつの秤皿にイギリス、フランス、それにロシア、他方にはドイツ、オーストリアがあった。第二次世界大戦の終了時には、それぞれの秤皿にある主要勢力は、アメリカの場合のように完全に非ヨーロッパ的なものか、あるいはソ連の場合のように著しく非ヨーロッパ的なものか、そのどちらかであった。その結果として、世界のバランス・オブ・パワーの全構造は変化した。第一次世界大戦の終了時には、また第二次世界大戦の開始時においてさえも、いわゆるバランスの秤皿は依然としてヨーロッパにあった。だが、秤皿のなかの勢力だけは世界中からやってきたものであった。力の競技の主役および戦いの目的となった主な賭博物は、依然として圧倒的にヨーロッパのそれであった。すでに引用したジョージ・カニングの言葉をいいかえると、非ヨーロッパ列強は単にヨーロッパのバランス・オブ・パワーを救済するために呼び集められたのであった。一九四〇年のチャーチルの言葉には、「新世界は、その権力と能力のすべてをもって、旧世界の救済と解放に奮起する」とある。

今日、ヨーロッパのバランス・オブ・パワーは、もはや世界政治の中心ではない。局地的なもろもろのバランスは、世界政治の中心と密接な関係をもつかあるいは多かれ少なかれ自律性をもつかしながら、この中心の周囲に集まっている。今日ヨーロッパのバランス・オブ・パワーは、世界的規模のバランスの単なる一機能になった。アメリカとソ連はこのバランスの主要勢力であり、それぞれ反対側の秤皿におかれているのである。ヨーロッパにおける力の配分は、もろもろの具体的争点――それをめぐって、アメリカとソ連の間の力の抗争が行なわれている――のうちのひとつにすぎないのである。

かつての優勢システムにあてはまることは、すべての伝統的な局地的システムにもあてはまる。近東および極東におけるバランスと同様に、バルカンにおけるバランス・オブ・パワーは、全般的なヨーロッパ・システムと運命をともにしていた。これらもろものバランスは、新しい世界的規模のバランスの単なる機能となり、二大主役の間で行なわれる力の競演の「舞台」にすぎなくなった。すべての局地的バランス・オブ・パワー・システムのうち、南アメリカのシステム――これは、アメリカの優勢によって保護されているのだが――のみが、ある程度の自律性を保っているといえるかもしれない。(6)

第一四章　バランス・オブ・パワーの評価

バランス・オブ・パワーの変化する構造をとくに考慮に入れた場合、われわれはこのバランス・オブ・パワーをいかに評価し、さらには、現代世界における平和と安全の保持に対するバランス・オブ・パワーの将来の有用性をどう評価すればよいであろうか。

バランス・オブ・パワーの本性と機能を説明するさいに、われわれは、バランス・オブ・パワーと多数国家システムとの不可避的な関連性、および多数国家システムに対するバランス・オブ・パワーの保護機能を強調してきた。四百余年にわたるその歴史をつうじて、バランス・オブ・パワーの政策は、いかなる国も普遍的支配を遂げることがないようにするという目的を達成してきた。それはまた、一六四八年における三十年戦争の終結から一八世紀末におけるポーランド分割までの間、近代国際システムのすべてのメンバーの存立を確保するのに成功した。しかし、一国による普遍的支配は、戦争を賭けてのみ阻止できたのである。しかもそのような戦争は、一六四八年から一八一五年まで、事実上絶え間なく続き、二〇世紀においては、二度も実際に全世界を巻き込んだ。

そして、ひとつは一六四八年にはじまり、他のひとつは一八一五年にはじまる二つの安定期は、小国に対する大がかりな排除政策によって先導され、また性格的に類似した多くの孤立した行動——それはポーランドの滅亡にはじまる——に彩られたのである。

われわれの論究にとって重要なのは、次のような事実である。すなわち、いま述べたもろもろの行動はバランス・オブ・パワーの原則そのものの名においてなされた、という事実である。しかも、近代国際システムの基本原則としてみずから機能しているのだというこのバランス・オブ・パワーの第一義的な主張は、この原則がそれぞれの国の独立の保持に欠くことができない、という意味であった。しかし、バランス・オブ・パワーは、ポーランドの独立を保護できなかったばかりではない。他のメンバー国の領土的拡張の要求に応じて領土の代償をそれぞれに与えるという原則それ自体が、ポーランドの滅亡を引き起こしたのである。バランス・オブ・パワーの名におけるポーランドの滅亡は、独立国家に対する一連の分割、併合、破壊——これらは、一八一五年から現在に至るまですべて同じ原則の適用によってなし遂げられた——の最初でかつ最も劇的な一例にほかならない。現実のあるいは潜在的な戦争以外のどんな手段によっても、個々の国家および全体としての国際システムに対してバランス・オブ・パワーが機能を果たしえないということは、国際政治の指導原則としてのバランス・オブ・パワーが三つの弱点、すなわち、その不確実性、非現実性、およびその不十分性というものをもっていることを示している。

バランス・オブ・パワーの不確実性

多数の国家のうちのどれか一国が、他国の独立を脅かすほど強くならないようにするために、多数国間でバランスを保つという着想は、力学の分野から得られた暗示である。それは、一六、一七、および一八世紀に特有の思考様式である。しかもこの思考様式は社会および全宇宙を、神聖な時計師によってつくられ動かされている巨大なメカニズムないし機械装置、あるいはぜんまい仕掛けとして描こうとした。そのメカニズムのなかで、またそれを構成しているより小さなメカニズムのなかで、各部分の相互関係は力学的な計算によって正確に決められており、それらの作用および反作用は正確に予測される、と信じられていた。二つの秤皿のどちらの側にも平等な勢力を配分することによってこれら両方の秤皿が均衡するという比喩――これは、国際舞台における安定と秩序の維持ということにこの力学をあてはめているのだが――は、この力学的な哲学のなかにその起源をもつものである。この比喩は、その哲学の精神に従って国際政治の実際の事象に適用されたのである。

力学的に考えてみると、バランス・オブ・パワーは、容易に認識できる量的基準——それによって多数の国家の相対的な力を測定および比較できる——を必要とする。なぜならわれわれは、本物の天秤のポンドやオンスに匹敵できるような基準によって初めて、ある国が他の国よりも有力になりそうであるとか、あるいはこれらの国家が互いにバランス・オブ・パワーを維持しようとしている、といったことをある程度の確信をもって述べることができるからである。さらに、このような基準によってのみ力の変化は量的な単位に換算され、その結果、バランスを回復するために一方の秤皿から他の秤皿へと移しかえられるのである。バランス・オブ・パワーの理論および実践は、われわれがみてきたような領土、人口、および軍備のなかにこのような基準を発見した。代償政策および軍備競争の政策は、近代国際システムの歴史をつうじてこの基準の実際的適用として作用してきたのである。

しかし国の力は、実際にその領土の拡張にあるのであろうか。国家が領土を多くもてばもつほど、その国家はそれだけ強力になるのだろうか。国の力を増大させる諸要素をわれわれが検討した結果、いま述べた問いに対する答えは条件付きでのみ肯定的なものになるということがわかってきた。ところがその条件は、それがきわめて広範囲にわたるがゆえに、この解答の肯定的内容をほとんど無意味にしてしまうほどなのである。フランスの領土の規模は、ルイ一四世治下の初期よりもその末期には大きくなったが、しかしフランスは、その初期よりもその末期において弱体化した。領土の規模と国力の同じような逆比例関係は、一七八六年フリードリヒ大王が死んだときのプロシアの領土および力と、一〇年後における領土および力との比較によって明らかになる。一九世紀の初期までは、スペインとトルコは、ヨーロッパのどの主要国家の領土よりも大きさにおいてまさる巨大な領土をもっていた。しかし彼らは、国際政治に積極的に関与していた諸国のうちでも最も弱い国家のうちに数えられていた。地理――領土拡張はその一部である――は、確かに国力の創出につうじる要素であるが、それは他の諸要素のうちのひとつでしかない。たとえ人が一八世紀の変わり目における代償のモデルに従って、領土の質、およびその領土内の人口の質と量を考慮するとしても、彼は、国の力を構成するすべての諸要素よりも少ない要素しか依然として取り扱わないのである。もし人が軍備の量と質を比較の基準にするとしても、同様のことがあてはまるのである。

とくに対外事象の処理における国民性、なかんずく国民の士気と政府の質は、国力の構成要素のうちでも最も重要ではあるが、しかしまた、最もとらえ難いものでもある。現場の観察者あるいは未来の動向の探索者にとっては、これらの要素が、各国の力に対してなすであろう相対的な寄与を、おおよそ正確に評価することさえできないのである。さらに、これらの寄与の特質は絶えず変化している。しかもこの変化は、実際にそれが生ずる時点では目立たないで、危機と戦争によって実際にテストされて初めて明るみにでるのである。それぞれの国の相対的力の合理的計算は、バランス・オブ・パワーに活力を吹き込む根幹そのものであるのだが、それは一連の推測の仕事である。したがってその推測の正確さは、後日振り返って初めて確かめられるものである。(1) バランス・オブ・パワーの偉大な実践者であるボリングブルックは、次のように述べている。

「南北回帰線の至点のように、力の天秤の正確な変わり目は、通常の観察では知覚できない。そして、いずれにしても、変化が感知される前に、新たな展開が新しい方向に向かってすすめられるにちがいない。政治的なバランス・オブ・パワーにおいては、他のあらゆる秤皿とは反対に、空《から》の秤皿は下がり、そして満たされている秤皿は上がるのである。下降する秤皿にいるものは、優越的な富、力、技術、あるいは勇気といったものについての慣習的先入観からも、さらには、これら先入観に鼓舞される自信からも容易に離れることはできない。上昇する秤皿にいるものは、ただちに彼らの力を感じる、といったこともないし、後日成功の経験が与えられるのだという自信も湧き出てくるわけではない。このバランスの変化の形を最も強い関心をもって注目するものでさえ、しばしば同じやり方によって、そして同じ先入観から、誤った判断を下すのである。彼らは、もはや彼らを害することのない力を依然として恐れたり、あるいは日に日に恐ろしくなっている力には相変わらず何の懸念ももたないのである。(2)」

バランス・オブ・パワーに反対した一八世紀のある論者は、次の二人の君主のうちどちらがより強いかを問うことによって、当時一般的であった、力の計算の不条理を論証しようとした。ひとりは、三ポンドの軍事力、四ポンドの政治的手腕、五ポンドの情熱、および二ポンドの野心をもち、もうひとりは、一二ポンドの軍事力をもつが、しかし他のすべての特性については一ポンドしかもたない、と想定したわけである。著者は、前者の君主を有利とするが、しかしその答えがすべての状況下においても正確であるかどうかは、これらのいろいろな特性の相対的比重の量的な計測が可能であるという仮定――明らかに仮説的である――の下においてさえも、確かに問題である。

この力の計算の不確実性は、国力それ自体の性質に固有のものである。したがって、この不確実性は、バランス・オブ・パワーの最も単純なパターンにおいてさえ、すなわち、一国が他の一国に対抗するときにおいてさえ生ずる。しかし、いずれかひとつあるいは両方の秤皿における勢力が単純な構成でなくて同盟からなるときには、この不確実性は限りなく増大する。加えて、ある国自身の国力と対抗者の国力を見積もったりさらには両者を相互に関連させたりすることが必要になるばかりでなく、ある同盟国の国力とその対抗同盟の国力についても、同様の計算を行なうことが必要となるのである。われわれが自分とは異なる文明に属する諸国家の力を評価しなければならないとき、推測がもつ危険性は非常に高くなる。イギリスあるいはフランスの力を評価することはまことに困難である。中国、日本、あるいはソ連の力を正確に評価することは一層困難である。しかし最大の不確実性は、誰がみずからの同盟者であり誰が対抗者であるかをいつも確信できるわけではないという事実のなかにある。同盟条約に基づく諸同盟は、戦争という実際の争いにおいて互いに対立し合う諸同盟と必ずしも同一ではない。

バランス・オブ・パワーの名人のひとりであり、いたましい経験によって賢明になったフリードリヒ大王は、この問題について彼の後継者に注意をうながした。彼は、一七六八年のその政治的遺言で次のように述べたのである。

「しばしば人をだます憶測の技術は、ほとんどすべての偉大な政治計画のための基礎として役立つものである。ある人は、彼が知っている最も確実な要素を自分の出発点と考える。そして、その人は不十分にしか知られていない他の諸要素を、いま述べた最も確実な要素とできるだけうまく組み合わせ、そこから可能な限りの最も正確な結論をひきだす。このことをより一層明らかにするために実例を挙げてみよう。ロシアはデンマーク国王の支持を得ようと思った。ロシアは、ロシア大公に属するホルシュタイン・ゴットルプ公爵領をデンマーク国王に与える約束をし、こうしたやり方によって彼の支持を永久に得ようと望んだ。しかしデンマーク国王は移り気である。いかにして人は、その若い頭脳に浮かぶすべての着想を予測できるであろうか。お気に入りたちや愛人たち、それに大臣たちは、国王の心をとらえ、ロシアとは別の国からの利益——この利益は、ロシアから与えられる利益よりも国王には大きくみえるであろう——を彼にもたらすことによって、国王に対して盟友としての立場を変えさせようとしないであろうか。同様の不確実性が、その都度別の形でではあるが、すべての対外政策の運営を支配するので、大きな同盟は、しばしばそのメンバーによって企図されたものと矛盾する結果を生みだすのである。[3]」

バランス・オブ・パワーの古典的な時期が終わりに近づいたときに書かれたこれらの言葉は、最近史の出来事によってテストされても、その訴える力はいささかも失われない。チェコスロヴァキア危機が解決される直前の一九三八年八月の時点で予測されたような、同盟と対抗同盟の結成は、一年過ぎた後の第二次世界大戦の勃発において達成したものと、そして、さらに二年あまり後の真珠湾攻撃の結果として発展したものとは、確かに全く異なっていた。いかなる政治家も、彼の知識、英知、および先見の明がどんなに偉大であろうとも、これらすべての発展を予想できるものはいなかったし、したがって、これらの発展の上に彼のバランス・オブ・パワー政策を基礎づけることはできなかった。

一九一四年七月、第一次世界大戦勃発直前において、イタリアが三国同盟条約の下にその義務を履行するかどうか、そして同国がフランス、イギリス、およびロシアに対する戦争においてドイツおよびオーストリアの側に加わるのかどうか、また同国が中立にとどまるかどうか、あるいは同国がもう一方の側にくみするのかどうか、これらは決して確定的ではなかった。さらにまた、一九一四年七月三〇日になっても、ドイツおよびオーストリアのいかなる責任ある政治家も、バルカンにおけるバランス・オブ・パワーを維持するために、ロシアがオーストリアに対抗するなどということは確信できなかった。その日、ドイツ駐在イギリス大使は、次のような意見がいま述べた政治家たちによって抱かれていると自国政府に報告した。「ロシアは戦争をすることもできなければ、また欲してもいないので、全面戦争は問題外である」[4]。このイギリス大使の報告によれば、同様の確信はウィーンにおいても抱かれていた。

イギリスがフランスおよびロシアの側に立って第一次世界大戦に加わるかどうかは、関係者の誰にもわからなかった。一九一四年六月一日に至るまで、イギリスの外務大臣は下院において、首相が前年出した宣言を確認して、イギリスは戦争を招きそうな、議会および国民に知られていないいかなる義務にも拘束されていないと言明した。イギリス政府は、一九一二年一一月に行なわれた同国の外務大臣とフランス大使の間の書信の秘密交換は、大陸での戦争の場合には自国の行動の自由に影響しないと確信していた。フランスとロシアの政府は、イギリスの介入を確信できないまま同国の介入をあてにした[5]。一九一四年七月三〇日、イギリス大使は、ベルリンから次のように報告した。すなわち、フランス大使は「イギリスがその意図を曖昧にしていることについて私を責めつづけ、そして全面戦争を阻止しうる唯一の方法は、………イギリスがフランスおよびロシアの側に立って戦う………、と言明することであるといっている」[6]という報告であった。同盟国《セントラル・パワーズ》〔連合国に対して共同して戦ったドイツやオーストリア・ハンガリーをさす〕の政府は、いずれも第一次世界大戦が実際に勃発した後に至るまで、この書信の交換を知らなかった。したがって彼らは、イギリスが中立にとどまるであろうと憶測した。

「………最後の瞬間まで、彼らはイギリスが加わらないであろうと考えた」とベルリン駐在イギリス大使は報告している。だからこそ、彼らは、バランス・オブ・パワーが自分たちに有利である、と結論したのである。フランスおよびロシアは反対の仮定から出発し、そして反対の結論に達したわけである。(7)

フランスに対するイギリスの約束についてのイギリスの秘密政策は、次の理由から広く批判された。もしドイツが、フランスおよびロシアにイギリスが加わると前もって知っていたならば、すなわち、もし一九一二年一一月のイギリス・フランス協定を承知のうえでそのバランス・オブ・パワーの計算をなすことができたならば、ドイツは決してフランスおよびロシアに対する戦争をしなかったであろう、ということである。しかし、イギリス、フランスおよびロシアの政府はいずれも、一九一四年八月の時点でこの協定がバランス・オブ・パワーにとって何を意味するかということを、彼ら自身前もって全く確信できなかったのである。したがって、たとえドイツ政府がその協定を知っていたとしても、ドイツは、第一次世界大戦前夜において力の実際の配分がどのようなものであるかということを確信できなかったであろう。諸同盟から成るあらゆるバランス・オブ・パワー・システムに固有のはなはだしい不確実性というこの条件のなかにこそ、われわれはバランス・オブ・パワーが第一次世界大戦を阻止できなかった理由を求めなければならない。ドイツの外務次官が、一九一四年八月一日、イギリス大使に次のように述べたとき、彼は同盟および対抗同盟のシステムが生みだした不確実性というものを無意識のうちに表明したわけである。すなわち、ドイツ、フランス、「そしておそらくはイギリス」も戦争に引き込まれてしまったが、「これらの国のどれもいささかも戦争を欲しなかった。………それは、現代の呪いである『同盟のこのいまわしいシステム』からきた(8)」、と彼は述べたのである。

バランス・オブ・パワーの非現実性

すべての力の算定がこのように不確実であるということは、バランス・オブ・パワーの実際的適用を不可能にするのみでなく、事実上バランス・オブ・パワーの否定そのものを導く。いかなる国も、歴史のどの特定の時点においても力の配分の算定が正確であるとは確信できないので、その国は、自国がたとえどんな過失を犯そうとも、その過失のために力の抗争で不利な立場に立つことはないであろうということを少なくとも確信しなければならない。言葉を換えると、その国は誤った計算をなすことをみずからに許容して、少なくとも、なおバランス・オブ・パワーを維持しうる安全性の余地をもとうと努めなければならない。この意味において、権力闘争に積極的に関与しているすべての国家は、バランス——すなわち均衡——・オブ・パワーではなく、彼らみずからのための力の優位を実際上目ざさなければならなくなる。そして国家はその誤算がどれほど大きくなるかを予測できないので、すべての国家は究極的には、その環境の下で獲得可能な力の最大量を求めなければならないのである。こうして初めて彼らは、みずからが犯すかもしれない過失の最大量と釣り合う、最大の安全性の余地を得たいと望むことになるわけである。われわれがみてきたように、⑨国家の権力衝動のなかにいつも潜在的にある、無限の力への欲求によって、バランス・オブ・パワーはその欲求自体を現実のものに転化する強力な誘因を含むのである。

力の最大量を得ようとする欲望は普遍的であるので、すべての国は次のようなことを絶えず恐れるにちがいない。すなわちひとつは、彼ら自身の誤算であり、いまひとつは、他国の力の増大によってみずからが劣勢になる——このことは彼らがどうしても避けなければならないことであるのだが——かもしれない、ということである。したがって、彼らの対抗者に対して明白な優位を得た国家はすべて、その優位を強化する傾向にあり、そして永久に彼らの利益になるように力の配分を変えるためにこの優位を利用する傾きがある。このことは、外交的圧力によって、つまりその優勢な力すべてを他国に向けて彼らに譲歩を迫ること――これが一時的な優位を恒久的な優位へと強化する――によって果たされるのである。それはまた、戦争によっても果たされる。バランス・オブ・パワー・システムにおいてはすべての国は、彼らの対抗者が折あらばすぐ自分らの権力や地位を奪うのではないかと絶えず不安をもっているので、このような展開に参加することに死活的関心をもつのであり、さらには、彼らが他からなされたくないことを他になすということにこれまた死活的関心をもつのである。再びボリングブルックを引用しよう。

「バランス・オブ・パワーの天秤は、決して正確には平衡しないし、また厳密な均衡点は識別できないし、識別する必要もない。他の人間事象におけるように、バランス・オブ・パワーの天秤においてはその偏りがあまり大きくなければそれで十分である。いくらかの偏りはつねにありうるものである。だからこれら偏りに対する絶えざる注視が必要なのである。偏りがあまりなければ、それが増大しても、早めの配慮とよい政策によって示される予防策とによって、それを簡単に阻止できるであろう。しかしその偏りが、このような配慮と予防策の欠如のためにあるいは不測の事態によって大きくなったときには、より多くの精力を費やさねばならず、またより多くの努力がなされなければならなくなる。しかしこのような場合においてさえ、この危機を形成したすべての事情を熟考する必要がある。すなわち攻撃の不成功によって、この偏りが強められないだろうか、そして、すでに法外と思われている力がさらに常軌を逸したものになるのではないか、また攻撃の成功によって一方の秤皿の力が奪われているのに他方の秤皿に過大の力が投入されるのではないか、といった具合である。このような場合、昔の時代が生みだした予想外の革命、さらには王朝と国家――そしてそこに住む統治者と被治者――の公的または私的運命の永続的な浮沈を考察したものは、もしこの天秤が戦争によって、このような大きい偏りに至る前のところにまで正確にでなくてもおおよそ戻しうるならば、その他のことは偶然にまかせてもよいし、あるいはすぐれた政策がその偶然を利用するのにまかせてもよい、と考えるようになろう。[10]」

いかに外交用語によって嫌悪されても、また、いかに民主的な世論と相容れなくても、実際には、予防戦争はバランス・オブ・パワーの当然の産物である。ここで再び、第一次世界大戦の勃発を導いた諸事件から教訓が与えられる。というのはこの機会こそ、対外事象がバランス・オブ・パワーの古典的な規則に従って処理された最後の機会であったからである。オーストリアは、同国の利益になるように、バルカンにおけるバランス・オブ・パワーを一挙に変えようと決心した。オーストリアは、ロシアが攻撃の用意をまだしていないにしてもその力は増大しつつあり、したがって、決定的行動を遅らせれば力の配分はオーストリア自身に不利になると信じた。同じような計算は、ドイツ・ロシア間の力の配分についてベルリンでもなされた。他方ロシアは、オーストリアがセルビアを打ち破ってみずからの利益になるように力の配分を変えることを断じて許そうとはしなかった。ロシアは、このような仮想敵国の力の執拗な増強は、ロシア自身の将来ありうるいかなる力の増大をもさらに凌ぐであろう、と予想した。こうしたロシアの計算を幾分か考慮に入れたからこそ、イギリスは、ロシア・フランス同盟への支持を公表するのを最後の瞬間まで拒絶したのである。一九一四年七月三〇日にドイツ駐在イギリス大使が述べているように、「現段階におけるこの趣旨の声明は、一方ではドイツを躊躇《ちゅうちょ》させるであろうが、他方でロシアをも駆りたてるであろう。そしてもしロシアがオーストリアを攻撃するならば、ドイツは、イギリス艦隊を恐れようが恐れまいが戦いに加わらざるをえないであろう」(11)。ドイツ参謀本部は、一九一四年七月二九日に、帝国宰相に宛てた覚書において、きわめて明確にバランス・オブ・パワーの力学を次のように分析した。

「ロシアは、オーストリアがセルビアに進攻すれば、軍隊を動員するつもりであると明言している。ロシアはオーストリアによるセルビアの滅亡を許容できないからである。しかしオーストリアは、この種の意図は全くないと釈明していた。

この先の結果は、どうあらねばならないか、またどうなるであろうか。もしオーストリアがセルビアに進撃すれば、オーストリアは、セルビア軍のみでなくロシアのきわめて優勢な兵力に直面せざるをえないだろう。したがってオーストリアは、セルビアとの戦争に入れば、必ずロシアからの攻撃に対して自らを守ることに努めなければならない。それは、オーストリアが、戦争に向かってあらゆる準備をしているロシアに無条件降伏をする気はおそらくないのだから、その軍隊の一半を対ロシアのために動員せざるをえないであろう、ということを意味する。しかし、オーストリアがその全軍隊を動員すれば、その瞬間オーストリアとロシアの間の衝突は不可避となるであろう。ところが、このことはドイツにとって応援義務発生事由となる。もしドイツが、その約束に忠実であって、その同盟国がロシアの優越した手にかかって全滅することを許さないならば、ドイツもまた軍隊を動員しなければならない。そうなれば、結果として、ロシア軍区の残りの軍隊の動員という状況が引き起こされるであろう。しかしそのときロシアは、自国がドイツに攻撃されているのだ、ということができよう。そして、ロシアはフランスの支持を確かめるであろう。同盟の盟約によれば、フランスはその盟友ロシアが攻撃されれば戦争に加わる義務があるのである。したがって、純粋に防衛的な盟約としてしばしば賞賛され、ドイツの侵略的企画に対処するためにのみつくられたロシア・フランス同盟は、能動的なものになるであろう。こうしてヨーロッパ文明諸国の相互虐殺がはじまることになる。[12]」

バランス・オブ・パワーがその安定化作用によって多くの戦争を避ける助けとなった、という主張は、証明することも反証することも永久に不可能であろう。人はある仮定的立場をその出発点にして歴史の道程をふり返ることはできないのである。しかし、いかに多くの戦争がバランス・オブ・パワーの範囲外で起こったかを明言できるものが誰もいない一方では、近代国際システムの誕生以来戦われた戦争のほとんどすべてがバランス・オブ・パワーのなかで起こっている、ということを知るのはむずかしいことではない。次に挙げる戦争の三つのタイプが、バランス・オブ・パワーの力学と密接に関連している。すなわち、すでに言及した予防戦争——そこでは、通常両方とも帝国主義的目標を追求している——や反帝国主義戦争、そして帝国主義戦争そのものである。

バランス・オブ・パワーの状況下において、一個の現状維持国ないし現状維持国同士の同盟と、一個の帝国主義国ないし帝国主義国の集団との間の対抗は非常に戦争を起こしやすい。カール五世からヒトラーおよび裕仁《ひろひと》に至るまでの多くの実例において、彼らは実際に戦争を導いた。明らかに平和の追求に貢献し、現在もっているもののみを保持したいと思っている現状維持国は、帝国主義的膨張に専念している国家に特有の、力のダイナミックかつ敏速な増強に肩を並べていくことはほとんどできない。

一九三三年から一九三九年の第二次世界大戦の勃発に至るまでの、一方におけるイギリスとフランスの力の増大と、他方におけるドイツの力の増大を相対的にみてみると、この力の増大の速度とダイナミクスについて、現状維持国と帝国主義国との間にははっきり相違のあることがわかる。このような軍備競争において、現状維持国は確実に負けてしまうし、彼らの相対的地位は、その競争が長く続けば続くほど加速度的に低下せざるをえない。時間は帝国主義国に味方する。そして、時間の進行とともに、帝国主義国の秤皿は彼らの力の絶え間ない増強の下でますます低く下がり、一方現状維持国の秤皿は絶えず高く上がる。したがって、現状維持国がこのバランスを矯正することはますます困難になる。そしてこれら現状維持国は、もしこの傾向が強制的に引き戻されないなら、帝国主義の地位はほとんど難攻不落のものになる一方で、現状維持国のバランス矯正の機会は取り返しのつかないほどに失われる、ということを認めざるをえなくなる。

これが、一九三九年九月にイギリスおよびフランスのおかれていた状況であった。このような状況においては、予想し難い可能性をもつ戦争は、帝国主義国の勢力圏に不名誉にも組み入れられないための唯一の選択肢であるかのようにみえるのである。国際政治のダイナミクス――これが現状維持国と帝国主義国との間に作用しているのだが――がバランス・オブ・パワーを必然的に阻害するがゆえに、戦争は、少なくともバランス・オブ・パワーを矯正する機会を現状維持国に有利な形で与える唯一の政策として立ちあらわれるのである。

だがバランスを矯正する行動そのものは、それ自体のなかに新たにバランスを阻害する要素を伴うものである。権力政治のダイナミクスについては前にその大要を述べたが、このダイナミクスはこのような展開を不可避のものにしている。昨日の現状擁護者は、勝利によって今日の帝国主義者に転化し、これに対抗して、昨日の敗北者が明日には復讐の機会をさがし求めるであろう。バランスを転覆できなかった敗北者の遺恨に加えて、バランスを回復するために武器をとった勝利者の野心によって、新しいバランスは、次から次と起こるバランスの阻害現象に動かされた、実際上目に見えない移行点となるのである。したがって、バランスをとる過程はしばしば、バランスを阻害して一つの有力な力を別の力と取り替える結果をもたらした。ハプスブルク家のカール五世は、彼の普遍的王国への野望をフランスによって阻まれたが、それはフランスのルイ一四世によって継承されたにすぎなかったし、このルイ一四世の同じような野望については、ヨーロッパのすべてが彼に反対して団結したのである。ひとたびルイ一四世に対するバランスが回復されると、プロシアのフリードリヒ大王が新たな阻害要因としてあらわれた。ナポレオン一世治下のフランスによる世界支配の企ては、ナポレオンの旧敵中の最有力国オーストリアとロシアの領導下にあった神聖同盟の側の同じような試みによって引き継がれた。神聖同盟の失敗は、その結果として、ドイツにおけるプロシア支配、さらにはヨーロッパにおけるドイツの支配をもたらした。第一次世界大戦での敗北から二〇年経って、ドイツは再びヨーロッパにおける有力国となり、他方アジアでは、日本が同じような地位に上昇した。バランス・オブ・パワーにおける積極的要因としてのこの両国が排除されるやいなや、一方におけるアメリカと、他方におけるソ連および共産中国との間の新たな力の抗争がはっきりした形をなしてきたのである。

イデオロギーとしてのバランス・オブ・パワー

これまでわれわれは、バランス・オブ・パワーとは国家――その独立と存立は、他国の力がみずからの力とは不釣り合いなほどに増大することによって脅かされている――

の自衛のための装置である、という仮定に立って議論をすすめてきた。われわれがバランス・オブ・パワーについて述べてきたことは、バランス・オブ・パワーが本当に自衛という公然の目的のために利用されるという仮定の下においてのみ真実なのである。しかしわれわれは、諸国家の権力衝動がみずからを偽り合理化し正当化するために、いかに理想的原則を利用しそれをイデオロギーに転化したかをすでにみてきた。諸国家の権力衝動は、バランス・オブ・パワーによってこのようなことを実践してきたのである。われわれが反帝国主義的イデオロギー一般の普及について前に述べたことは、バランス・オブ・パワーにもあてはまるのである。

帝国を求めている国家は、自国が望むものは均衡に他ならないとしばしば主張してきた。現状を維持しようとしているだけの国家は、ときおり、現状の変化をバランス・オブ・パワーに対する攻撃にみせかけようとした。一七五六年に七年戦争が勃発してイギリスとフランスが交戦したとき、イギリスの著述家たちは、ヨーロッパのバランス・オブ・パワーの必要性という立場から彼らの国の政策を正当化したし、一方フランスの評論家たちは、フランスが「通商のバランス」を回復するために海上および北アメリカにおけるイギリスの優位に対抗せざるをえないのだと主張した。

一八一三年連合国がその和平の条件をナポレオンに提示したとき、彼らはバランス・

オブ・パワーの原則を唱えた。ナポレオンがこれらの条件を拒否するについては、彼もまた「権利と利益の均衡」という名分を唱道したのである。一八一四年初頭において連合国が、フランスが一七九二年以来征服したすべてのものをバランス・オブ・パワーの名において放棄せよという要求の最後通牒をだしてナポレオン側の代表と対決したとき、そのフランス代表は次のように答えた。「連合国は……ヨーロッパにおける適当な均衡を確立したいとは思わないのか。諸国家は、彼らが今日依然としてそれを欲している、と宣言していないであろうか。フランスがこれまでにつねに保持してきたものと同じ相対的な力を維持することは、やはりフランスの唯一の実際的願望である。しかし、ヨーロッパはもはや二〇年前のヨーロッパではない」。そして彼は、地理的および戦略的見地から、フランスがライン川左岸を領有した場合でさえも、ヨーロッパにおけるバランス・オブ・パワーの回復には十分ではない、という結論に達した。連合国の代表は、これに対する回答のなかで次のように言明した。「一七九二年当時の領土の広さにまで後退しても、フランスは、その中心的な位置、その人口、その土地の肥沃さ、その国境の性質、その防衛拠点の数と分布によって、依然として大陸における最強国のひとつである」。こうして両方は、同じ状況に対してバランス・オブ・パワーの原則を適用しようとし、そして戦争を終結させる努力は失敗に帰し、結局相容れない結論に到達したのであった。

四〇年後、これと同じような理由によって同じような状況が発生した。一八五五年に、クリミア戦争を終結させようとしたウィーン会議で、ロシアは、黒海におけるバランス・オブ・パワーの維持を解決の基礎にすることについてその敵対国と合意した。しかし、ロシアが「黒海におけるロシアの優位は……ヨーロッパの均衡にとって絶対に必要である」と言明したのに対して、敵対国は、ロシアの優位を終わらせることに努め、そして、ロシア海軍が「トルコ艦隊に比較してなお強大すぎる」と言明した。一八五六年、和平はロシアの敵対国のいい分をいれて結ばれたのである。

諸国家の力の相対的地位を正確に評価することが困難であるがゆえに、バランス・オブ・パワーの呪文を唱えることは国際政治の有利なイデオロギーのひとつとなってしまった。したがって、バランス・オブ・パワーという言葉が非常にあいまいかつ不正確に使われる、といった事態が生じた。ある国が国際舞台において講じた措置のひとつを正当化しようとするとき、その国はバランス・オブ・パワーの維持あるいは回復に奉仕するものとしてそれに言及したがるのである。ある国が、他国によって追求されている特定の政策に疑惑をさしはさもうとするとき、その国は他国のこの政策を、バランス・オブ・パワーを脅かすものあるいは阻害するものとして非難するであろう。現状を維持することが言葉の本来の意味におけるバランス・オブ・パワーの固有の傾向であるがために、現状維持国の用語範囲からいえば、この言葉は現状と同義語になり、あらゆる特定の時点において存在するいかなる力の配分とも同義語になるのである。したがって、現存する力の配分のいかなる変化も、バランス・オブ・パワーを阻害するものとして反対される。このようにしてある特定の力の配分の保持に関心をもつ国は、その関心が、基本的かつ普遍的に受け入れられる、近代国際システムの原則の所産であって、それゆえにすべての国に共通する関心と同一のものである、というふうにみせようとする。その国自身は、利己的で特殊な関心をまもるのでは決してなく、あの一般的原則の擁護者としてすなわち国際的共同体の代行者としてふるまうのである。

このような意味において、人は、たとえば、西半球におけるバランス・オブ・パワーが非アメリカ諸国の政策によって阻害されるかもしれないとか、あるいはロシアの侵害に対して地中海におけるバランス・オブ・パワーはまもられなければならないとかいうのである。しかしどちらの例においても、まもるという言葉によって意味するものは、バランス・オブ・パワーではなくて、ある特定の国家ないし国家集団にとって有利とみなされる、特定の力の配分である。『ニューヨーク・タイムズ』紙は、一九四七年のモスクワにおける外相会議についての報道で次のように書いた。「フランス、イギリス、およびアメリカの新たなまとまりは………単に一時的なものかもしれないが、しかしそれははっきりバランス・オブ・パワーを変えるものである」[13]。その実際に意味するところは、「言葉の本来の意味におけるバランス・オブ・パワーが変えられたということではなくて、その会議の後に存在する力の配分がその前に存在したものよりも西側諸国にとって一層有利であるということであった。

イデオロギーとしてバランス・オブ・パワーという言葉を使うことは、バランス・オブ・パワーの力学に固有の困難性を強めることになる。しかし留意しなければならないのは、バランス・オブ・パワーがイデオロギーとして巧みに使われるのは偶然ではないということである。それはバランス・オブ・パワーの本質そのものに固有の内在的な力によるのである。見せかけの的確性と、的確性が実際に欠如していることとの間のコントラスト、つまりバランスを求めるみせかけの欲求と、実際に優位を狙うこととの間のコントラストは、われわれがみてきたように、バランス・オブ・パワーの本質そのものであり、後者すなわち本音を、初めからある程度イデオロギーたらしめているのである。こうしてバランス・オブ・パワーは、実際にはもっていない実体と機能とを、あたかももっているかのように装い、だからこそ実際の国際政治を偽り合理化し正当化しようとするのである。

バランス・オブ・パワーの不十分性

われわれは、一七、一八、および一九世紀におけるバランス・オブ・パワーの全盛期をつうじて、バランス・オブ・パワーが、近代国際システムの安定とそのメンバーの独立の保持に実際に貢献したことをみてきた。しかし、これら有益な成果は、バランス・オブ・パワーのみによって生みだされたのであろうか、それとも、その時代をつうじて他の要素も働き、それなくしてはバランス・オブ・パワーもこれらの成果を挙げえなかったのであろうか。

道義的コンセンサスの拘束力

ギボンは、彼の国がそのアメリカの植民地、フランス、スペイン、およびオランダとの負け戦を戦っている時点の一七八一年、この要素を指摘した。そのとき彼は次のように述べた。

「〔ある哲学者は〕………ヨーロッパを、いろいろな種類の住民がほとんど同じレヴェルの洗練と教養を獲得した、ひとつの巨大な共和国とみなす。バランス・オブ・パワーは変動しつづけ、われわれ自身ないしは隣国の隆盛はかわるがわる浮沈する。しかしこれらの出来事をもってしても、われわれの全体的な幸福状態、つまり技芸や法や生活様式のシステム——これが、ヨーロッパ諸民族およびその植民地を他の人類以上に傑出せしめている理由である——を本質的に傷つける、ということは不可能である。……暴政の弊害は、相互間に流れる畏怖と羞恥心の影響力によって抑制され、共和国は秩序と安定を獲得し、君主国は自由ないし少なくとも中庸の原則を受け入れ、そして何らかの栄誉と公正の観念は、時代の一般的慣習によって、最も欠陥のある憲法にさえ導入された。平時において、知識と産業の進歩は、多数の活動的なライヴァルの競争によって促進され、戦時においてはヨーロッパの軍隊は、控えめで節度のある闘いによって訓練されている。(14)」

この一節について、トインビー教授は次のように論評している。

「しかもギボンの自信は、紀元一七八三年の講和によって正当化された。イギリスは、アメリカ独立戦争においては、反対勢力の圧倒的な連合によって結局敗れた。だが敵はイギリスを粉砕しようとは思わなかった。彼らは反乱を起こした一三の植民地をイギリス王から独立させるという、限定された、明確な目的のために戦っていた。植民地住民にとっては、独立それ自体が目的であったからであり、そして植民地住民の同盟者であるフランスにとっては、洗練されたフランスの政治家の判断によれば、アメリカの一三の植民地のイギリス帝国からの離脱は、それまで三回の戦争における相つぐイギリスの勝利の累積的結果によって、不当にもイギリスに有利に傾いていたバランス・オブ・パワーをもとに戻すに十分であったからだ。約一〇〇年ぶりにフランスが再び勝利を得た一七八三年に、フランスの政治は、手段を最大限に節約して、最小限の目的を達成することで満足した。フランス政府は、過去の敗北のいまわしい記憶によって、この機会をとらえてそれまでの恨みを晴らそうとはしなかった。フランス政府はまた、七年戦争中にイギリス王によって征服され、わずか二〇年前の一七六三年の講和で、正式にルイ国王からジョージ国王へ割譲されていた、アメリカにおけるフランス王の主要領地、カナダを奪回するために戦いつづける、などという気さえ起こらなかったのである。一七八三年の講和で、勝利したフランスは、カナダをイギリスの手中に残した。そしてイギリスは、一三の植民地を失っただけで放免され、ギボン流の言葉でいえばバランス・オブ・パワーの動揺があっても難破することなく生き抜いたことを喜ぶことができた。このバランス・オブ・パワーの動揺のなかで、イギリスの繁栄が衰えるときがきたのだが、しかしジョージ国王の臣民とルイ国王の臣民の共通の精神的故郷である洗練された社会の全体的な幸福状態は、少しも本質的な損傷を受けなかったのである。[15]」

その時代の偉大な政治著述家たちは、バランス・オブ・パワーが、以上のような知的、道義的まとまりをその基盤とし、しかもこのまとまりがバランス・オブ・パワーの有益な働きを可能ならしめる、ということを知っていた。これら著述家たちのうち、フェヌロン、ルソー、およびヴァッテルの三人のみに言及してみよう。

ルイ一四世治下の大哲学者であり、なおかつルイ一四世の孫の傅育官《ふいくかん》であったフェヌロンは、『王位の義務に関する意識の検討への補遺』において次のように記した。

「近隣諸国間のある種の均等と均衡の維持に留意することは、すべてにとっての平穏を保障する。このことについていえば、近隣のすべての国、そして通商関係をもつすべての国は、一大集団および一種の共同体を形成している。たとえば、キリスト教世界は、その共通の利益、恐れ、および警戒をもつある種の総合的共和国を形成している。この大集団を構成しているすべてのメンバーにとっては、同集団の均衡をくつがえすような、さらにはこの集団の他のすべてのメンバーの不可避的な滅亡を引き起こすかもしれないような、いかなるメンバーのいかなる行動をもあらかじめ阻止することは、共通の利益のために、そして各メンバーの国家安全保障のためにも、お互いにまもらなければならない義務なのである。このヨーロッパの総合的なシステムを変えたり害したりするものはいかなるものも、きわめて危険であり、その結果無限の災いをもたらすことになる。⑯」

ルソーも次のように述べることによって同じ論題を取り上げた。「ヨーロッパ諸国家は、自分たちの間にひとつのみえざる国家を形成している。………ヨーロッパの現実のシステムはまさに、絶えざる動揺状態のなかにあって、このみえざる国家を転覆せしめずにそれを維持できるほどのまとまりをもっているのである⑰」。また国際法における一八世紀の著述家のなかで最も影響力のあるヴァッテルによれば、次のとおりである。

「ヨーロッパは、ひとつの政治システムを形成している。すなわちヨーロッパは、この世界の一部を占める諸国家の諸関係と種々の利益とによって連結されている集団を形成しているのである。それは、昔のようにばらばらの断片の乱雑な堆積ではない。昔は、断片であるそれぞれの国は、自身は他国の運命とほとんどかかわりがないと考えていたし、また直接自己と関係のない事態をほとんど顧慮しなかった。主権者の抑制された配慮によって……ヨーロッパはある種の共和国になる。そのメンバーは、それぞれ独立してはいるが、秩序と自由を維持するために共通利益の絆をつうじて一体になる。だから、政治的均衡あるいはバランス・オブ・パワーという周知の機構が生まれたのである。いかなる国も他国を支配したり、他国に規則を押しつけたりすることが絶対できないような、そういう傾向は、これによって理解されるわけである。[18]」

これら著述家の記述は、政治家たちの叙述にも繰り返されている。一六四八年から一七八九年のフランス革命まで、君主およびその顧問たちは、ヨーロッパの道義的および政治的まとまりをあたりまえのこととし、そして、「ヨーロッパ共和国」、「クリスチャン諸侯共同体」、あるいは「ヨーロッパ政治システム」、といったものに当然のことながら言及した。しかしナポレオン帝国の挑戦によって、彼らは、従来のバランス・オブ・パワーの基礎となっていた道義的、知的根拠を明らかにせざるをえなくなった。神聖同盟およびヨーロッパ協調――両方とも後にさらに詳しく扱われるが[19]――は、バランス・オブ・パワーの活力の源泉であったこれら道義的、知的力に対して制度的な方向を与えようとする試みである。

一八一五年九月二六日の神聖同盟条約は、主権者の相互関係においておよび彼らの臣下との関係においてはキリスト教の原則に従って行動する、ということだけをその署名者――三者を除くヨーロッパのすべての主権者――に義務づけた。しかし、ヨーロッパの政治システムを再編成しようとし、なおかつ神聖同盟の名で一般に知られている、同年の他の諸条約は、いかなる場所における――もちろんとくにフランスにおける――革命の再発にも対抗するものであった。フランス革命がバランス・オブ・パワーを破壊した巨大な原動力であったので、いかなる革命もバランス・オブ・パワーに同じような脅威をもたらす、と信じられた。したがって、一八一五年の正統主義と国境の不可侵性とは、少なくともオーストリア、プロシア、およびロシアがヨーロッパの政治構造をいま一度選びなおそうとしたときの礎石となったのである。

一八六〇年になって、イタリアのサルディニアが達成した領土拡大の代償として、フランスがサヴォイとニースの譲渡をかちえたとき、イギリスは、一八一五年の諸原則のうちのひとつに訴えて干渉した。イギリス外相ラッセル伯爵は、フランス駐在イギリス大使に宛てて次のように書いた。「女王陛下の政府は、失礼ながらも、フランス――この国による、以前のそしてそう遠い過去ではない領土拡大政策がヨーロッパに無数の災いをもたらした――のような強国による、隣国領土の割譲要求が、バランス・オブ・パワーおよび全般的平和の維持に関心をもつ各国に不快感を与えても不思議ではない、ということを述べなければならない」。

ヨーロッパ協調――協調行動によってその政治システムへのすべての脅威に対抗しようとする、列強間の協議による外交――は、初めは神聖同盟の原則を実現するための手段となり、次に一八四八年の自由主義革命で神聖同盟の崩壊が決定的になってから後は、ヨーロッパの共通利益を実現するための手段となった。ヨーロッパ協調は、一八一四年におけるその発端から一九一四年における第一次世界大戦の勃発までの一世紀間、多くの場合にその役割を果たした。その基礎となる概念――すなわち、ヨーロッパの政治的まとまり、あるいはイギリスの政治家、カスルレーの言葉でいえば、「全般的ヨーロッパ・システム」――は、多くの公的宣言において言及された。こうして一八一三年の終わりころ、連合国は、自分たちは「ヨーロッパに真の平和を保障するために、ヨーロッパの政治的地位があらためて再び是認されるまでは、そして不変の諸原則がから威張りの主張を越える正当性を獲得するまでは……武器を捨てない」、と宣言した。一般的にヨーロッパ協調がはじまったとされている一八一四年二月五日の宣言において、オーストリア、イギリス、プロシア、およびロシアの代表は、彼らがもっぱら各自国家の名において論ずるのではなくて、「ただただ単一の全体を形成しているヨーロッパの名において意見を述べる」、と言明したのである。

同じこれらの国家は、フランスを加えて一八三一〔一八三〇年の誤り〕年のロンドン会議の第一九議定書においてベルギーの独立を確定し、そしてバランス・オブ・パワーのために、その中立をこれら諸国の連帯保証の下に取り決めた。このことを正当化するにあたって、これら諸国は、「各国はみずからの法をもつ。しかし同様にヨーロッパもみずからの法をもつ。社会秩序がその法をヨーロッパに与えたのである」と宣言した。一八七〇年のプロシア・フランス戦争中、フランスの大臣ティエールは、ドイツによるバランス・オブ・パワーの転覆を阻止するために他のヨーロッパ諸国の援助を求めたがむなしい努力に終わり、「ヨーロッパはみいだせなかった」と嘆いた。この言葉のなかで彼は、一六四八年以来バランス・オブ・パワーの活力源となっていたものと同じヨーロッパ統合の原則に敬意を表したのであった。それは、イギリス外相エドワード・グレー卿が第一次世界大戦前夜にヨーロッパ諸国の争いを調整するためにそれら諸国家を会議に招請したときに訴えたが無駄に終わったもの、と同じ原則であった。イギリス首相ネヴィル・チェンバレンが一九三八年にズデーテンラントをナチス・ドイツに割譲するようチェコスロヴァキアに強いたとき、彼は、ヨーロッパの道義的、知的および政治的まとまりがなお存在しナチス・ドイツはその全体の一部分となっている、という誤った仮定の下で行動した、とさえいえるかもしれない。

近代国際システムの道義的コンセンサス

これらすべての宣言および行動から生まれる近代国際システムの安定に対する信頼は、バランス・オブ・パワーによってもたらされるのではなくて、バランス・オブ・パワーおよび近代国際システムの双方が拠って立つ、現実の知的、道義的な多くの要素によってもたらされるのである。それをジョン・ステュアート・ミルは次のように述べた。「政治においては、機械におけるように、エンジンを動かす力は機械装置の外に求めなければならない。また、もしも当然予期される障害を克服するのにそれがすぐまにあわないとかあるいは不十分であるならば、この装置は駄目になるであろう」[20]。たとえば、その特別な雄弁術と洞察力でもってギボンがバランス・オブ・パワーのモーターを動かしている燃料として指摘したものは、西洋文明の知的、道義的基礎、つまり一八世紀社会の主役たちを動かし、彼らのすべての思想と行動に浸透していた知的、道義的風潮である。これらの人びとはヨーロッパを、「洗練と教養」という共通の基準と、共通の「技芸や法や生活様式のシステム」とを備えた「ひとつの巨大な共和国」として理解していた。これら共通基準についての共通意識は、「相互間に流れる畏怖と羞恥心の影響力によって」彼らの野心を拘束し、彼らの行動に「中庸」を強い、彼らすべてに「何らかの栄誉と公正の観念」を浸透させたのである。その結果、国際舞台における権力闘争は「控えめで節度のある」性質のものとなった。

一六四八年からナポレオン戦争に至るまで、そしてさらに再び一八一五年から一九一四年に至るまで政治的争いが控えめで節度があった、ということについていえば、バランス・オブ・パワーは、単にその原因であるのみならず、それを具体化するための技術であるとともに、その比喩的かつ象徴的表現でもあるということである。バランス・オブ・パワーが、相反する諸力の力学的な相互作用をつうじて諸国家の権力への欲求を拘束する前に、まずは、競争している諸国家が、彼らの努力の共通枠組みとしてバランス・オブ・パワーのシステムを受け入れることによってみずからを拘束しなければならなかった。二つの秤皿における勢力の配分を変更するのを彼らがいかに強く望んでも、彼らは——競争の結果がどうであれ——その結末において二つの秤皿が依然として存在するであろうということを、いわば黙契によって合意しなければならなかった。彼らは、いかに秤皿の一方が高く上がろうとも、またいかに他方が低く下がろうとも、依然として二つの秤皿は同じ桿につるされる一対のものとして連結されるのだ、ということに合意しなければならなかった。そしてそれゆえに、二つの秤皿は、将来の勢力の配分が決められればそれにつれて再び上がったり下がったりするのである。諸国家が現状においていかなる変更を求めようとも、彼らすべては少なくとも、一対の秤皿の存在、つまりバランス・オブ・パワーそれ自体の「現状」をひとつの不変の要素として認めなければならなかった。そして、ある国が独立と安定のためのあの欠くべからざる前提条件を忘れがちになるときはいつでも、一七五六年にオーストリアがプロシアに対してなしたように、あるいは一九一九年から一九二三年にフランスがドイツに対してなしたように、その国は他のすべての諸国家間のコンセンサスがあればこそ、あの前提条件を長期間忘れるなどということはできなかったであろう。

このコンセンサスは、その時代の知的および道義的風潮のなかで成長し、しかもその力を現実の権力関係――これは通常の状況下では、そのバランス・オブ・パワーのシステム自体を転覆させる試みを絶望的な企てにしてしまうのだが――から引き出した。このコンセンサスは、ひるがえって今度は一個の知的、道義的力として、知的、道義的風潮と権力関係とに反作用し、節度と均衡とに向かう傾向を強めた。それをキンシー・ライト教授は次のように述べた。

「諸国家は非常に強く制約され、そしてよく組織化されていた。したがって侵略は、列強の有力な意見がそれを是認できるほどに節度があり管理されて初めて成功しえたのである。このような是認は一般に、オスマン帝国を漸次崩壊させたバルカンの反逆に、オランダから国を分離したベルギーの反抗に、近代ドイツおよびイタリアを統合したプロシアとサルディニアの侵略に、そして、アフリカ、アジアおよび太平洋地域における数々の侵略――これによってヨーロッパ諸帝国は拡大され、これらの地域にヨーロッパ文明が広められた――に与えられたのである。[21]」

周知のように、あらゆる帝国主義に固有に内在する、力への無限の欲求を抑制し、その欲求が政治的現実となるのを阻止したのは、まさにこのようなコンセンサスである。このコンセンサスは、利益を共通にするということといわば親子関係にあると同時に、共通の道義的規準や共通の文明とも、同じく親子の関係にある。ポーランド分割にはじまってナポレオン戦争で終わる時期のように、このようなコンセンサスがもはや存在しないとか、あるいは、弱体化してしまったとか、さらには、もはや自信がもてないとかという場合には、バランス・オブ・パワーは国際的な安定と国家の独立のためにその機能を遂行するということができなくなるのである。

このようなコンセンサスは、一六四八年から一七七二年まで、および一八一五年から一九三三年までの間に広く行きわたった。前者の時期においては、国際システムはあの諸君主の競争社会そのものであった。君主はそれぞれ、国家行動の究極的規準としての国家理性——すなわちそれぞれの国の力の目的を、一定の道義的限界内で合理的に追求すること——を容認していたのである。こうしたコンセンサスが行きわたっていた時代には、人びとはそれぞれ他のすべてのものがこの規準を分かちもつことを期待したし、また期待するのが当然とされた。宗教戦争の激情は、合理主義と、啓蒙運動の懐疑的な節度とに屈服したのである。その寛容な雰囲気のなかでは、いかなる種類の主義によって助長された国家的憎悪や集団的敵意も、勢いづくことはまずなかった。誰しも、彼自身の行動をかり立てる自分勝手な動機が他のすべての人にも同じような行動をさせるということを当然のことと思っていた。それゆえ、誰が競争に勝つかということは技術と運の問題であった。国際政治は実に一個の貴族的遊戯となり、君主たちのスポーツとなった。すべての君主は同じゲーム規則を認め、そして同額の限定された賞金のために勝負をしたのである。

ナポレオン戦争という幕間の出来事があった後、革命とフランス帝国主義の復活に対する二重の恐れは、キリスト教的、君主制的、そしてヨーロッパ的原理の混合物を備えた、神聖同盟の道義を生むことになった。一九世紀後半におけるヨーロッパ協調と、第一次世界大戦後の国際連盟とは、この遺産に国民国家の観念を付け加えた。この観念は民族自決の原則として、一八四八年の自由主義革命から第二次世界大戦の勃発に至るまで幾世代もの人たちが安定した政治構造をその上に打ち樹てようとした礎石のひとつとなった。一八六六年フランス外相ヴァレットがあるフランスの外交官に宛てて書いたものが、この時代の歴史の基本的信念のひとつとなった。これは、ウッドロー・ウィルソンによって再び宣言され、そして一九一九年の平和条約の規準のひとつとされたものである。すなわち、「皇帝は……ヨーロッパ諸国の願望が満たされて初めて真の均衡が生まれるということを認識している(22)」、というものであった。

この伝統から今日何が継承されているだろうか。第二次世界大戦後いかなる種類のコンセンサスが世界の諸国家をまとめているだろうか。諸国家からなる共同体の自由と安定のために、バランス・オブ・パワーが今日果たすと期待される役割の評価は、このコンセンサスの構成要素の検討にかかっているのである。

第五部　国家権力の制限

――国際道義と世界世論――

第一五章　力の抑制要因としての道義、慣習、法

われわれは前章で、力が、国際舞台における力への野心を制限する方法としては粗雑で信頼度の低いものであることをみてきた。権力闘争の背後にある動機や、闘争が行なわれるメカニズムが、国際政治のすべてであるとすれば、国際舞台は、まさにホッブズが「万人の万人に対する闘争」(1)として描いた自然状態に似たものになろう。また国際政治は、マキアヴェリが最も鋭くかつ率直に述べたあの政治的便法の要件によってのみ支配されることになろう。そのような世界では、弱者は強者のなすがままにされ、まさしく力は正義となるのである。

しかし実際には、力が最高位に君臨し向かうところ敵のないような状態で行きわたっている世界では、脅威それ自体が、力への野心そのものと同じほど普遍的な、あの「力への反抗」を生んでいく。すでにみてきたように、この反抗をくいとめるためには、そして権力への衝動の実体が認識されたときに生ずる敵意と抵抗を緩和するためには、力を追求する人びとはイデオロギーを使って彼らの真の目的を隠してしまうのである。し

たがって、実際には力への野心であるものが、何かちがったもの、すなわち理性、道義および正義の要求と調和しているもののようにみえるわけである。国際政治の実体は、道義、慣習、および法の規範的秩序にみいだされるはずであり、国際政治のイデオロギーはこの国際政治の実体の反映にすぎないのである。

聖書から近代民主主義の倫理および憲法的取決めに至るまで、これらの規範的体系のおもな役割は、力への野心を、社会的に許容しうる範囲内にとどめておくことであった。西洋文明に支配的なすべての倫理、慣習および法の体系は、権力衝動が普遍的に存在していることを認めると同時にそれを非難している。しかし、それとは反対に、マキアヴェリやホッブズは、権力衝動の普遍的存在を、非難され抑制されるよりはむしろ受け入れられるべき社会生活の究極的な現実とみなしたが、このような政治哲学は、支配的な意見からは否認されてきた。これらの政治哲学には、西洋文明のなかで有力になった聖アウグスティヌスやロックの政治哲学がもっていたような知的、実践的な影響力に欠けていたのである。

他方、弱者のために強者の力を制限しようとする西洋文明の伝統そのものが、柔弱かつセンチメンタルで退廃的であるとして反対されてきた。そのように反対してきたのはニーチェ、ムッソリーニ、ヒトラーのような人びとである。彼らは力の獲得への意志と権力闘争を基本的な社会的現実として受け入れただけでなく、それらをあからさまに誇示することを賛美し、それに対する制限がないことを社会の理想とし、また個人の行動準則として要求したのである。しかし、力の渇望と権力闘争を中心とする思想と政治システムは、結局何もなしえず自己破滅的であることを示したにすぎなかった。それらが弱体であったということは、権力衝動を排除しないまでも、少なくともそれを規制し制限しよう——もしそうしなければ、権力衝動が社会を分裂させるか、あるいは弱者の生命と幸福を強者の専横に委ねることになるであろう——とする西洋文明の伝統の強さを示している。

道義、慣習および法が、社会を分裂からまもり、個人を隷属と死滅からまもるために介入するのは、この二点においてである。ある社会あるいはその構成員のあるものが、他の社会あるいはその構成員の権力衝動から自己をみずからの力でまもれないとき、いいかえれば、権力政治のメカニズムが不十分なことがわかったとき——もっとも、それが不十分であることは遅かれ早かれわからざるをえないのであるが——これらの規範体系はそれ自体の行動準則によって権力政治を補おうとする。これは、規範体系が強者と弱者の双方に与えるメッセージである。すなわち、優勢な権力とて、物理的になしうるすべてのことをその力によって行なう、いかなる道義的、法的権利ももち合わせてはいないのである。力は、社会全体およびその各構成員の利益のために制限を受けるが、その制限は、権力闘争のメカニズムの結果ではなく、社会の構成員自体の意志による規範ないし行動準則という形で力に加えられるのである。

規範あるいは行動準則の三つの型、すなわち倫理と慣習と法は、高度に発達したすべての社会で作用している。これらを区別する特徴については、哲学や法律学の文献で大いに議論されてきたが、この研究の目的のためには、どんな行動準則にも、二つの要素すなわち命令と制裁があることを指摘すれば十分であろう。いかなる命令も、規範のどれかの型にのみ特有のものではなく、たとえば「汝殺すべからず」は、倫理や慣習や法の命令ともなりうる。これらの行動準則の三つの型を区別するものは、制裁である。

「汝殺すべからず」は、この命令が破られた場合、違反者を罰するために、またその後の違反を防止するために、倫理に特有の制裁が加えられるのか、慣習あるいは法に特有の制裁が適用されるのかによって、それぞれ倫理の命令ともなり、慣習の命令あるいは法の命令にもなるのである。たとえばもしAがBを殺し、Aがその後良心の呵責や後悔の念にかられたとすれば、われわれは倫理に特有の制裁、したがって倫理的規範をそこにみるのである。もしAがBを殺し、そしてまだ組織されていない社会がその行為を否認するための自発的な示威行動、たとえばボイコットや村八分などによって反応した場合、われわれは慣習に特有の制裁、つまり慣習の規範に特有の制裁で対処することになる。最後に、もしAがBを殺し、そして組織された社会が、あらかじめ定められている警察行動、告発、裁判、判決、および刑罰による合理的手続きという形式で反応したとすれば、この制裁は法的な性格を帯び、したがってこの場合、規範は法の範疇に属することになる。

すべての国内社会は、この種の行動準則の複雑な網の目によって規制されており、それらは互いに支持しまたは矛盾し、あるいは独立して作用している。ある社会が、行動準則によって擁護しようとする利益や価値を重要と考えれば考えるほど、この社会が行動準則の違反に対して行なう制裁はそれだけ強くなる。社会がみずから任意に行使できるいろいろな種類の制裁を行動準則の違反者に同時に課すとき、この社会は、手に負えない構成員に対してその社会の最大の圧力を行使し、それゆえに、当該社会の行動準則を実施する可能性も最大となるのである。社会の利益や価値がたったひとつの型の制裁のみによってまもられているときには、その社会は最も弱く、したがって、社会の制裁の効果がなくなる可能性はきわめて高い。ひとつの行動準則が、もうひとつの行動準則の非難する行動を要求するとき、それに関連する利益とか価値の運命は、矛盾した命令をまもらせようとするそれぞれの制裁の相対的強さによって決まるのである。

反逆とか革命による社会自体の存続に対する脅威、あるいは、殺人による個々の構成員の生存への脅威に対しては、社会は、三つの型の制裁をすべて動員する。道義、慣習および法は相互に補強し合いながら、社会生活および社会を構成する個々人の生活に対して三重の保護を与えているわけである。反逆とか殺人を犯そうとするものは、良心の呵責とか、たとえば村八分などの社会の自発的反応とか、法の刑罰とかを覚悟しなければならない。社会やその各構成員の生存ではなく、財産が危うくなっている場合にも同じ状況が起こる。財産もまた、道義、慣習、法という三重の壁によってまもられている。窃盗や詐欺を行なおうとするものは、その対象となる財産を得ようとするときに、社会が行使することのできるすべての制裁によって邪魔されるのである。

それほど重要でもない利益や価値が危機にひんしている場合、社会は、ひとつの型の制裁にしか訴えないかもしれない。たとえば虚言のように、ビジネスや政治におけるある種の競争的な行為は、ただ道義によってのみ否定される。慣習は、極端な条件、たとえば虚言の量と程度が社会の許容範囲を超えた場合にのみ作用するであろう。法は、日常的な虚言の場合には沈黙したままであろう。その理由は、虚言を禁ずる法を執行することなどとてもできないのだ、ということにほかならないからである。偽証や詐欺のように、その嘘が単なる事の真偽を超えて利益や価値を脅かすような特殊な虚言の場合にのみ、法は作動するであろう。他方、風俗についての規則は慣習によってのみ実施されるが、それは、風俗に関連する問題が、道義と法が関与するほど重要ではないからである。最後に、交通規則の違反を審理するのは法だけである。道義と慣習はその執行に関与しない。なぜなら一般に法の制裁は、交通の領域におけるある種の機械的な秩序を確立するのに十分だからである。

いろいろな禁止命令の相対的な強さの問題は、さまざまな行動準則が相対立するときとくに顕著にあらわれる。同じ法体系の二つの準則間の対立についての代表的な実例——それは、法律学の文献のなかで大いに論じられているが——は、ヨーロッパのある国の刑法で決闘が禁止されているのに、同じ国の軍法では、ある特定の争いを決闘によって解決するよう将校に求めていることである。われわれに人間よりも神に従うことを命令すると同時に、カエサルのものはカエサルに返せと命令する倫理体系は、国家のある法が神の命令と矛盾するとき同様の矛盾を引き起こす。この種の矛盾は、政治領域においてとくに頻発する。たとえば、相対立する政府——革命政府と正統政府、亡命政府と傀儡《かいらい》政府——が、同じ人間集団に服従を要求する。また政治家が従うと考えられる行動準則は、社会の全構成員に向けられる規範としばしば対立する。政治の倫理と慣習は、「選挙演説」や公約全般のように、ある種の行動に対しては社会の一般的な倫理と慣習よりも概して寛容に扱われているのである。

さまざまな行動準則の間の対立は、この衝突している諸準則の制裁が個人の意志にそれぞれ加わる相対的な圧力によって決着をつけられる。個人は、自己に向けられたあらゆる規範に同時に応じえないため、服従すべき規範を選択し、他の規範に対しては違反せざるをえないことになる。また、これらの圧力の相対的な強さは、ある一連の価値と利益を他のものを退けて選ぶ社会的諸力の相対的強さをあらわしているのである。社会の規範的秩序は、社会の個々の構成員の力への野心を社会的許容範囲内に保つことを目的とする。そしてそれ自体はある程度までは、社会的諸力が、たとえば立法や判決に対する影響力をつうじて社会への支配を相互に競い合うことの結果なのである。

社会生活というものは大部分、社会が行動準則によってその構成員に加える圧力への継続的な反応——それはほとんど自動的なものになっている——から構成されている。これらの行動準則は、終日個人を監視し、個人の行動が社会の基準に合致するように作用するのである。動的な力としての社会は、その構成員に行動の類型を課す行動準則の総計そのものであるとさえいえよう。いわゆる文明は、ある意味では、行動準則に対する社会構成員の自動的反応以外の何ものでもなく、社会は、この行動準則によって、構成員をある客観的な基準に従わせ、その力への野心を抑え、社会的に重要なあらゆる点において、彼らを教育しなだめようとするのである。もちろん、われわれがここでいう文明――西洋文明――はかなりの程度までこのことに成功してきた。しかし、一九、二〇世紀の多くの著述家たちが信じたように、西洋文明は、権力闘争を国内舞台から完全には消滅させえなかったし、それを協力・調和・永久平和のような別のより良いものにおきかえることもできなかったし、またその方向に向かっているというわけでもないのである。力への野心と権力闘争が政治のなかで果たす役割についてのこのような思いちがいについては、すでに本書の第三章で論じた。

西洋文明が達成しえた最善のこと――それは、われわれのみる限りでは、いかなる文明でも達成できるものであるが――は、国内舞台において権力闘争を緩和すること、権力闘争の手段を穏健なものにすること、および、社会の個々の構成員の生命・自由・幸福の追求が権力闘争に巻き込まれる程度を可能な限り最小にするようその権力闘争を方向づけること、であった。とくに、むきだしの方法による個人的な争いは、社会的、商業的、職業的な競争という洗練された手段に替えられている。権力闘争は、殺人的な武器によらず、試験による競争、社会的栄誉を目ざしての競争、公私の職責をめぐる定期的な選挙、そしてとくに、金銭の所有や金銭で評価できる物の所有をめぐる競争、によって展開されている。

西洋文明の国内社会においては、金銭の所有が力の所有の顕著なシンボルとなった。個人の力への野心は、金銭の獲得をめぐる競争をつうじて、社会が規定する行動準則と調和しながらそのなかに洗練されたはけ口をみいだすのである。殺人やあらゆる種類の個人的、集団的暴力に対するさまざまな規範的禁止命令は、権力闘争をこのように洗練された方向に向けなおすための規範的前提条件をつくりだそうとする。社会のいろいろな競争の仕組みに関連した社会的な装置と制度はすべて、権力闘争を排除するという目的に役立っているのではなくて、無制限かつ無規制の権力闘争がもつあの野蛮さと未熟さに代わる、洗練された代替物をつくりだすのに役立っているのである。

以上簡単な素描であったが、倫理、慣習および法が西洋文明の国内社会においていかに権力闘争を制限しているか、ということを述べてきた。では、国際社会についてはどうであろうか。どのような道義、慣習および法の準則が国際舞台において有効であろうか。それらは、国際社会に対してどのような機能を果たすであろうか。国内の規範体系が国内社会の構成員間の権力闘争に影響しているのと同じように、いかなる種類の国際倫理が、また世界世論という形におけるいかなる種類の国際慣習が、そしていかなる種類の国際法が国際舞台で権力闘争を制限し、規制し、洗練させるのであろうか。

第一六章　国際道義

国際道義について検討する場合、二つの極端な考え方、すなわち、国際政治に及ぼす倫理の影響力を過大評価したり、あるいは政治家や外交官が物的な力の要件以外では動かされないとして倫理の影響力を過小評価したりすることのないように警戒しなくてはならない。

また一方では、人びとが現実にまもっている道義規則と、人びとが一見まもっているようにみえる道義規則とを混同すること、そして、人びとが実際にまもっている道義規則と人びとがまもるべきであると論者たちによって主張されている道義規則とを混同することとの二重の誤りがある。ジョン・チップマン・グレー教授は、「神学をのぞいて、およそ人間が関心をもつ主題について、国際法に関するものほどいいかげんな論議でしかも漠然とした考察はない[1]」と述べている。同じことは、国際道義についてもあてはまるのである。多くの論者は、諸国家間の関係をより平和的にするために、またこの関係をできるだけ無政府状態にしないようにするために、政治家や外交官が銘記しなければならない道義規則、たとえば、約束の実行、他人の言に対する信頼、公平な取引、国際法の尊重、少数派の保護、国家政策の手段としての戦争の放棄などを取り上げてきた。しかしこれら論者は、このような道義規則が、それ自体どれほど望ましいものであっても現実に人間の行動を規定するのかどうか、またどの程度規定するのかについて考察することは稀であった。さらに、政治家や外交官は、彼らの実際の動機が何であっても、道義的な言葉で自己の行動や目標を正当化することがよくあるので、われわれが彼らの非利己的で平和的な意図をもった抗議や人道主義的な目的をもった抗議、そして国際的理想などを額面どおり受け取ることは同じように誤りであろう。はたしてこれらの抗議や国際的理想が行為の真の動機を隠すための単なるイデオロギーにすぎないのかどうか、あるいは、それらが国際政治を倫理規準に合致させようとする純粋な関心の表明なのかどうか、を問うことは妥当である。

他方、前述のように[2]、権力政治に対する全般的な軽視および道義的非難といつも結びついた誤った考え方、すなわち国際政治は完全に悪であるから、国際舞台において力への野心を道義的に制限することは無駄であるという考え方がある。しかし、もしわれわれが、政治家や外交官はそれぞれの国家の力を伸張するために何をなすことができ現実に何をなしているかを自問するなら、われわれは、彼らが可能限度を下まわる行動しかとっていないこと、過去の政治家や外交官が実際に行なってきたよりも控えめな行動しかしていないことに気がつくのである。政治家や外交官は、全面的にあるいはある条件の下で、ある目的の追求を考慮しなかったりある手段を行使しなかったりするが、その理由は、そうすることが便宜上非現実的であるとか賢明でないように思うからではなく、そこにはある道義規則が絶対的な障壁となって立ちはだかっているからである。道義規則は、便宜主義の観点からのみある政策を考慮するということを許さない。そしてある物事は、たとえそれを実行することが便宜的目的にかなうとしても、道義的な理由から行なわれていないのである。このように倫理上行なってはならないという道義規則は、今日さまざまなレヴェルでさまざまな効力をもって作用している。このような倫理的禁止命令の抑制的機能は、平時において人命の神聖さを肯定するときに最も明白かつ最も有効なものになる。

人命の保護

平時における人命の保護

すでに考察したように、国際政治は、自国の力を維持し増大させ他国の力を抑制あるいは減少させようとする持続的な努力であると定義される。しかしこれまた前に指摘したように、(3)諸国家の相対的な力は、人口の規模と質、軍事組織の規模と質、政府の質、そしてもっと具体的には外交の質という観点からみる、人間の数と質によって決定される。国際政治を、道義的な要件の介在しない一連の技術的な仕事であると考えた場合、この国際政治は、競争相手国の人口や、その国の主要な軍事、政治指導者および有能な外交官を大幅に削減するかあるいは排除することさえもみずからの正統な目的のひとつであるとみなされなければならなくなる。そして、国際政治が、力を維持・獲得するための、道義的な意義を何らもたない単なる技術とみなされた時代には、このような方法は道義的に何らためらうことなく当然のこととして利用されたのである。

ヴェニス共和国はその公式記録によると、一四一五年から一五二五年までの間に、対外政策のために約二〇〇件の暗殺を計画したり試みたりしている。暗殺予定者のなかには、皇帝二人、フランス国王二人、スルタン三人が含まれていた。この文書では、これらの暗殺を請負いたいという申し出をヴェニス政府が拒否したということは皆無に等しい。またヴェニス政府は、一四五六年から一四七二年にかけて、当時のヴェニスの主要な敵対者であったスルタン・マホメット二世殺害の申し出を二〇件も受け入れたのである。一五一四年、ラグーザのジョヴァンニなるものは、一、五〇〇ドゥカートの年俸をだせば、ヴェニス政府の指定する人物は誰でも毒殺すると申しでた。ヴェニス政府は、今日の言葉でいえば「試しに」この男を雇い、マキシミリアン皇帝を毒殺することができるかどうかやってみよと命じたのである。そのころ、枢機卿たちは、教皇戴冠式の祝宴には自分の召使を連れ自分のワインを持参したが、それは彼らがそうしないと毒殺されるかもしれないと恐れたからである。このような習慣は当時のローマでは普通であり、招待した主人側が気を悪くするなどということはなかったと伝えられている。

政治的目的を達成するためのこのような方法は、今日もはや広くは実行されていない。しかし、この種の行動が実際に行きわたっていた時代と同じように、このような方法を利用したいという政治的衝動は今日においてもなお存在している。力の獲得を目ざして競争している諸国家にとっては、競争相手国がその卓越した軍事、政治指導者の力《サーヴィス》を利用できるかどうかについて無関心ではいられない。したがって、これらの国家は、ある有能な指導者や支配集団が、政治的動乱とか病気や死によって権力の座を放棄せざるをえなくなるのを望むこともある。第二次世界大戦中、ヒトラーとムッソリーニはどれほど長く生存するか、あるいは少なくともどれほどの期間政権の座にとどまっているか、について検討することが連合国の力の計算の重要な部分をなしていたこと、またルーズヴェルト大統領死去のニュースがヒトラーの勝利の望みをよみがえらせたことなどは、今日ではよく知られている。冷戦期において、ソ連に対するアメリカの政策の一要素として、ソ連が統治者の政権維持能力の欠如のために内部崩壊するかもしれない、という期待があった。このように政権を暴力手段によって巧みに排除することの技術的なむずかしさは今も昔も変わらないし、排除することがやはりいまだに望まれかつ実行可能であることもまた過去と変わらない。変わったのは、文明の影響によって、ある政策がたとえ望まれかつ実行可能なものであっても道義的に非難すべきものとなり、そのために通常実行できなくなったことである。

このような道義的抑制の存在と有効性は、アメリカの中央情報局（ＣＩＡ）によって企てられた一連の暗殺計画に対するアメリカ国民の反応に明らかに示されている。アメリカ世論の有力な部分が異議申し立てをしたのは、ＣＩＡの暗殺計画の成功率が低いことに対してではなく、そのような試み自体が道義的抑制に違反していたからである。また、それは、暗殺の試みが秘密裡に活動している少数の情報局要員の道義的抑制を弱めるまでに徹頭徹尾なされたことに対する反対でもある。そして、このような道義違反が、同じ道義的な理由から圧倒的に否定されたことは、道義規範の継続的な妥当性を証明するものにほかならない。

同じ種類の道義的制約によって、著名な個人や大きな集団の生活、さらには全国民の生命さえも、たとえそれを破壊することが政治的に望ましくかつ実行可能であっても平時においては保護されている。近代史のなかでドイツ問題についてのドイツ人自身および世界の他の人びとの見方は、国際政治に対する倫理の影響を如実に示している。ドイツからみた場合、国際政治の基本的現実は、ビスマルクからヒトラーに至るまで、ドイツの東西にある強国によってドイツが「包囲」されているということであった。しかし、ビスマルクは、国際政治というチェス盤上における彼の特定の動きがいかに非情で不道徳であったとしても、一八世紀のクリスチャン諸侯の社会で一般にまもられていたゲームの基本ルールから逸脱することはめったになかった。それは詐欺や反逆のうずまくゲームではあったが、この貴族社会では誰しもあえてしようとはしないことが幾つかあった。このように、ビスマルクは、ドイツの政治的存立の条件としてロシアとフランスに近接している状態を直視して、この現実の不可避性を認め、ロシアとの密接な関係を保持しつつフランスを孤立化してこの不可避性をドイツの強みに変えようとしたのである。

他方、ヒトラーは、三十年戦争の終了時から彼の政権獲得時までに国際政治がある一定の社会的枠組みの制約のなかで展開してきたのだということを認めなかった。ヒトラーには、ビスマルクがフランスやロシアの存在をドイツ対外政策の形成にとって不可避的現実として受け入れたときにもった、あの道義的観念はなかったのである。ヒトラーは、ドイツの東西にある隣国を物理的に破壊して、この現実を変更しようと試みた。ヒトラーの解決策は、倫理的意義を失った単なる政治技術の問題としてそれを考えるとき、ビスマルクの解決策よりはるかに徹底的であり政治的にも得策であった。なぜなら、この解決策は、ドイツの東西の隣国に関する限り、ドイツの国際的地位の問題を一挙に解きほぐしそうにみえたからである。さらに、ヒトラーの解決策それ自体は、ビスマルクの時代と同様に、実行可能であることを証明した。ヒトラーと彼の政策を破滅させ、さらにはビスマルクのような政治的天分があれば当然避けえたにちがいないある種の政治的、軍事的誤りがヒトラーになかったとすれば、ヒトラーの解決策はうまくいったであろう。

ドイツ以外の世界、とくにドイツのヘゲモニーに脅かされた諸国家にとってのドイツ問題は、ドイツ人は二、〇〇〇万人だけ多すぎるという、第一次世界大戦時におけるフランスの政治家クレマンソーの驚くほど率直な言葉に示されている。この言葉は、一八七〇年のプロシア・フランス戦争以来ヨーロッパおよび世界が直面した避け難い現実、すなわち、ドイツは人口の規模と質においてヨーロッパ最強の国である、ということを物語っている。この事実と、他のヨーロッパ諸国家および世界の他の諸国家の安全とを調和させることが、第一次、第二次両大戦後の世界が直面した政治的再建の課題なのである。クレマンソー以来、ドイツ問題は、「二、〇〇〇万人だけ多すぎるドイツ人」の存在を当然とする立場からつねに提起されてきたが、このことは、ビスマルクの対外政策にはみられてもヒトラーのそれにはみられなかった、力の追求に対する同じような道義的制約を示している。なぜなら、ドイツ問題のような国際政治の問題には二つの対処の仕方があるからである。

ひとつは、ローマ人がカルタゴ問題を最終的に解決したあの方法である。それは、およそ道義的な考慮といわれるものは一切行なわず、適当な手段によって政治問題を技術的に解決する方法である。ローマの力への野心という点からみれば、カルタゴ人の数はあまりにも多すぎたため、カトーは演説するたびに、「とにかく私はカルタゴは破壊されなければならないと思う」（"*Ceterum censeo Carthaginem esse delendam*"）といってこれを演説の結びとした。ローマ人からみた場合、カルタゴを破壊すればカルタゴ問題は永久に解決したことになるのである。そしてローマの安全と野心に対する脅威は、かつてカルタゴのあった荒廃の地からは決して再び生まれることはなかったのである。同じように、もしドイツ人が、彼らの計画全般について成功したならば、そして、もしドイツの銃殺隊やユダヤ人捕虜収容所がその任務を遂行しえたならば、「同盟の悪夢」はドイツの政治家の心から永久に消滅したであろう。

大量殺害を目標追求の手段としない対外政策は、政治的便宜を考慮するがゆえにみずからにこの制約を課した、というのではない。逆に、便宜の点からいえば、大量殺害のような徹底的かつ効果的な行動が奨励されるであろう。この制約は、国益の要件にかかわりなく従わなければならない、絶対的な道義原則から生まれるのである。したがって、この種の対外政策は、国益を執拗に追求すれば、ある道義原則、たとえば平時における大量殺人の禁止に違反せざるをえなくなる場合には、実際にその国益を犠牲にするのである。もっとも、この点をあまり強調するわけにはいかない。なぜかといえば、この人命の尊重は、「他者に不必要な死ないし苦痛を与えない義務……すなわち、そのよし悪しは別にして、一般的義務からの逸脱を正当化するようなより高次の目的達成のため、と称して他者に不必要な死や苦痛を与えてはならないという義務[4]」から生まれる、という意見がよくだされるからである。逆に、この問題の核心は、国益のような「より高い目的」に照らしてこのような行動を正当化する可能性があるのに、ある条件の下で死や苦痛を与えることを抑制する道義的義務なるものを諸国民が理解している、ということである。

国際政治についての二つの考え方、すなわちひとつは道義の枠内で作用し、もうひとつは道義の枠外で作用する、という考え方の間にある基本的な対立は、ウィンストン・

チャーチル卿が回想録のなかで語っているエピソードによって、生き生きと述べられている。テヘラン会談で、スターリンは、戦後のドイツに課すべき処罰の問題を提起した。

「スターリンは、ドイツ参謀本部は解消されねばならない、といった。ヒトラーの巨大な軍隊の力はすべて、約五万の将校と技師とにかかっていた。もしこれらが戦争の終結とともに、駆り集められ射殺されるならば、ドイツの軍事力は根こそぎにされることになろう。これについては、私は、当然次のようにいうべきものと考えた。すなわち、『イギリス議会および世論は大量処刑を決して許さないであろう。たとえ、戦争の激情に駆られて彼らがその処刑のはじめられるのを見過ごすとしても、最初の虐殺が行なわれた後は、彼らはこの処刑に責任ある人びとに対して徹底的に敵対していくことになろう。ソ連はこの点についていかなる妄想も抱いてはならない』と。

しかしスターリンは、おそらくいたずら半分にであろうが、この課題を推しすすめていった。『五万人のものは射殺されねばならない』と彼はいった。私は深い憤りをおぼえた。私はこういった。『私はかかる非行によって私自身および私の国の名誉を汚すよりも、むしろいまただちにこの庭に出て射殺されたい』と。(5)」

戦時における人命の保護

戦時の外交政策にも、同じような道義的制約が課せられている。この制約は、戦う能力がないかあるいは戦う意志のない市民や戦闘員にかかわるものである。有史以来中世の大半に至るまで、交戦者は、軍隊の一員であろうとなかろうとあらゆる敵を殺害したり、あるいは適当と考えるあらゆる方法で敵を処遇する自由があるとみなされてきた。これは倫理的にも法的にも認められてきたことである。勝者は、何の道義的な反対にも遭遇せずに男女、子どもを、しばしば切り殺したり奴隷として売り飛ばした。フーゴー・グロティウスは、『戦争と平和の法』第三巻第四章で「正式の戦争において敵を殺害する権利、およびその他の身体に加えられる暴力について」という見出しの下に、古代史において敵に対して無差別になされた暴力行為の数多くの事例を鮮かに述べている。グロティウス自身、これについては一六二〇年代に書いているのだが、戦争の目的が正しいならばこの種のたいていの暴力行為は法と倫理によって依然正当化される、とみなした。(6)

このように、戦時の殺人に対する道義的抑制が欠如しているのは、戦争の本質そのものから生じたものである。当時、戦争は交戦国の全住民対全住民の抗争とされた。戦うべき敵は、現代的意味での〔法的抽象としての〕国家の軍隊というよりはむしろ、ある君主に忠誠をささげているすべての個人、またはある領土内で生活しているすべての個人であった。こうして、敵側の個々のすべての市民は相手側の各市民の敵となった。

三十年戦争が終わって以来、戦争は、全住民間の戦闘ではなく、交戦国の軍隊間のみの戦闘であるという考え方が行きわたるようになった。それゆえ、戦闘員と非戦闘員とを区別することが、交戦国の行為を規定する基本的な法的、道義的原則のひとつとなった。戦争は、交戦国の軍隊間の戦闘とみられ、市民は武力戦闘に積極的に加わらない以上、戦闘の目標とされてはならないのである。したがって戦闘に加わらない市民を故意に攻撃し殺傷してはならないということが、道義的、法的義務であると思われるようになった。都市の爆撃とか居住区域で行なわれる戦闘のように、軍事作戦行動に伴って非戦闘市民が受ける死傷は、遺憾ながらときには戦争においては避けられないものである。しかし、それをできる限り避けることがまた、道義的、法的義務とみなされる。一八九九年と一九〇七年の「陸戦ノ法規慣例ニ関スル」ハーグ条約、一九四九年のジュネーヴ条約は、この原則に対して明示的な、そして事実上普遍的な法的承認を与えた。

これに対応して、戦うつもりがないとか戦うことのできない軍隊の隊員についても、同じような動きが起こった。あらゆる敵を殺すという道義的、法的権利が、ある一定範囲の能力のない戦闘員に対しても例外なく適用されるということは、古代と中世の大半をつうじて一般的であった戦争観に由来するものである。したがって、グロティウスは、当時の支配的な道義的、法的確信として、依然として次のようなことを述べていたのである。「加害権は、捕虜に対してすら、いかなる時も及ぼされる。……この権利は、降伏せんと欲するも、その降伏が受諾されないものにすら及ぼされる」⑦。

しかし、軍隊間の闘いとしての戦争に対する考え方の論理的発展として、実際に戦争行為にすすんで参加する能力と意志のある人びとだけが計画的な武力行動の目標となるべきだという考えが生まれてきた。すなわち、病気や負傷のために、また捕虜になったとか捕虜になろうとしていたために、実際の戦闘行為に従事しない人びとには、危害を加えてはならないということである。このような戦争行為の人道化への傾向は、一六世紀にはじまり、一九世紀と二〇世紀初期の主要な多国間条約によってその頂点に達した。事実上ほとんどすべての文明国がこれらの条約に加入した。一五八一年から一八六四年までの間に、負傷者と病人の生命を保護するために結ばれた国際協定は二九一件あった。たとえば、一八六四年のジュネーヴ条約は、一九〇六年、一九二九年、一九四九年の協定で改定されるが、それは負傷者、病人およびこれらを看護する医療要員に付与すべき待遇について、その時代の道義的確信を具体的かつ詳細な法的義務へと条文化したものである。国際赤十字社は、これら道義的確信の象徴であり、なおかつ、その卓越した制度的実現である。

戦争捕虜の身分に関しては、一八世紀においてすらまだみじめな状態にあった。彼らは一般的にはもはや殺されることはなかったが、しかし犯罪者として扱われ、身代金と引き替えて初めて釈放される、というように搾取の対象として利用された。一七八五年にアメリカとプロシアとの間に結ばれた友好条約の第二四条は、この問題に関する道義的確信の変化を初めてはっきり示した。それは、戦争捕虜を囚人刑務所につなぐことや、彼らに手かせ足かせを使うことを禁止し、こういう人びとを軍要員として扱うことを規定した。一八九九年および一九〇七年のハーグ条約と、一九二九年および一九四九年のジュネーヴ条約は、戦争捕虜の人道的な待遇を保障する目的で法規則の体系を詳細に定めた。

一九世紀中葉以来、戦争を人道化するために締結された国際条約はすべて、戦争によって危険にさらされる人間の生命と苦痛に対する、同じ人道主義的関心から生まれたものである。これらの条約は、ある種の武器の使用を禁止し、他の武器の使用を制限し、中立国の権利・義務を規定している。要するにこれらは、予想されるあらゆる戦争犠牲者が共通にもっている人間性への礼節と尊重の精神を戦争行為に注ぎ込もうとするものであり、また敵の抵抗意志を破壊するという戦争の目標と両立しうるぎりぎりのところまで暴力を制限しようとするのである。一八五六年のパリ宣言は海上における戦闘行為に制限を加えた。一八六八年のサンクト・ペテルブルク宣言は、爆発性と可燃性の物質を装てんした軽量の弾丸の使用を禁じた。一八九九年のハーグ宣言は、ダムダム弾の使用を禁止した。ガス・化学・細菌戦を禁止した国際協約も幾つかある。一八九九年と一九〇七年のハーグ条約は、陸戦および海戦に関する法と、中立国の権利・義務を法典化した。一九三六年のロンドン議定書は、商船に対する潜水艦の使用を制限した。また、現代では、核戦争を制限する試みがなされている。これらの努力はすべて、対外政策の手段として暴力を無制限に使用することに対して道義的な躊躇《ちゅうちょ》があり、それが事実上一般化していることの証拠である。

これらの国際条約の妥当性や有効性を疑問視する法律論議があるかもしれないが、この論議は、これらの条約の禁止条項が全く無視されたり破られたりしているということからでてくる。とはいっても、それは、国際舞台において暴力または少なくともある種の暴力に直面した場合、われわれを落ち着かなくさせるような道義的良心が存在するということを否定するものではない。このような良心が存在することは、一方では、国際協定によって諸国家の行動を道義原則と調和させようと努力していることのなかにあわれているし、他方では、協定違反といわれたときに、それを道義的な言葉によって弁護し、一般的正当化と弁明を行なうということにもあらわれている。ほとんどすべての国家は、少なくともある程度まで、この種の法的協定をまもることに賛同しており、またまもろうと努める。したがって、この点について非難すれば、その非難はつねに、自分は無罪であるという抗議や道義的正当化のための抗議を受けることになる。しかもその抗議は、単なるイデオロギー以上のものである。この種の抗議は、ある道義的制約——諸国民はこれをときには完全に無視したり頻繁に違反したりする——を間接的に認めたものである。最後に、国家が戦争行為についての道義的、法的制約に明らかに違反した場合、交戦国内部の大きな集団が道義的良心に基づいて戦争に反対するかもしれない。この集団は、戦争反対の示威運動を行ない、戦争支持を拒否するかもしれない。これによってわれわれは、道義的制約を自覚している道義的良心が存在するということの証をみることができるのである。

戦争への道義的非難

最後に、今世紀に入って以来、戦争自体に対する態度をみると、対外政策の手段としての戦争を行なうことが、ある道義的制約によって制限され、このことについてたいていの政治家が自覚を高めつつあるということがわかる。政治家はこれまで戦争の惨害を非難してきたが、同時に、有史以来、自衛とか宗教的義務とかいう理由によって、みずからその破壊行為に関与することを正当化してきた。戦争それ自体、つまりいかなる戦争であっても、それを回避することが政治の目的となったのは、今世紀に入って以来である。一八九九年と一九〇七年の二回にわたるハーグ平和会議、一九一九年の国際連盟、侵略戦争を非合法化した一九二八年のブリアン・ケロッグ条約、そして今日の国際連合などはすべて、戦争そのものの回避をその最高目的としている。

これらおよび他の法律文書や機構――これらは本書の第八部で詳しく扱われる――の根底には、戦争とくに現代の戦争が、便宜的理由から回避すべき恐ろしい事柄であるのみならず、道義的根拠から回避すべき悪事でもあるという確信が存在する。第一次世界大戦の起源に関するいろいろな外交文書を蒐集した研究者は、おそらくウィーンとサンクト・ペテルブルクの政治家を除くたいていの責任ある政治家が戦争を不可避にするような行動をためらったことを知り印象づけられる。戦争が結局避けられないことがわかったとき、これらの政治家が抱いたためらいや狼狽とは対照的に、一九世紀に至るまでは、戦争を避けえないものにするために、そして、戦争をはじめたという非難を相手側にかぶせるために、慎重な配慮の下に戦争が計画され偶発事件が意図的にねつ造されたのである。

第二次世界大戦前の数年間、西欧列強は、みずからの立場が政治的、軍事的に大きく不利になるにもかかわらず、何とか戦争を避けようとする諸政策を活発に探し求めた。とにかく戦争を回避したいという欲求は、国家政策の他の要件に優先した。同じように、すべての大国が例外なく、朝鮮戦争を朝鮮半島に限定して第三次世界大戦に発展しないよう切望したこと、第二次世界大戦終結以来発生した多くの国際危機においてすべての大国が自己抑制したことなどは、戦争に対する態度が基本的に変化したことを如実に示している。戦争そのものを道義的に非難することが西欧世界で最近みられるのは、予防戦争が国益の観点からいって便宜的であろうがなかろうが、その可能性を真剣に考慮することをとくに拒むからである。戦争が起これば、それは自国の対外政策の予見され計画された到達点としてではなく、自然の大災害あるいは他国民の悪業として起こるにちがいないのである。戦争があってはならないという道義規範がまもられないために生じる道義的なうしろめたさは、もし可能だとすれば、このような方法でのみやわらげられるのかもしれない。

国際道義と全面戦争

こうして、古代および中世の大半とは対照的に、現代では対外問題の処理は、その問題が個人、または個人から成る集団の生活に影響する限りにおいて道義的制約を受けている。しかし、人類がかかえている、現在の幾つかの重要な要因をみると、これらの道義的制約は明らかに弱体化する方向に向かっている。ここでわれわれは、生命の破壊について道義的制約が欠けていることのうらには、すべての人びとが個人的な敵として互いに対峙するという、戦争の全面的性格があることを想起すべきである。さらに、戦争における殺人を漸次制限し、戦争をある条件へ従属させたことは、限定戦争——そこでは軍隊だけが実際の敵対者として相対立した——というものを徐々に生みだしたことと符合するということもまた想起すべきである。最近、戦争はいろいろな点においてますます全面的性格を帯び、それに伴って、殺人に対する道義的制約がますますまもられなくなってきている。実際、一般の市民のみならず、政治・軍事の指導者の良心における道義的制約の存在そのものが次第に曖昧になり、消滅するおそれがあるのである。

現代における戦争は、次の四つの点で全面的な様相を呈している。すなわち、㈠戦争の遂行に不可欠な活動に従事する人口の割合について、㈡戦争遂行によって影響を受ける人口の割合について、㈢戦争遂行に自己の信念と感情を完全に打ち込む人口の割合について、㈣戦争の目標について、である。

一般国民の大多数の生産努力に支えられた大きな軍隊は、国民生産の小さな部分しか消費しなかった比較的小規模な過去の軍隊にとって替わっている。一般国民が軍隊への補給を続けることができるかどうかは、軍事努力それ自体と同じくらい戦争の成り行きを左右する重要な要素である。それゆえ、一般国民の敗北(一般国民の生産能力と生産意志の破壊)は、軍隊の敗北(軍隊の抵抗能力と抵抗意志の破壊)と同じく重要である。したがって、現代の戦争は、巨大な産業機構から武器を調達するため、兵士と市民との間の区別を不明確にする性格をもっている。労働者・技術者・科学者は、側面から兵士に声援を送るだけの罪のない見物人ではない。彼らは、陸海空軍の兵士と同じように、軍事機構にとって本質的かつ不可欠の部分である。したがって現代の国家は、戦時にあっては敵の生産過程の分断・破壊を追求しなければならない。そして現代の戦争技術は、この目的を実現するための手段を提供しているのである。現代の戦争に対する民間生産の重要性と、敵の生産に打撃を与えることへの関心は、第一次世界大戦ですでに一般に認められていた。しかし、当時は、直接的に民間の生産過程に影響を与える技術的手段の発達はまだ緒についたばかりであった。そのため、交戦国は、封鎖や潜水艦による攻撃などの間接的手段に訴えなければならなかった。ときどき交戦国は空襲や長距離爆撃によって市民生活を直接破壊しようとしたが、その効果は大したものではなかった。

第二次世界大戦においては、国家の生産能力と抵抗能力を破壊するための最も有効な手段として、直接的破壊という後者の方法が使われた。市民生活と財産の大量破壊への関心とその破壊能力の開発は同時に起こり、この二つがあまりにも強く結びついていたため、現代世界の道義的確信はその力を発揮できなかったのである。一九三八年六月一一日、アメリカの国務長官コーデル・ハルは、二〇世紀初期の二、三十年間に有効であった道義的確信を代表して語っているが、彼は、日本の広東爆撃に関連し、一般国民を爆撃した諸国に対しては航空機と航空機用装備の売却を政府は認めないと言明した。ルーズヴェルト大統領は、一九三九年一二月二日の演説で、フィンランド市民に対するソ連の軍事行動に関連して、ソ連に対する同じような道義的「禁輸」を宣言したのである。わずか数年後に、あらゆる交戦国が、この種の直接大量破壊行為を行なったが、それはアメリカの政治家が道義的根拠から非難したものより大規模なものであった。ワルシャワ、ロッテルダム、ロンドン、コーヴェントリー、ケルン、ニュルンベルク、広島、長崎は、現代的な戦争技術の発達における踏み石であったのみならず、戦争行為についての現代的道義の発達における踏み石でもある。インドシナ戦争は事実上、戦闘員と一般市民の区別を抹消してしまったのである。

敵の生産性と抵抗意志の破壊についての国家の関心は、現代の戦争の性格によって生みだされたものである。そしてこのような国家の関心によって、さらには現代的な戦争技術がこの関心を満足させうるまさにその条件によって、国際道義は悪化してきた。しかも、この国際道義に対するマイナス作用は、相対立する多数の人びとが現代の戦争に感情的に巻き込まれることによって一層強められている。一六、一七世紀の宗教戦争は、一七世紀後半と一八世紀の王朝戦争に引き継がれ、この王朝戦争は、一九世紀と二〇世紀初期の国民戦争に受け継がれたが、現代の戦争は、イデオロギー的性格を帯びることによって宗教戦争型に逆もどりする傾向にある。現代国家の市民は、戦争のさい、一八、一九世紀の人びととは対照的に、自分の君主の栄光や自国家の統一と偉大さのために戦うのではなくて、自分が真理と美徳を独占していると主張して、「理想」、一連の「原則」、そして「生活様式」のためにいわば「十字軍に加わる」のである。それゆえ市民は、誤った邪悪な他の「理想」や「生活様式」に固執する人びとに対して、死に至るまであるいは「無条件降伏」するまで戦う。市民が戦うのは、この「理想」と「生活様式」――これらをいかなる人がもっていようとも――に対決するためであるから、戦闘兵と負傷兵との区別、戦闘員と民間人との区別は、たとえそれらが完全にはなくならないとしても、現実に重要なひとつの区別、すなわち正しい哲学および生活様式を代表するものと、誤った哲学および生活様式を代表するものとの間の区別よりもあと回しにされることになる。負傷者、病人、降伏した非武装の敵を寛大に扱う道義的義務、および単に敵側にいたという理由で敵となった人を人間として尊重する道義的義務は、悪の信奉者や常習者を断罪し地上から抹殺するという道義的義務によって無用にされている。道義的制約をなくするようなこれらの傾向は、現代戦争の非個人的な性格によってさらに強化されている。第一次世界大戦までは、兵士同士が戦闘において相対立したが、この対峙には、お互いに目をみつめながら、相手を殺し自分は殺されまいとする人間的要素がなかったわけではなく、人間の感情・美徳・悪徳が人間によって感じられ示される余地があった。アキレスがリュカオンに致命傷を与えたのち、ホメロスはアキレスに、宿敵の上にかがみ込ませ、「友よ、死ね」といわせている。

現代の戦争は大部分いわゆるボタン戦争であり、そこでは人びとは敵の生死をみることもなくまた誰を殺したかも知らずに戦っている。また犠牲者も敵の顔をみることはない。敵同士の唯一のつながりは、互いに殺そうとして使う機械類だけである。このように技術的に非人道化した戦争は道義的にも非人道化せざるをえない。機械を操作する人にとって、射撃訓練は、実際の攻撃とほとんど変わらず、軍事施設への攻撃は、一般市民への攻撃と区別しにくい。ヴェトナムの爆撃に参加したパイロットがいったように、「それはまるで技術者のように、テレビの修理を訓練されているようである」。したがって現代戦争の技術によって、このような実際の区別が全くとはいわないまでも根本的に困難となる。しかもこの区別なくしては、戦争行為を道義的なものと不道義的なものとに分けることはできないのである。

戦争行為の考え方は以上のように根本的に変化した。その影響を受けて、前述のとおり、戦争中の殺人に対する道義的制約は第二次世界大戦中に大規模に犯されたのみならず、交戦国は捕虜の受け入れを拒否すること、捕虜を殺すこと、そして、軍隊要員および市民を無差別に殺害することを道義的な理由で正当化した。このようにして交戦国は、道義的なとがめを完全に振り払わないまでも、それをやわらげようとする傾向にあった。したがって、平時の殺人に対する道義的制約は有効であったにもかかわらず、戦時の殺人に対する道義的制約は大部分効果のないことが証明された。ここでわれわれの議論の目的から、概してより一層重要なことは、この道義的制約が、根本的に変化した戦争概念の影響を受けて、行動準則としては全く弱体化し消滅する傾向を増したということである。

半世紀以上前、全般的に楽観主義が支配していた時代に、ある偉大な学者は、この傾向が発展する可能性を明確に予見しその諸要素を分析した。一八九四年、ケンブリッジ大学のヒューウェル国際法講座教授ジョン・ウェストレークは次のように書いている。

「戦争を少しでもなくするためには、その当事者がそれぞれの種族とか国家よりもさらに大きな全体、すなわち敵をも含む全体に所属していると感じていなければならない。したがって、より大きな全体に属していることから生ずる当事者の義務は、敵にすら負わされる。このようなことはほとんど自明の理である。こういった感情は有史以来、ヨーロッパでは決して完全に欠けていたわけではない。しかしより広い愛着の対象としての全体の性質と範囲については、時代によって大きな差異があった。……今日、われわれには、世界市民の感情、ストア学派の共同体に似た人類共和国への信念があるが、それは一層強くなっている。というのは、その土壌はキリスト教によって整えられ、諸大国――これらは力においてかなり平等であり文明において類似していた――が互いに感じざるをえないような相互尊重によって準備されていたからである。……このレヴェルが下降した時期もあったが、われわれの主題はこのような時期に注目することである。宗教改革に続いた宗教戦争は、人間のうちに潜む野獣性が暴発した最も恐るべき戦争のひとつであった。だが、この宗教戦争は啓蒙運動の比較的盛んな時期に起こったのである。ある主義に対する熱情は、たとえこの主義がどんなに価値のあるものであっても、人間の感情をかき立てる最も強力で最も危険な刺激のひとつとなる。また、プロテスタントとプロテスタントとの間の絆や、カトリックとカトリックとの間の絆は、国家という絆がより包括的なものに強化されるのを認めるのではなく、むしろそれを断ち切る。そしてこれら宗教の絆は、激情に対する通常の抑制が最も必要なときに、逆にそれを弱めた。これと同様に、もし社会主義の過激な信条が一貫性と力をもち、戦場における国家についての現在の概念に合致したとすれば、このような戦争の堕落はもう一度起こることになろう。そこでは、われわれは、無政府主義が平時に示すのと同様の放縦を戦時にみることになろう！」[8]

普遍的道義対民族的普遍主義

生命の保護に関して最近数年間にみられる、国際道義の後退は、倫理体系の全般的崩壊の特殊な一例にすぎない。そして、われわれのここでの議論の目的からすると、この国際道義の後退は、倫理体系――これは過去においては対外政策の日々の機能を抑制したが、いまやそれもできなくなっている――のはるかに広範囲な崩壊の一例にすぎないのである。この倫理体系の崩壊は、二つの要因、すなわち対外問題に対する貴族の責任が民衆の責任に代わったこと、および、普遍的な行動規準が国家的な行動規準に代わったこと、によってもたらされた。

貴族インターナショナルの個人的倫理

一七、一八世紀に、国際道義は、個人的な主権者、つまりある特定の君主とその後継者および比較的小さくまとまっている均質の貴族的支配者の集団に関連する問題であり、この傾向は一七、一八世紀に比べてその程度こそ少ないが第一次世界大戦まで続いた。特定の国家の君主と貴族支配者は、他国家の君主および貴族支配者と絶えず緊密な連絡をとっていた。彼らは、家族の絆、共通の言語(フランス語)、共通の文化的価値、共通の生活様式、そして、紳士は出身国の別なく他の紳士に対してどんな行動が許されどんな行動が許されないかについての共通の道義的確信、などによって結びついていた。力を求めて競争する君主は、他のあらゆる競争者と同じルールを受け入れてゲームを行なうと考えられていた。君主の外交や軍事に尽力するものは、出生という偶然性(これは、決していつもとは限らないが、独裁君主に対する個人的な忠誠心によってしばしば強められる)によってか、あるいは、君主が彼らに給与・影響力・栄光を与えるという約束のゆえに、いわば雇主に仕える雇人としてみずからを考えていたのである。

とくに、物質的利得への欲求から、この貴族社会には王朝や国家に対する忠誠の絆よりもっと強い共通の紐帯が備わっていたのである。このように、政府が他国の外相とか外交官に謝礼つまり賄賂を払うことは適切で普通のことであった。たとえば、エリザベス女王の外交官であったロバート・セシル卿はスペインから謝礼を受け取ったし、一七世紀の駐ヴェニス・イギリス大使のヘンリー・ウォットン卿は、サヴォイから謝礼を受け取る一方、スペインにも謝礼を要求した。フランス革命政府が一七九三年に発表した文書には、一七五七年から一七六九年の間に、フランスが、八、二六五万二、四七九リーヴルという途方もない額の謝礼をオーストリアの政治家に与え、そのうち一〇万リーヴルをオーストリアの大臣カウニッツが受け取ったことが明らかにされている。また、政府が、条約の締結にあたって外国の政治家の協力に対して謝礼をすることも、同様に正当かつ普通であった。一七一六年、フランスのデュボア枢機卿は、イギリスの大臣スタナップに、フランスとの同盟に尽力すればその謝礼として六〇万リーヴルを出そうといった。デュボアによれば、そのときスタナップはこの申し出を受け入れなかったが、「機嫌を損ねることなく丁寧に耳を傾けた」という。一七九五年のバーゼル条約によって、プロシアは対フランス戦争から自国軍を撤退させたが、その条約締結後、プロシアの大臣ハルデンベルクは、フランス政府から三万フランに相当する宝石類を受け取ったにもかかわらず、この贈り物の少なさに不満を述べたのである。一八〇一年、バーデン辺境伯は、「外交上の贈り物」という形で五〇万フランを使い、フランスの外相タレーランはそのうち一五万フランを受け取った。初めは一〇万フランだけをタレーランに与えるつもりであったが、タレーランがプロシアから一〇万フランの現金のほかに、六万六、〇〇〇フランに相当する嗅ぎたばこ入れを受け取ったことがわかったため、さらに増額されたのである。

パリ駐在のプロシア大使は、一八〇二年のプロシア政府への報告のなかで、このゲームのおもなルールを次のようにうまく要約している。「ここで外交に従事している人はすべて、取引が完全に終わるまでは何物をも与えるべきでないことを経験によって教えられているが、利得の可能性を示唆することがしばしば驚くべき効果を生むこともまた、経験によって立証されている」。

この種の取引に加わっていた政治家が、自国――その利益が彼らの関心事であったはずなのだが――の主義主張のために献身的に努力することは、ほとんど期待できなかった。明らかに政治家たちは、彼らを雇っている国以外にもしくは国以上のものに対しても忠誠をもったのである。さらに、条約締結のさいの物質的利得への期待は、交渉をはかどらせる強力な誘因として作用した。手詰り、無期延期および戦争の長期化は、条約の締結にきわめて個人的な利害関係をもつ政治家には、好意的に受け取られそうにもなかった。これら二つの点で、一七、一八世紀における政治の商業化は、国際競争の尖鋭化を防ぎ、各国家の権力への欲望を比較的狭い限界内に閉じ込めざるをえなかったのである。

この当時の駐仏オーストリア大使は、貴族でない同国人たちのなかにいるよりも、ヴェルサイユ宮殿にいる方がはるかに気安く感じた。彼には、卑しい出のオーストリア人との絆よりも、フランスの上流社会や他国の外交使節の貴族たちとの社会的、道義的絆の方が緊密であった。一七五七年に、スタンヴィル伯はパリ駐在のオーストリアの公使であったが、彼の息子——後に(ショアズル公として)ルイ一五世の首相となるが——は、ウィーンでフランス大使をしていた。同時に、もうひとりの息子は、ハンガリー領のクロアティアの陸軍少佐であった。このような状況において外交・軍事要員がある君主から別の君主へと雇主をたびたび変えることは驚くべきことではなかった。フランスの外交官や将校が、ある私的利益のために、プロシア王に仕えてプロシアの目的を推進し、あるいはプロシア陸軍に入ってフランスと戦うといったことは稀ではなかった。ルイ一四世はマザランの姪の息子のサヴォイ公ウジェーヌを将校に任命するのを断ったため、ウジェーヌはオーストリア陸軍に入った。彼はオーストリアで最も偉大な将軍となり、これによってイタリア制覇というフランスの夢は消えるはめになったのである。一八世紀をつうじて、ロシア政府のあらゆる部門にドイツ人が大量に入り込んでいた。もっとも、彼らの多くは後に一種の粛清で追放され、自分たちの母国に戻ったのだが。

七年戦争勃発直前の一七五六年、フリードリヒ大王は、スペインの意図について情報を得るため、駐スペイン大使としてスコットランド人のマリシャル伯爵をスペインに派遣した。このプロシアのスコットランド人大使には、ウォールという名のアイルランド人の友人がスペインにいたが、彼はたまたまスペインの外相であり、大使が知りたいと思っていたことを教えてくれた。そこでこのスコットランド人大使は、この情報をイギリス首相に送り、イギリス首相はこれをプロシア王に伝えたのである。第一次対フランス大同盟戦争勃発直前の一七九二年においても、フランス政府は、ブラウンシュヴァイク公に対しフランス軍の最高指揮官を依頼したが、彼はプロシア陸軍を指揮してフランスと戦うというプロシア王の申し出を受け入れることに決めたのである。一八一五年に至っても、その年のウィーン会議に、ロシアのアレクサンドル一世は、外交問題担当の使節や顧問としてドイツ人二人、ギリシア人一人、コルシカ人一人、スイス人一人、ポーランド人一人、そしてロシア人一人を連れていった。さらには一九世紀の末にあっても、ホーエンローエ公がドイツの首相となり、彼の兄弟の一人がローマ教皇庁の枢機卿、甥の一人がオーストリアの外交官、もう一人がオーストリアの将軍兼外交官——後に駐ベルリン大使となった——になったが、当時としてはまだありうることであった。また、元フランス首相ギゾーは、一九世紀の中ごろ、次のように書いている。

「職業的外交官は、ヨーロッパの共同体のなかに自分たちの社会を形成しているが、その社会は、それ自体の原則・習慣・見解・野心をもち、諸国家間の相違や対立があっても、その社会は平穏で永続的な統一性を保っている。この小さな外交の世界が、諸国家のそれぞれちがった利益に動かされながらも、それらの偏見や一時の情熱によってではなく、互いの相違を超えて偉大なヨーロッパの共同体の全体的利益をきわめて明確に認識し、それを力強く獲得するのは当然である。また非常に異なった政策を、互いに争うこともなく長い間推進してきた人びと、そして、同じ感覚と視野をほとんどいつも共有してきた人びとが、この小さな外交の世界のお陰で、同じ政策を首尾よく実現させるために誠実に働くことができるのは当然であろう(9)。」

ビスマルクの一八六二年の経験、すなわち彼が駐ロシア・プロシア大使を解任されたことは、貴族のこのような国際的結束が続いていることを示しているという点で意義深い。ビスマルクが、ロシア皇帝に、サンクト・ペテルブルクを去らざるをえないといって遺憾の意を表明したとき、皇帝はこの言葉を誤解して、ビスマルクに、ロシアの外交に尽力するつもりがないかとたずねた。ビスマルクは、その回想録に、「丁重に」[10]この申し出を断ったと書いている。われわれの議論にとって重要なのは、ビスマルクがこの申し出を拒んだ――ビスマルクがこの種の多くの申し出を、これ以前にも断ったことは確かであり、その後のおそらく二、三の申し出も断ったであろう――ことではなく、ビスマルクがこのように「丁重に」断ったこと、および、その後彼が三〇年以上経って書いたもののなかにも、道義的な義憤の片鱗さえみられなかったことである。すでに首相に任命されていた大使に対し、わずか半世紀少し前には、彼の忠誠を他の国へ変えさせようとする申し出は、それを受け取る側にとっては一種の実務的な提案とみられ、それが道義規準に違反するかどうか等には全く関係がなかったのである。

同じような申し出が、現代において、ソ連の首相からアメリカ大使に、あるいはアメリカ大統領からワシントンに派遣された外交官になされたと仮定してみよう。そして関係者個々人の当惑とこの申し出に付随して起こる政府や世論の抗議を思い浮かべてみよう。そうすれば、国際政治の倫理を近年変化させたその深さの度合いが測れるというものである。今日、このような申し出は、反逆への誘惑として、すなわち国際問題におけるあらゆる道義的義務のうち最も根本的なもの――自国に対する忠誠――を犯すものとしてみなされるであろう。一九世紀の終わる直前には、このような申し出は、それがなされたとき、またそれが知られたときでさえ、それに伴う道義的たしなみを何ら損なうことなくそれ自体の良し悪しで受け入れられたり拒否されたりしたのである。

国際的な貴族が従った道義的行動規準は、必然的に超国家的性格をもつものであった。これらの道義規準は、あらゆるプロシア人、オーストリア人、フランス人にあてはまったわけではなくて、生まれと教育によってこの規準を理解しこの規準に従って行動できるすべての人にあてはまったのである。このコスモポリタン的社会の道義原則の源泉は、自然法の概念と規則のなかにみられた。それゆえ、この社会のそれぞれの構成員は、これらの道義的行動準則をまもることに個人的責任があると考えた。というのは、この道義準則が対象とするのは、合理的人間としての、また個々人としての構成員であったからである。ある人がルイ一五世に、イングランド銀行の紙幣を偽造することを示唆したとき、王は、「このさいあらゆる憤りと恐怖を受けること――それは当然のことであるが――を覚悟しなければ到底考えられない」ようなこの提案を拒否した。一七九二年、ルイ一六世を救うために、フランス通貨についての同じような提案がなされたとき、オーストリア皇帝フランツ二世は、「そんな不名誉な計画は承諾できない」と表明した。

このように、対外政策を行なう人びとは他国の同僚に対して果たすべききわめて個人的な道義的義務感をもっていたが、これは、一七、一八世紀の著述家たちが君主に対して、その最も貴重な財産として「名誉」と「名声」をまもるように強く勧めた理由をよく説明するものである。ルイ一五世が国際舞台でとった行動はいずれも彼の個人的行為であり、それゆえ、そこには彼の個人的な道義的義務感があらわれており、彼個人の名誉がかかわっていた。ルイ一五世の仲間の君主たちはルイ一五世の道義的義務をそれ自体認めていたため、彼がこの道義的義務に違反した場合には、彼の良心がさいなまれるだけでなく、超国家的な貴族社会も自発的にこれに反応したのである。したがってルイ一五世は、この慣習に対する違反の代償として威信すなわち力を喪失することになったであろう。

国際道義の崩壊

一九世紀をつうじて、政府官吏の民主的選出とその責任は、貴族による政府にとって替わった。それに伴って、国際社会の構造および国際道義の構造は根本的に変化した。事実上一九世紀の終わりまでは、たいていの国で対外問題を処理したのは貴族支配者であった。新時代においては、貴族支配者のかつての地位は、階級の別なく選出または任命された官吏によって占められた。これらの官吏は、自己の公的行為については、君主(つまり、特定の個人)ではなく集団(つまり、議会の多数派または国民全体)に対して法的かつ道義的に責任をもつ。世論の重要な変化によって、対外政策作成者の変更は簡単に要求される。国民の集団のうちそのとき優勢な集団ならどんなものであれ、そこから出てきた、諸個人から成る別のグループにこれまでの政策作成者は地位を譲ることになる。

政府の官吏は、もはや貴族集団からのみ排他的に補充されるのではなく、ほとんど全国民的な基盤——そのなかで「支配階層」の成員が特権的な立場を占めるのだが——から補充されているといえる。もちろん、これはアメリカの伝統となってきたが、イギリスやソ連のような国には先例がない。例外的に、運輸一般労働組合の元書記長ベヴィン氏は、一九四五年イギリス外相となり、また以前職業的革命家であったモロトフ氏が、長年にわたってロシアの対外政策を担当した。

イギリス、フランス、イタリアのような国においては、政府が政権を維持するために議会の多数派の支持を必要とするが、議会の多数派の変更はすべて、政府の構成に必然的にある変化をもたらす。アメリカのように、議会ではなく選挙によってのみ、行政府の政権交代が行なわれる国でさえ、国務省における政策作成者の異動は著しい。一九四五年七月から一九四七年一月までの一八カ月間に、アメリカの国務長官は三回代わった。一九四五年一〇月に就任した国務省のあらゆる政策作成者——国務次官と国務次官補

――のうち、二年後になおもその地位にあったものはひとりもいなかったのである。国際問題担当の政策作成者の異動と、無定形なこの集合体への彼らの責任は、国際的な道義秩序の有効性およびその存在自体に対してさえ広範な結果をもたらしている。

それぞれの国家のなかでこのような変化が起こるために、道義的抑制体系としての国際道義は、現実のものではなくなり単なる演説用語と化してしまった。われわれが、イギリスのジョージ三世はフランスのルイ一四世とかロシアのエカテリーナ大帝との取引においてある道義的抑制を受けたという場合、それはある事態、すなわちある特定の個人の良心と行動ともいうべきものを意味しているのである。イギリス連邦またはひとりイギリスだけでも、アメリカとかフランスに対する道義的義務を負うというとき、われわれは、ひとつの虚構《フィクション》を利用しているといえる。この虚構によって、国際法は諸国家をあたかも個人であるかのように扱うが、しかし道義的義務の領域においてはいかなるものもこの法的概念に相当するものは存在しない。イギリス連邦とイギリスの憲法上の長としての君主の良心がイギリス・イギリス連邦の対外問題の処理についてたとえ何を要求しようと、そのことはこれら諸問題の実際の処理とは関係がない。なぜなら、君主はこれらの対外問題に責を負うものではないし、それに対して何の現実的影響も与えないからである。それではイギリスおよびその自治領の首相と外相についてはどうであろうか。彼らは内閣を構成する一員にすぎないが、内閣はひとつの集合体として多数決によって他の政策同様対外政策を決定する。内閣全体が多数党に対して政治的責任があり、そのため、この内閣は多数党の政治的選好を政治行動に移すべきものと考えられている。内閣は、法律的には議会に対して責任があり、憲法制度上は議会の一委員会にすぎない。しかし、議会は選挙民に対して責任があり、この選挙民から議会は統治の信託を受け、そして各議員は次の総選挙でさらにまた新たな信託を受けることを希望するのである。

最後に、選挙民個々人は、選挙日とか、選挙と選挙の間に自分たちの行動を決定するような、超国家的性格をもった道義的確信など全くもたないかもしれない。あるいは、たとえそのような確信をもっていたとしても、その内容は人によってきわめて異なったものとなろう。いいかえれば、「正であっても邪であってもわが祖国」という道義的格言に従って行動する人びとがいるであろうということである。また、政府の行動のみならず国際問題に関する自分たちの行動に、キリスト教の倫理規準を適用する人びともいるであろう。さらには、国連、世界政府、もしくは人道主義的倫理の規準を適用する人びともいるであろう。政策作成集団や外務省の常設的な官僚組織のメンバーが異動するということは、このような、そしてこれに類似した意見の相違を反映しているのかもしれないし、あるいは反映していないのかもしれない。いずれにしても、行動の道義規則という場合には、個人の良心が必要であり、この個人の良心から道義規則が生まれるのである。だが、イギリスにしろ他のいかなる国にしろ、いわゆる国家の国際道義を生みだすような、個人の良心というものは全く存在しないのである。

個々の政治家は、対外政策の処理にあたって彼自身の良心の命令に従うかもしれない。もし彼が従うとすれば、その道義的確信は個人としての政治家に帰せられるのであって、彼が所属する——そして実際にその名において行動するかもしれない——国家に帰せられるのではない。それゆえ、モーリー卿とジョン・バーンズは、彼らがイギリスの第一次世界大戦への参加が彼らの道義的確信と両立しえないと感じたとき、イギリスの閣僚を辞任したのである。これは、彼らの個人的な行為であったし、彼らの道義的確信は彼らの個人的なものであった。やはり同じ頃、ドイツの首相が、緊急事態においてのみ正当化されるベルギー中立の侵犯の非合法性と非道徳性をドイツ政府の長として認めたとき、彼は自分自身のためにそういったにすぎない。彼の良心の声は、ドイツと呼ばれる集合体の良心ではありえなかったし、事実そうではなかった。第二次世界大戦中、親ドイツのヴィシー政権の首相兼外相であるラヴァルの道義原則は、彼自身の道義原則であって、フランスの道義原則ではなかったし、また、誰もフランスの道義原則であるとは主張しなかった。

道義規則は個々人の良心の内部で働く。はっきり身元確認のできる人びと――したがって彼らは、自己の行動について個人的に責任をとることができると考えられている――によってつくられる政府は、国際倫理の効果的な体系が存在するための前提条件である。国際問題において何が道義的に必要なのかについていろいろな考えをもった多数の個人、もしくはそういう考えさえ全くもたない多数の個人の間に政府の責任が広く分散している場合には、国際的な政策に対する有効な抑制体系としての国際道義はありえないことになる。このような理由から、ロスコー・パウンド学部長は、さかのぼること一九二三年に、「国家間のあの道義的……秩序は、一八世紀中葉には今日よりも達成しやすいものであった、ともっともらしく主張されるかもしれない(11)」と述べることができたのである。

国際社会の崩壊

政府官吏の民主的な選出とその責任は、有効な抑制体系としての国際道義を破壊したが、一方ナショナリズムは、この国際道義が機能する国際社会そのものを消滅させた。一七八九年のフランス革命は、コスモポリタン的な貴族社会と、同社会の道義が対外政策に対してもっていた抑制的な影響力とが漸次衰退していく歴史の新しい時代のはじまりであった。G・P・グーチ教授は、次のように述べている。

「愛国心は人間の交流本能と同様古いものだが、明瞭な信条としてのナショナリズムは、フランス革命という火山の炎から誕生した。戦局はヴァルミーで変わった。この小さな戦闘があった後の夕べに、ゲーテは……意見を求められ、歴史的に有名な言葉で次のように答えた。『今日から新しい時代がはじまる。そして諸君はこの新時代の誕生を目撃したといえるであろう[12]』。」

それは、神聖同盟と、一八六二年ロシア皇帝がビスマルクをロシアの外交任務に就くよう誘った前述の出来事とによって示されるように、古い秩序が激しく抵抗しながらも、ゆっくり浸食される過程であった[13]。しかも、君主とキリスト教貴族階級とを結びつけていた国際社会とその道義は、一九世紀末ごろには確実に衰退していた。この衰退については、その流れをはばむ試みを表現しようとしたウィルヘルム二世が芝居じみた空虚さできわめて明白に述べている。彼は、一八九五年、ロシア皇帝に、フランス人について次のように書いている。

「本質において共和主義者は革命家だ。王と王妃の血は今でもあの国にしたたっている。あの国はそれ以来いつ幸福であったというのか、いつ安穏をとり戻したというのか。あの国は流血から流血への道を進みはしなかったか。ニキよ、僕は誓っていう。あの国民は永久に神に呪われているのだ。われわれキリスト教徒の王や皇帝の双肩には、天から与えられた神聖な使命が負わされている。それは『神の恵みによる』という原則を支持することだ。」〔大竹博吉監輯『独帝と露帝の往復書翰』ロシア問題研究所、一九二九年、二五―六ページ参考〕

そして、アメリカ共和国に反対しスペイン君主国を支持するヨーロッパ列強を結集するために、アメリカ・スペイン戦争前夜に構想され結局は実現しなかったウィルヘルム二世の時代錯誤の計画は彼の顧問たちを狼狽させたのである。

しかし第一次世界大戦前夜の一九一四年においてさえ、政治家や外交官の多数の声明や電報の底流には、これまで多くの共通点をもってきた個々人がいまや別れ別れになってしかも国境をへだてて互いに戦闘集団とならざるをえなくなったことを後悔するという憂うつなひびきが潜んでいた。すでに引用した覚書にもあるように、(14) ドイツ参謀本部でさえ、来たるべき第一次世界大戦を「ヨーロッパ文明諸国の相互虐殺」と呼び、ついでの不安の感情を表明して次のように予言する。「ほとんどすべてのヨーロッパの文明を何十年もの間だめにしてしまう戦争を最後の瞬間にとめるような奇跡でも起きない限り、文明諸国家の相互虐殺に似たようなことが確実に起こるにちがいない」[15]。しかしこれは、もはや人間の行動に影響力をもたない淡い追想にすぎなかった。その当時すでに、これらの人びとの間の共通点が、それぞれの国民との共通点よりもはるかに少なくなっていたのは当然であり、彼らはこの国民のなかからはいあがって力の頂点にまで達したのであり、この国民の意思と利益とを、他国民との関係のなかで体現していたのである。フランス外相をベルリンにいるドイツ外相から分離させたものは、彼らを結びつけたものよりはるかに重要であった。逆にフランス外相をフランス国家と結びつけたものは、彼を国家から切り離すいかなるものよりも、はるかに重要であった。それまでいろいろな支配集団のあらゆる構成員はひとつの国際社会に所属し、この国際社会がいろいろな国民社会に共通の枠組みを提供してきた。しかしこのような国際社会の地位は、これら国民社会そのものにとって替わられた。国民社会はいまや、国際舞台における国民社会の代表者たちに、国際社会がこれまで提供してきた行動規準を与えたのである。

一九世紀をつうじて、貴族的国際社会が分化して国民社会ができつつあったとき、ナショナリズムの主人公たちは、このような展開が、国際道義の紐帯を弱めるよりはむしろ強めることになろうと信じた。というのは、解放された人びとの国民的願望が満たされ、貴族支配が国民による政府におきかえられれば、諸国民を分断するものは地上にはもう何もないと彼らは信じたからである。彼らは、自分たちが同じ人類の一員であると自覚し、自由・寛容・平和という同じ理想に燃えているのだから、それぞれの国民的運命を一致協力のうちに追求することができるだろうと考えた。しかし、現実には、ナショナリズムの精神がひとたび民族国家に具現されると、それは普遍主義的、人道主義的なものではなく、個別主義的、排他主義的であることがわかったのである。一七、一八世紀の国際社会が破壊されたとき、その統合的かつ抑制的な要素、つまり個々の国民社会を超えた実際の社会にとって替わるべきものは何もないことが明らかになった。社会主義の旗印の下での労働者階級の国際的連帯は、幻想であることがわかった。組織化された宗教は、民族国家を超越するというよりはむしろ民族国家と一体化しがちであった。こうして、国家は個人の忠誠の決定的な拠りどころとなり、またそれぞれの国家の構成員はすべて、彼ら独自の忠誠の対象をもったのである。

ナショナリズムというこの新しい道義について、ケインズ卿は、クレマンソーの人物描写のなかで次のように生き生きと説明している。

「彼は、ペリクレスがアテネについて感じたこと――すなわち、アテネにはその独特の価値があり、その他の価値は何の重要性ももたない、ということ――をフランスについて感じた。……彼はフランスというひとつの幻想と、人類――フランス人および少なからぬ彼の仲間たちも含む――というひとつの幻滅を抱いた。……諸国家は現実のものであり、諸君はそのうちのひとつを愛し、その他については無関心または憎しみを感じる。諸君が愛する国家の栄光は望ましい目的であるが、しかしそれは、一般には諸君の隣人の犠牲によって獲得されるべきものである。思慮分別は、愚かなアメリカ人と偽善的なイギリス人の『取引』に若干の口先だけのお世辞を与えるよう求めた。しかし、国際連盟のような問題あるいは民族自決の原則の意識――自己の利益のためにバランス・オブ・パワーを再調整するための巧妙な定式としての要素は除かれる――を受け入れる多くの余地が現実の世界にはあるのだ、と信じるのは愚かなことであろう。⑯」

このように以前には結束していた国際社会が、道義的に自己充足的な多数の国民共同体に分裂し、共通の道義規則の枠組み内では作用しなくなってしまった。それは、普遍的な道義規則と特定の国家倫理体系の関係を最近になって変容させた深遠な変化の外面的兆候にすぎないのである。この変化は、二つの異なった方法で展開してきた。すなわち、普遍的かつ超国家的な道義的行動準則は、ナショナリズムの時代以前には個々の国家の対外政策に制約の体系――たとえそれがどんなに不安定で広範囲に複雑な形でかみ合わされていようとも――を課していたわけだが、この変化はまさにあの普遍的、超国家的な道義的行動準則を、それが効果的でなくなるほどまでに弱めてしまった。そして逆に、それは、それぞれの国民がその特定の国家的倫理体系に普遍的妥当性を与えるという傾向を大いに強めたのである。

インターナショナリズムに対するナショナリズムの勝利

道義体系が有効であるかどうかは、人間の良心と行動に対するこの道義体系の制御が他の道義体系によって挑戦されるとき決定的な試練にさらされる。したがって、山上の垂訓の謙遜および献身の倫理と、近代西洋社会の自己向上および力の倫理との相対的な強さは、いずれの道義体系が人間の行動または少なくとも人間の良心をどの程度その原則に従わせることができるか、によって決められる。どの人間も、彼が倫理的な訴えに反応する限り、良心の葛藤――これによって、相対立する道義的命令の相対的な強さが試されるのであるが――にときどき直面する。対外政策の処理についていえば、超国家的な倫理とナショナリズムの倫理との相対的な強さは、やはり同じようなテストによって決められるにちがいない。現代の外交用語は、キリスト教的、コスモポリタン的、そして人道主義的な諸要素によって構成された超国家的倫理を尊敬し、多くの著述家はその存在を仮定している。しかし、ナショナリズムの倫理は、一九世紀と二〇世紀前半の間に、世界のあらゆるところで徐々に優勢になってきた。

ナショナリズムの倫理が優勢になる前でさえ、たいていの葛藤状況において国家倫理――これは、たとえば一七、一八世紀の国家理性の哲学のなかで定式化されている――が普遍的な道義的行動準則にまさっていることは確かに事実である。こういったことは、この種の最も根源的かつ最も重要な葛藤状況、すなわち「汝、殺すべからず」という普遍的な倫理指針と、「ある条件の下では汝、汝の国家の敵を殺すべし」というある特定の国家倫理の命令との間の葛藤を考えれば明らかである。これら二つの道義的行動準則に直面する個人は、人類全体への忠誠――これは、国民性ないし他の特徴が何であろうとそれにかかわりなく人間の生命そのものへの尊敬のなかにあらわれている――と、ある特定国家――彼はその国家の利益を、他国家の国民の生命を犠牲にして助長することを求められる――に対する忠誠との間の葛藤というものにでくわす。パスカルの言葉によると次のようになる。

「なぜ、汝は私を殺すのか。何だって？　汝は川の向こう側の住人ではないか。友よ、汝がこちら側の住人であったなら、私は殺人者になったであろう。汝をこんな仕方で殺すことは、不正とされたであろう。だが、汝が向こう側の住人であるからには、私は勇士であり、私のすることは正しいのだ。……緯度が三度ちがうと、すべての法律がくつがえる。子午線ひとつが真理を決定する。……こっけいな正義よ、川ひとすじによって限られるとは！　ピレネー山脈のこちら側で真理であることが、向こう側では誤謬なのだ[17]。」

現在および全近代史をつうじて、ほとんどすべての個人は、超国家的倫理と国家的倫理とのこの葛藤を解消するのに、国家への忠誠を優先させてきた。しかしこの点では、三つの要因が現代と前時代とを分けている。

第一に、民族国家がその構成員に対して道義的強制をなす能力を非常に増大させたことである。この能力は、ひとつには、国家が現在享受しているほとんど神聖ともいえるほどの威信の結果である。またひとつには、世論形成の手段に対する国家の支配の結果であり、経済的、技術的発展によって国家はこれらの手段を自由に駆使することができるようになったのである。

第二に、国家への忠誠によって、国民個々人は普遍的な道義的行動準則を無視することをどの程度要求されるかということである。近代の戦争技術は、個人に、前時代には想像もつかなかった大量破壊の機会を与えた。今日、国家は、核弾頭装備のミサイル一発を発射することによって何十万の人びとの生命を破壊するようたったひとりの個人に求めることもできる。このような重大な結果をもたらす要求に応えることは、普遍的な道義的行動規準の部分的な違反——それは原爆以前の時代に行なわれたのだが——が示すよりももっと明白に超国家的倫理の弱点を示している。

最後に、以上二つの要因の結果として、今日、超国家的倫理が国家の道義的要求と対立したとき、個人が超国家的倫理に従う可能性ははるかに小さくなっている。個人は、国家の名において行なわなければならない行為の重大性と、国家が個人にかける道義的圧力の圧倒的な強さとに直面している。したがって、彼がこれらの要求を退けるとなれば、ほとんど超人的な道義的強靭さが要求されるであろう。国家のために普遍的倫理に違反するその規模と、この普遍的倫理のために行使される道義的強制の規模は、二つの倫理体系の質的な相互関係に影響を与える。このことによって、国家の道義と対立する普遍的倫理の絶望的な弱点がくっきりと浮き彫りにされ、しかもこの対立は、それが現実に展開される前に国家に有利な形で決着がつけられるのである。

ナショナリズムの変容

超国家的道義体系と国家的道義体系との関係に重大かつ広範囲な変化をもたらすうえで普遍的倫理の無力さが重要な要因となっているのは、まさにこの点においてである。それはまた、両者を識別するのに役立つ要因のひとつでもある。[18] 個人は、普遍的な道義規準が軽視されるのは、少数の悪者の手ぎわの結果ではなくて、諸国家が存在しその目的を追求するさいの諸条件から生まれる必然的な結果である、ということを認識するに至る。個人は、国際舞台における人間の行動を動機づける力としての、普遍的規準の弱さと国家的道義の強さとを自分の良心において経験する。したがって個人の良心は、いつまでも落ち着かずに不安な状態におかれるのである。

良心がつねに動揺しているという不快な状態を経験しつづけることは、個人にとって耐え難いことである。しかしその反面、個人は、彼が普遍的倫理の概念に強く結びついているがゆえに、それを完全に放棄することはできない。この問題を解決するにあたっては、彼に二つの可能性が開かれている。ひとつは自分の国の道義的命令を犠牲にして普遍的倫理をまもることである。実際この現代的葛藤はきわめて強いために、少数派はより高次の普遍的道義の名の下にそれぞれの国家のある一定の対外政策を拒むことによって、国家の道義的命令を犠牲にするのである。しかし、大多数の国民はこの葛藤を克服するために、ある特定の国家の道義を超国家的倫理と同一視する。いわば、彼らは、それぞれの国家的道義の内容を、普遍的倫理といういまやほとんど空っぽのびんのなかに注ぎこむのである。こうして各国家は普遍的道義、すなわち自国の国家的道義を再び知るようになる。そして自己の国家的道義は、あらゆる他の諸国家が彼ら自身の国の道義として受け入れるべきものである、とみなされるのである。あらゆる国家が信奉するある倫理の普遍性は、国家的倫理の特殊性にとって替わられ、しかもこの国家的倫理は、普遍的承認への権利を要求し切望するのである。したがってそこには、政治的に力動する国家の数と同じほど多数の倫理が潜在的に存在し、それぞれが普遍性を主張しているといえる。

諸国家は、ウェストファリア条約からナポレオン戦争に至るまで、またナポレオン戦争終了から第一次世界大戦に至るまでの間は、権力闘争の目的と手段に対して有効な制約を課すような共通の信条や価値の枠内で対立していた。しかしいまやこのような対立の仕方は存在しない。諸国家は、われこそは倫理体系の旗手であると主張して相互に対立している。この倫理体系はいずれも、ある特定の国家に起源をもち、超国家的な道義規準の枠組み――他の国家すべてがこの枠組みを受け入れなければならないし、またその対外政策はこの枠組みのなかで機能しなければならないとされる――を提供することを主張し切望している。一国家の道徳律は、救世主的な熱を帯び、その普遍的要求をもって他国に挑戦し、それが繰り返される。妥協という古い外交の美徳は、新しい外交では背信的行為となる。というのは、道義規準の共通の枠内でのみ実現可能ないし正統であるような、相対する諸要求の相互調整は、道義規準そのものが対立の争点となっているときには、結局降伏を意味することになるからである。こうして諸国家間の競争の舞台ができあがる。すなわちこの舞台では諸国家間の争点は、もはや万人によって受け入れられた政治的、道義的体系内での諸国家の相対的地位の問題ではなく、勝利国の政治的、道義的確信に似せて再編される新しい普遍的な政治的、道義的体系を他の競争国に課する能力なのである。

純粋に普遍的なひとつの体系から、普遍性を主張し普遍性を求めて競合する多種多様な個別的道義体系に至る、この発展過程の端緒となったのは、ナポレオンとナポレオンに対抗した同盟諸国との間の競争である。この競争は、双方とも、さまざまな個別原則の名の下にそれぞれ普遍的妥当性を主張して行なわれた。すなわち、一方にはフランス革命の原則、他方には正統性の原則があった。しかし、ナポレオンの敗北と、ナショナリズム運動の興隆に対抗してその諸原則を鼓舞しようとしてできなかった神聖同盟の失敗とによって、特定の倫理を普遍的な倫理に変えようとする試みは終わった。こうしてこの試みは、単なる歴史上のエピソードにとどまったのである。

歴史の現在の時期は、全般的にそしておそらく永久に普遍的な道義的行動準則が、普遍性を主張する個々の道義的行動準則におきかえられる時期である。それは、「世界を民主主義にとって安全なものにするため」のウッドロー・ウィルソンの戦争によってはじまった。ウィルソンの哲学を支持した人びとが、この戦争を民主主義のための「十字軍」とみなしたことは単なる気紛れではなく、それには深い含蓄があった。第一次世界大戦には、実際、中世の十字軍と共通するものがあった。というのはウィルソンからみれば、この戦争は、ある集団がもっていたある道義体系を世界の他の地域に広めるために戦われたからである。ロバート・C・ビンクレーの言葉によれば次のようになる。

「世界大戦は、哲学者である政治家の地位を引き上げただけではなく、専門的な哲学者をその知識人としての地位から引きずりおろした。どの国においても、これらの人びとは、自己の優れた能力を発揮し、戦争の『争点』に整然とした意味を与えた。彼らは、敵側の不正がその国の哲学・文化のあらわれとしてずっと存在してきたこと、また自分たちの側の勝利が世界の倫理をつくるさいに必要であることを証明した。敵対行為が開始されるやいなや、ベルクソンは、この戦争は『生命』と『物質』の間の、すなわち、生命の側に味方した協商国側と、物質を防衛する同盟国側の間の紛争であることを理解した。シェーラーは、イギリスの哲学と性格は、もったいぶった言葉で表現したものに似ていると宣言した。また、サンタヤナは、『ドイツ哲学におけるエゴイズム』についで書いた。穏健なジョーサイア・ロイスはヘーゲルに深く恩恵を受けているが、『ドイツは意識的にみずからすすんで人類の敵となったが、この人類への憎悪の感情をもつ人は誰でも親独家になれる』という結論に到達した。この哲学者たちは、単なる政治的紛争から文明的な大分裂(Great Schism)をつくりだしていた。そして、あたかもこのような哲学の堕落を永久に記念するかのように、勝利をおさめた政府は、その軍隊の各兵士に『文明のための偉大な戦争』という銘のはいった銅メダルを与えたのである。⑲」

民主主義の十字軍が動きだしてから数カ月後の一九一七年一〇月、もうひとつの政治的、道義的な構造のための基礎がロシアに築かれた。この構造は、人類のほんの一部分にしか受け入れられなかった。しかし一方ロシアでは、最終的に全人類がともに正義と平和のうちに生きられるような共通の屋根をこの構造は提供できるのだ、と主張された。一九二〇年代には、この後者の主張は十分な力によって支持されたわけではなかったため、理論的原則以上のものではほとんどなかった。他方、民主的普遍主義は実際の政治の舞台を退き、孤立主義がそれにとって替わった。マルクス主義という新しい普遍主義の司祭たちが民主主義世界の前に突進してきたのは、理論的挑戦という点においてのみであったし、また、二つの普遍主義の間の対立が国際政治の分野で当時意識されたのは、民主主義世界がこの挑戦に対抗してまさに道義的、政治的、経済的な排斥を行なったときにおいてであった。

一九三〇年代になると、ある特定の国の土壌に成長した国家社会主義〔ナチズム〕の哲学こそがボルシェヴィズムの不道徳な教義と民主主義の退廃的道義に代わって人類に課せられる新しい道徳律である、と宣言された。われわれの目下の議論に照らしてみると、第二次世界大戦は、普遍性に対するナチズムの主張の有効性を武力紛争の形で試したといえるが、ナチズムはこれに敗れた。しかし、連合国側に立つ多くの人びとの考えからすれば、大西洋憲章の原則とヤルタ協定の原則によって、第二次世界大戦はまた普遍的民主主義を求める競争になったが、民主主義もまたこれに敗れたのである。第二次世界大戦終結以来、普遍的妥当性を主張してなお存続している二つの道義的、政治的体系、すなわち民主主義と共産主義は、世界支配を目ざして活発な競争をはじめた。これがわれわれの今日の状況である。

こういった今日の状況と、宗教戦争の終結からアメリカの第一次世界大戦参加までの近代国際システムの条件との間にある相違の深さを見落としたり軽視したりすることは、最も危険な幻想となるであろう。その相違の重要性を認識するには、ナポレオン戦争を除いて後者の時期に起こった紛争を思いつくままに選びだし、それを過去三〇年間世界を分断してきた紛争と比較してみれば十分である。

現代の国際的な争点を、一六世紀の初めから一八世紀中葉に至るまでフランスとハプスブルク家をほとんど絶え間なく紛争に巻き込んだ争点や、あるいは一八世紀にイギリスとプロシアがフランスに対抗したときの争点と比較してみよう。これらの争点は、領土の拡大と王朝の競争に関するものであった。そのとき賭けられていたものは、栄光、富、力の増減であった。オーストリア、イギリス、フランス、プロシアがもっているそれぞれの「生活様式」——すなわち、彼らの信条と倫理的確信の体系——が賭けられていたのではない。ところが今日では、まさにこの「生活様式」が賭けられているのである。一七、一八世紀においては、国際舞台におけるいかなる競争相手も、自国の特定の倫理体系を、たとえ自分たちがそれをもっていたとしても、他国に押しつけようとは考えなかったし、このような欲望さえ決して起こらなかったのである。なぜなら、これら諸国は、ひとつの普遍的な道徳律——諸国家はすべて無条件の忠誠をこれに与えた——

しか知らなかったからである。

この共通の「技芸や法や生活様式のシステム」、「同じレヴェルの洗練と教養」、および「栄誉と公正の観念」は、ギボンが「時代の一般的慣習」のなかにみいだしたものであり、フェヌロン、ルソーおよびヴァッテルにとっては、過去にも現在にも生きているリアリティであり、その政治的結果はトインビー教授も注目するところである。[20]そして、これらのものは、今日では主として、学術論文やユートピア的小冊子、外交文書にしか残っていない歴史上の思い出となっているものであり、もはや人びとを行動にかり立てるような代物ではない。すでにみたように、この超国家的倫理体系は、平時における殺人や予防戦争のような隔離された個々の事例においてのみ国際政治に対して抑制的な影響力を及ぼすのであり、しかもこの体系の断片だけが残っているにすぎない。この超国家的倫理体系が国際舞台における行動主体の良心に対して与える影響に関していえば、それはむしろ、すでに沈んだ太陽の光線に似ており、意識の地平線上にかろうじてみることができるにすぎない。第一次世界大戦以来、国際舞台における各競争国は、絶えず熾烈さと包括性を増しながら、自己の「生活様式」のなかに道義と政治の全真理があるのだと主張しており、他国がそれを拒否するには、それなりの危険を覚悟しなければならないのである。あらゆる競争国はきわめて排他的に、全人類が究極的に受け入れかつ従わなければならずまたそうなるであろうところのものと、みずからの国家的な道義概念とを同一視する。この点において、国際政治の倫理は、部族主義、十字軍、宗教戦争といったものの政治と道義に立ち帰るのである。(21)

今日の民族的普遍主義の倫理の内容と目標が、原始的部族や三十年戦争のものといかにちがっていても、それらが国際政治に果たす役割において、また、それらがつくりだす道義的風土においては相互にちがっているわけではない。特定集団の道義は、国際舞台における権力闘争を制限するどころか、この闘争に、他の時代にはなかった残忍さと強烈さとを付け加える。というのは、ある特定集団の道徳律を鼓舞するような普遍性の主張は、他の集団の同一の主張とは矛盾するからである。すなわち世界には、ただひとつの普遍性の主張を受け入れる余地しかないため、他の主張は譲歩するか打ち破られるしかないのである。こうして、現代の民族主義的大衆は、彼らの偶像を掲げて国際舞台でひしめき合う。そして、その集団はそれぞれ、自己が歴史から受けた信託をとり行ない、みずからのためになしているように思えることを人類のために行なっているのだと信じ、また、たとえどのように定められたものであれ、自分は神によって定められた神聖な任務を遂行しているのだ、と確信している。現代の民族主義的大衆は、自分たちが神々の立ち去った虚空の下に集まっていることを知らないのである。

エブラハム・リンカーンがこれと同じような主張に直面したとき、同じような論拠でこれを退けたのである。

「重大な紛争の場合、当事者はそれぞれ神の意志に従って行動していると主張する。双方がまちがっているかもしれないし、少なくとも一方がまちがっているにちがいない。なぜなら、神は同時に同じ事柄について、正しくてなおかつまちがうということはありえないからである。……」

私は極端に対立する意見や忠告に直面する。しかもこれら意見や忠告は、神の意志を伝えることを旨とする宗教人によって行なわれるのである。私は、どちらか一方がまちがっており、おそらくある点については双方ともまちがっていると確信している。もし神が他人に私の義務に関してその意志を啓示することが可能ならば、神は私に直接啓示すると考えても、それほど不敬ではないだろうと思う。というのは、私が実際の自分以上に買いかぶっていないとすれば、私はこの問題に関して神の意志をぜひ知りたいと思うからである。そしてもし私が神の意志を知ることができたら、私はそれを実行するつもりである！　しかしながら、いまは奇跡の時代ではない。私が直接神の啓示を期待できないのは当然だと思う。私は問題の実態を率直に調べ、何が可能かを確かめ、何が賢明で正しいように思えるのかを知らなければならない。[22]」

第一七章　世界世論

世界世論については、前章ですでにはっきり述べておいたので、ここで詳しく述べる必要はほとんどないであろう。しかし、われわれが国際道義の検討をはじめたときに発した警告を、このさいとくに強く繰り返しておかなくてはならない。われわれは、ここで、世界世論の現実を問題にしているのである。われわれは、世界世論がどんな要素で構成されているか、どのようにしてあらわれるか、国際政治に対していかなる機能を果たしているか、とりわけ、世界世論は国際舞台における権力闘争をどのような方法で抑制しているか、について知りたいのである。しかし、国際問題に関する現代の文献において、過去四〇年間世界世論の概念ほどおおぎょうにしかも分析的曖昧さをもって政治家や著述家によって使われてきたものもおそらくないであろう。

世界世論は、国際連盟の基礎であると考えられていた。世界世論は、ブリアン・ケロッグ条約の執行機関、常設国際司法裁判所の判決、国際法一般であるとされた。一九一九年七月二一日、ロバート・セシル卿はイギリス下院で、「われわれが信頼する偉大な武器は、世論である……しかも、もしわれわれがそれについて誤った考えをもつならば、その場合、すべてを誤ってしまうのである」[1]と宣言した。第二次世界大戦勃発の五カ月少々前の一九三九年四月一七日、当時アメリカの国務長官であったコーデル・ハルは、「平和のためのあらゆる力のうち最も強大な力である世論は、世界中でますます力強く発展している」[2]といった。今日われわれは、世界世論が国際連合をその手段として利用し、また逆に、国際連合は世界世論をその手段として利用しているというふうに理解している。とくに、国連総会が、「ガラス張りの世界の良心」[3]であると宣言されている。『ニューヨーク・タイムズ』紙は、国連総会が、「少なくとも世界世論を動員し、それによって最終的に国際的なバランス・オブ・パワーを決定するという限りにおいて、……国連憲章の下でそれ相当の力をもっているのだ」[4]、ということを当然のこととして述べたほどである。

これらを含む無数の同じような主張や訴えがもつと思われる意味を確かめる前に、われわれは、最も重要な二つの設問に答えなくてはならない。すなわち、世界世論とは何を意味するのか、さらには、二〇世紀後期の道義的、社会的条件の下で、この世界世論はどのような形であらわれるのか、ということである。

世界世論は、明らかに国境を超えた世論であり、また少なくともある基本的な国際争点に関して、さまざまな国の国民を合意によって結ぶ世論である。この合意は、国際政治におけるいかなる動きに対しても、それがこの合意に反するような場合、世界中の自発的な反応となってあらわれる。いかなる国の政府も国際舞台で、人類全体の意見に反するようなある政策を宣言したり、ある行動をとったりするときにはいつでも、人類全体は、国家関係を無視して立ち上がり、少なくとも、横暴な政府に対して自発的な制裁を加えようとするであろう。その場合この横暴な政府は、国民社会またはその下位社会の慣習に違反した個人または個人集団とほぼ同じ立場におかれることになる。そのとき社会は、彼らにその社会の規準をまもらせようとするか、あるいは、それに従わない場合には彼らを村八分にしようとするであろう。

われわれが世界世論というときの意味が以上のようなものであるとすれば、このような世界世論は現在、実際に存在するであろうか。またそれは、各国政府の対外政策に抑制的な影響を及ぼしているであろうか。その解答は、否定的にならざるをえない。近代史のなかで、超国家的世論の自発的な反応によってある対外政策をとりやめた政府はない。だが最近の歴史には、世界世論を動員してある政府の対外政策を阻止しようとする試みは、幾つかある。その対象となったのは、たとえば一九三〇年代における日本の中国侵略、一九三五年以降のドイツの対外政策、一九三六年のイタリアのエチオピア攻撃、一九五六年のハンガリー革命に対するソ連の抑圧などである。しかし、われわれが議論の便宜上、これらの試みがある程度成功し世界世論がこれらの事件において現実に存在したと仮定しても、世界世論は、みずから反対した政策に対していかなる抑制効果ももたなかったことは明白である。ただ、後述のとおり、実はこの仮定そのものは、事実による裏付けをもっていないのである。

それでは、これらの質問に対してかなりしばしば肯定的な解答がなされているのはなぜか。その理由は、世界世論の発達の可能性を示す国際状況の二つの要因を誤解していることにあり、さらにこの発達を現在不可能にしている第三の要因を無視している点にみいだされる。世界世論が存在するのだという誤った信仰が生まれる二つの要因とは、全人類を結集するある心理的特性および本質的な願望についての共通の経験をわれわれはもっているという考えと、技術による世界の統合が可能であるという考えである。そして無視されてきたのは、世界のいたるところで国際問題に関する世論は、国家政策を作成・遂行する機関によって形成される、という事実である。そしてこれらの機関は、すでに指摘したように[5]、道義についてのその国家的概念が超国家的すなわち普遍的なものである、と主張する傾向がある。

世界の心理的統一

あらゆる政治的な主張や紛争の根底には、全人類が共通にもっている最小限の心理的特性と願望がある。すべての人間は生きたいと思うし、またそのために必要なものを求める。すべての人間は自由でありたいと思い、それゆえ自分たちの特定の文化からみて望ましいと思われる自己主張と自己発展の機会を得たいと望む。また、あらゆる人間は権力を求める。したがって、彼らは社会的な名誉を得て、同胞に一歩先んじ優越していることを示そうとする。しかもこれまた、自己の文化の特定の型に従ってさまざまな形をとってあらわれるのである。

すべての人間に共通のこの心理的基礎の上に、哲学的確信や倫理的主張や政治的野心の体系が構築される。これらもまた、ある条件の下ではすべての人びとに共通であるかもしれないが、実際にはそうではない。人間の生存への欲求、自由への欲求、権力の所有への欲求を満足させうるさまざまな条件が世界のいたるところで類似していれば、さらには、このような満足が与えられない場合の条件、およびこのような満足を求めて争うときの条件がどこでも類似しているならば、以上のような体系はすべての人びとによって共有されるかもしれない。もしそうだとすれば、人間が求めるもの、獲得できるもの、否定されるもの、闘わなければならないものについてすべての人が共通に経験をもつことによって、実際、世界世論に共通の評価基準を提供できるような確信・主張・野心をもった共同体がつくられるであろう。この世界世論の基準を犯せば、それがいかなる人に対して、またいかなる人によって犯されようとも、人類全体の自発的な反応を生むことになろう。なぜならあらゆる条件が類似していると仮定した場合、すべての人びとが、ある集団に起こることはいかなる集団にも起こるのではないか、と恐れるからである。

しかし、現実は、諸条件が世界中どこでも類似しているのだというわれわれの仮定とは合致しない。生活水準の差異は、大量飢餓のレヴェルから豊かなレヴェルに至るまであり、自由の程度についても、専制政治から民主主義に至るまで、そして経済的な奴隷制から平等までいろいろである。権力においても、極端な不平等や奔放なワンマン支配から、憲法上の制約下にある権力の広範な分割に至るまで種々ちがいがある。ある国民は自由を享受しているが飢えていたり、ある国民は食糧は足りているが自由を渇望していたり、またある国民は生命の安全と個人の自由を享受しているが独裁政府の支配の下で苦しんでいたりする。したがって、哲学的な規準は世界中をつうじて著しく類似している——たいていの政治哲学は、共通善についての評価、法・平和・秩序についての評価、生命・自由および幸福の追求についての評価において一致している——が、道義的判断と政治的評価には大きな相違がある。同一の道義的、政治的概念であっても、環境のちがいで異なった意味をもってくる。正義や民主主義は、場所によっては全く異なったことを意味するようになる。ある集団によって不道徳かつ不正だと非難される、国際舞台でのある動きは、別の集団によって逆にほめたたえられる。こうして、一方における心理的特性および基本的願望の共通性と、他方における、共通の経験や普遍的な道義的確信や共通の政治的願望といったものの欠如との間にある対照をみれば、われわれは世界世論が存在していることの証拠をみるどころか、むしろそれが不可能である——今日人間性がそのような本質をもっているだけに——ことがわかるのである。

技術的統合の曖昧さ

しかし、実際に世界世論が形成されなかったとしても、今日世界世論を実現に近づけているようにみえる、ひとつの発展のきざしがある。それは、世界の技術的統合である。われわれが現代は「ひとつの世界」であるというとき、それは、現代のコミュニケーションの発達によって、人間相互の交流と情報・意見の交換に関しては地理的距離が事実上なくなってしまったということを意味するだけではない。それは、このように物理的、知的コミュニケーションが事実上無限に広がったことによって全人類を包み込むような共通の経験が生まれ、そこから世界世論が成長することをも意味しているのである。しかしこの結論は、事実によって確証されてはいない。次の二つの要件から、道義的、政治的領域におけるいかなるものも世界の技術的統合のレヴェルに対応していないことがわかる。むしろ全く逆に、世界は今日、技術的条件があまり整っていなかったときに比べてはるかに道義的、政治的統合からかけはなれているのである。

第一に、現代の技術は、各国間のコミュニケーションをきわめて容易にする一方、これらの政府と私的な諸機関とに対してこうしたコミュニケーションを不可能にするほどの無類の力を与えた。二〇〇年前なら、教養のあるロシア人がフランスの政治思想や政治行動について学ぶことは、今日よりもはるかに簡単であった。イギリス人がフランス人の間に自分の政治理念を広めようとする場合、それは今日よりも当時の方がはるかにうまくいった。当時スペイン人が北アメリカ大陸に移住したりあるいは旅行することさえも、今日よりはるかに容易であった。なぜなら、現代の科学技術は、地理的距離とは無関係に個人が他の個人とコミュニケーションを行なうことを技術的に可能にしたばかりでなく、政府や私的コミュニケーション機関がこのようなコミュニケーションを断ち切ることを適当と判断すれば、それを技術的に実現することができるからである。また個人間のコミュニケーションは大部分、技術的可能性の領域にとどまっているのに、政府の統制や私的な統制は技術的、政治的に現実のものとなっているのである。

五〇年前、アメリカの市民が外国を訪問しようとする場合、そこへ行くための輸送の手段を手に入れさえすればよかった。今日では、もしアメリカ市民が政府の証明書――それなくして誰も国境を越えることはできないのであるが――をもたなければ、技術によって結びついている「ひとつの世界」は彼にとって少しも役に立たないであろう。しかし、一九一四年には、国境を出入りするための旅券を要求した二つの大国、すなわちロシアとトルコだけは、後進的でほとんど未開の国であるとの烙印を押されたのである。市民に道義的かつ知的な「食物」を与えるとか、つまり彼らにある考えと情報を与えるとか、さらには彼らを他から孤立させたりすることによって、全体主義政府を実現したのはまさに現代の科学技術であることを忘れてはならない。また、ニュースおよび意見の蒐集と普及という仕事を、巨大な資本蓄積を必要とする大事業に仕立てあげたのも現代の科学技術なのである。

技術的に初期の時代すなわち印刷が手で行なわれていたときには、そこそこの資力をもった人であれば誰でも、自費で本やパンフレットや新聞を印刷し配布することによって、一般の人びとに自分の考えを訴えることができた。しかし今日では、どこでも大多数の人びとは、世論の代弁者に対して何の影響力ももっていない。少数の例外はあるが、かなりの資力をもった人びとや機関、およびこれらの人びとや機関によって承認される意見をもった人びとだけが、世論に訴えることができるのである。事実上ほとんどすべての国においては、こういった人びとの意見の圧倒的部分は、それぞれの政府が外国政府との関係において国益であるとみなしているものを支持している。国家的見地から判断して不利であるような情報や意見が、一般の人びとの耳に達することはほとんどない。こういったことはあまりに明白であるので、われわれがそれを詳しく述べる必要はないであろう。実際、現代の世界は技術的には「ひとつの世界」ではあるが、だからといって道義的、政治的に「ひとつの世界」であるとか「ひとつの世界」になるであろうということではない。技術の世界は技術的には存在可能であるが、このような技術の世界があるからといって、情報や意見がいろいろな国の国民の間で交換される条件が実際にある、というわけではない。

しかし、たとえ情報や意見が地球上を自由に移動することが可能であったとしても、世界世論の存在が必ずしも保証されるとは限らない。世界世論とはニュースや意見の自由な流れの直接の結果であると信じている人たちは、伝達の技術的な過程と伝達されるものとを区別していない。彼らは、前者だけを取り上げ、後者を無視している。伝達される情報と意見は、いろいろな国民の哲学、倫理および政治概念を形づくってきたさまざまな経験の反映である。これらの経験とそれから派生する知的なものとが全人類をつうじて同一であるとすれば、情報と意見の自由な流れは、それ自体確かに世界世論を生みだすであろう。しかしすでにみたように、現実には、あらゆる人間に共通した本質的欲望を除いて、全人類を結びつけるような同じ経験は全くありえない。したがって、アメリカ人、インド人、ロシア人はそれぞれ、彼ら独自の哲学的、道義的、政治的展望に立って同じニュースを考えるであろうし、また観点が異なれば、このニュースも異なった色調をもつことになろう。ヴェトナム戦争や一九六八年の〔フランス五月〕革命に関する同一の報道でも、これについてさまざまな意見が出されるということを別にしても、いろいろな観察者の見方によって、その記事の報道価値としての重みは異なってくるであろう。

同じ情報であっても、いろいろな見方によってその情報が異なった色合いを帯びてくるだけではない。これらいろいろな見方は、世界のいたるところで毎日起こる無数の出来事のなかから報道価値のあるものを選択するときにも影響するであろう。「印刷に値するすべてのニュース」(All the News That's Fit to Print)ということも、『ニューヨーク・タイムズ』紙と『プラウダ』紙と『ヒンドスタン・タイムズ』紙とでは、それぞれ意味がちがう。それは、ある特定の日におけるこれら新聞の実際の内容を比較してみればわかる。哲学、道義、政治に照らしてニュースを解説するということになると、各国国民を相互に隔てているみぞがさらにきわだった形で明らかになる。同じ情報や同じ意見であっても、アメリカ人、ロシア人、インド人にとっては、それぞれ異なった意味をもつ。というのは、この情報や意見は人間の精神――これは、異なった経験によって条件づけられるものであり、さらには、真理であるもの、善であるもの、政治的に望ましくかつ便利であるものについての異なった考え方によって形づくられるものである――によって知覚され、同化され、濾過されるからである。

このようにわれわれは、現代の科学技術によって統一され、人間やニュースや意見が国境にかかわりなく自由に移動するような世界に現実に住んでいるとしても、そこに世界世論があるわけではない。なぜなら、人びとの心は政治的妨害なしに相互にコミュニケーションを行なうことができるとしても、意見が一致することは結局ないからである。たとえアメリカ人、ロシア人、インド人が相互に語り合うことができるとしても、異なった言語で話すであろうし、また彼らが同じ言葉を使ったとしても、その言葉はそれぞれちがった対象・価値・願望を意味するであろう。民主主義・自由・安全保障といったような概念についても全く同様である。同じ言葉を使っていても、異なった背景をもった人びとが、それぞれの強固な確信、強い感情、そして熱烈な欲望を表現し、結局期待どおりの反応が得られないことに幻滅し、その幻滅が諸国家の構成員を結びつけるよりはむしろますます分け隔てることになるのである。それは、相異なっている国民世論の核心部分をますます固定化し、この国民世論を世界世論に融合させるどころか、かえって各国民世論の排他的主張を強めることになったのである。

ナショナリズムの障害

この点の重要性を説明するために、ウッドロー・ウィルソンの十四カ条を考察してみよう。第一次世界大戦の最後の数カ月の間、十四カ条は、国境とか、交戦中の各陣営への忠誠にかかわりなく、公正で永続的な平和的解決のための原則として人類の大部分から受け入れられた。したがって十四カ条を支持する世界世論が実際に存在していると思われたのである。しかし、ウォルター・リップマン氏は、十四カ条を支持する世論についての見事な分析のなかで、次のことを明らかにしている。

「外観上満場一致で十四カ条を歓迎したからといって、それが当該問題をどう処理するかについての意見の一致を意味するものであると考えるのは誤りである。おそらく、すべての人はそれぞれ自分にとって好ましい点をみつけたようであり、あれこれと自分の好むところを強調したのである。しかし、誰もその内容を議論しようとはしなかった。文明世界の根源的な対立をはらんだ常套句が受け入れられた。それらは相対立する思想を代表するものであったが、しかし、共通の感情を喚起した。そして、その限りにおいて、それらは、西欧諸国民を糾合《きゅうごう》して、彼らがなお耐えなければならない絶望的な一〇カ月の戦いをなさしめるうえでひとつの役目を演じたのである。

この十四カ条が漠然とした未来の極楽世界を取り扱う限りは、解釈上の争いは明瞭にされなかった。十四カ条は、全く眼にみえない環境を決定するための計画であった。そして、これらの計画がそれぞれ個々の希望をもつあらゆる集団を鼓吹しようとしたがゆえに、すべての希望は全体の希望として一緒になった。………諸君がますます多くの党派を包摂するためにヒエラルヒーを上っていく場合、諸君はたとえ知的結合は失っても、一時的に感情的結合を保つことができるであろう。しかし、その感情すらもだんだん薄くなる。われわれが経験から離れれば離れるほど、普遍的になり、言葉だけのものになっていく。われわれが軽気球に乗って舞い上がるときには、だんだん多くの固形体を船外に投げていく。そして、『人間の権利』とか、『デモクラシーを保障する世界』というようなフレーズをもって絶頂に登ったときには、われわれの目は遠くかつ広くみてはいるが、しかし眼にみえるものは非常に少ない。しかも、自分の感情を気球に乗せている人びとは、消極的になっているはずはない。公衆に訴えることがますます一般普遍的となり、その意味が分散されているのに感情が激発されるから、彼らの個人的意味が一般的適応性を与えられてくる。われわれが強く望むものは、人間の権利である。はなはだ空虚な、ほとんど何ものをも意味することのできないこの言葉は、やがて、ほとんど一切のものを意味するようになる。ウィルソン氏の言語は、地球上いたるところで、はてしなく異なった意味で解釈された。………それゆえに決定の日がきたときに、すべての人が、あらゆることを期待した。この条約に関するヨーロッパの起案者たちには、大きな選択があった。そして、彼らは、本国で最も巨大な権力を有する人びととの抱いていた期待を実現しようとする道を選んだのである。

彼らは、人間の権利から、フランス、イギリス、イタリアの権利までヒエラルヒーを下りてきた。しかし、彼らは象徴《シンボル》を用いることは忘れなかった。彼らはただ、戦後彼らの支持者にとって何ら恒久的な根拠を有しないものを捨てたにすぎない。彼らは象徴主義を用いてフランスの団結を保った。しかし彼らは、ヨーロッパの結合のために何らの危険も冒そうとしなかったのである。フランスという象徴はすでになじみの深いものであったが、ヨーロッパという象徴は、日なお浅い。………」(6)

リップマン氏の分析、すなわちウィルソンの十四カ条を支持するみかけだけの世界世論についての分析は、問題の核心——人類全体の確信・欲望と、いたるところで人びとが直面する世界的規模の諸争点との間には、あらゆる知的、道義的、政治的な事情を伴うナショナリズムが介在していること——を浮き彫りにしている。世界中の人びとが十四カ条の言葉に賛同したが、それと同時に、十四カ条の言葉に特定の意味を盛り込み、特定の色彩を与え、さらにこの十四カ条の言葉を特定の願望の象徴としたのは、人びとの心を形づくり方向づけている特定のナショナリズムなのである。

しかし、ナショナリズムは、言葉で表現された共通の主張——たとえば十四カ条、民主主義、自由、安全保障といったもの——のみならず、事実の本質に関連する実際の合意を人間がもつに至ったさまざまな争点に対して同じような影響を与えている。現代の国際政治においては、戦争に対する憎悪と反対、および戦争回避の期待ほど、世界のあらゆるところで広く支持されている意見はない。ワシントン、モスクワ、北京、ニューデリー、ロンドン、パリ、マドリードの一般の人たちが、このような状況のなかで戦争を考えたり、語ったりするときには、ほとんど同じこと、すなわち、戦争は現代の大量破壊手段によってなされるというふうに思っている。戦争に関しては、本物の世界世論が存在しているように思われる。しかしこの場合もまた、この外見には偽りがある。戦争反対が哲学的用語、道義的格言、そして政治上の抽象的願望にあらわれる限り、すなわち、抽象的な戦争に関してのみ、この戦争反対という線で人類は一致するのである。しかし、争点が抽象的な戦争ではなく、ある特定の戦争、すなわちすべての戦争ではなく、いまここにある戦争というときには、このような意見の一致はなくなり、みせかけの世界世論はそれぞれの国民の意見に分裂してしまうのである。

一九六〇年代初めの、ベルリンをめぐるたび重なる危機においてそうであったように、今日実際に戦争の恐れがあるとき、人類は、戦争そのものの恐怖と戦争反対という点では、いつも同じ立場にある。しかし人びとは、戦争そのものに対するこの抽象的な反対を、ある特定の戦争に反対する具体的行動へと移すことはできないのである。人類の大部分のメンバーは、それぞれ人類の一員として、二〇世紀後期の諸条件の下で、戦争というものを、勝者を敗者よりもほんの少しだけ不幸の程度を少なくするだけの悪とみなしている。しかし一方では、彼らはそれぞれアメリカ人、中国人、イギリス人、そしてロシア人として、これまでつねにそうであったように、ある特定の戦争を彼ら独自の国民的観点からみるのである。彼らは、エチオピアに対するイタリアの戦争のように、自国の国益とみなしているものを侵さない戦争には反対するのだが、戦争を防止または終了させるのに効果的ないかなる行動もとろうとはしないし、あるいはそれを支持しようともしない。というのは、この行動が効果的であるためには、それが、国益とみなされているものにとっての、ある種の不利益と危険とをはらむ強烈な行動でなければならないからである。その場合には、国家目標以外のためであっても戦争の危険に直面することになるかもしれないし、さらには、これら国家目標自体が危険にさらされるかもしれないのである。

一九三五年イタリアがエチオピアを攻撃したあと対イタリア制裁が行なわれたが、この制裁は、いわゆる世界世論による、戦争へのこのように一般的な非難の典型的な事例であるとともに、国益とみなされるものからみれば一見不必要にみえる有効な行動を世界世論がとろうとしないことの典型的な例でもある。チャーチルはあの世界世論のなかのイギリス側の例について、「第一に首相は、制裁は戦争を意味すると宣言した。第二に彼は、戦争は決してあってはならないと決意した。そして第三に彼は、制裁の決定を下した。これら三つの条件を満たすことは、明らかに不可能であった」(7)と述べ、抽象的に戦争を非難することと、ある具体的状況において有効に行動しようとしたくないこととの間の、このディレンマを鋭く指摘したのである。

しかし、幾つかの国家の利益に影響するような戦争の脅威があるときとか、あるいは戦争が実際に勃発したときには、世界世論はひとつのまとまった力としては全く機能しなくなる。このような状況の下では、戦争への一般的な非難は変質してしまう。戦争そのものへの反対は、ある特定の戦争をはじめるおそれのある国家あるいは現実に戦争をはじめた国家に対する反対へと変えられてしまう。つまり、この国家はつねに、その好戦的な態度が国益を脅かす敵国と同一視されるのであり、したがって戦争屋として反対されることになるのである。いいかえるなら、戦争への一般的な非難という共通の土壌から、特定諸国家の利益を戦争によって脅かすものに対してはすべて非難するという特定の行為が生まれることになる。そのときには、国民世論によって非難される戦争屋は、戦争によって他国の利益を脅かしている国家の数と同じくらい多くいることになるであろう。

一九三八年以後の世界の状況は、この点で教訓的である。一九三八年以後、あらゆる諸国民は、戦争一般に対して一様に反対であった。しかし、特定の戦争を防止または反対するための行動をとるよう積極的な世論を形成しようという状況が訪れたときには、特定の事態にかかわる国益がいかなるものであるかによって意見が分かれたのである。こうしてこの時期をつうじて、イギリスやフランスの世論は、ドイツを潜在的または現実の戦争行為者として非難したが、ソ連については、独ソ不可侵条約が有効であった一九三九年八月から一九四一年六月までの間だけ、同じ理由で非難した。一九四五年の末以降は、これら両国の世論は、ソ連の対外政策を世界平和に対する脅威として再び非難している。

他方、ソ連の世論は、一九三九年八月にドイツとの条約に署名するまで、平和に対する主要な脅威としてドイツに反対していた。そのときから、ドイツが一九四一年六月にソ連を攻撃するに至るまで、西ヨーロッパ民主主義諸国は、戦争屋とみなされていたのである。ドイツのソ連攻撃以来、ソ連の世論は反ドイツ的となり、一九四五年末頃まで、ドイツは、ソ連の世論において、以前と同様平和に対する脅威とみなされた。一九四五年の末以来、ソ連の世論は、アメリカを平和に対する主要な脅威とみなし、この点を強調する度合いはますます強くなっていった。アメリカの世論は、一九四五年末まで、程度の差こそあれイギリスやフランスの世論とほぼ同じであった。そのころ、アメリカの世論は、ソ連のあいさつに応えて、ソ連を平和に対する重大な脅威とみなしはじめた。アメリカの世論は、ソ連の世論に対応して強くなってきたわけである。

朝鮮戦争に対する諸国家の態度をみれば、この分析が正しいことがわかる。朝鮮戦争は、「世界世論」から例外なく非難を受けた。しかし、ソ連およびその支持国が、アメリカとその同盟国を非難する一方、アメリカとその同盟国は、ソ連に支持された北朝鮮および中国を侵略者とみなし、インドのような「中立国」は両陣営を非難した。いろいろな国がこの戦争に実際に参加したが、それは等しく、これら諸国の国益についての考え方によって決定されたのである。中国やアメリカのような国は、その利益が戦争によって直接影響を受け、またこの利益をまもる力をもっているため、戦争の主要な負担を引き受けた。限られた利益と資源しかもたないフランスのような国は、それに応じて限られた役割しか果たさなかった。利益や資源をもたないデンマークのような国、および関与しないことに積極的な関心をもつインドなどは、能動的な役割を全く果たさなかったのである。

このように、平和に対する具体的な脅威が生まれるときにはいつでも、戦争に反対するのは世界世論ではなく、その戦争によって国益が脅かされている諸国家の世論なのである。そこで、現代世界での平和保持に対するわれわれの希望を世界世論――それは差し迫った戦争を防止することのできる行動の源泉としてではなく、一般的な感情としてしか存在していない――に託すことは、明らかに無駄である、ということになるわけである。

広く知られている世界世論という言葉をよく調べてみれば、政府の対外政策を抑制するような世界世論は存在しないことがわかる。世論は社会の慣習として活発になるが、この世論の本質について究極的かつ全般的な考察をしてみれば、現在の世界状況では世論はそれ以外のものではありえないということがわかる。われわれは活発な世論のない社会を思い浮かべることができる。また、世論が国際政治において活発な力として作用しないような強権的社会がこれまで存在したことは明らかであるし、いまもなお存在している。だが他方では、いかなる世論も社会なしに存在しえないことは明白である。しかし社会とは、ある基本的な道義的、社会的争点についての合意を意味する。この合意は、社会の慣習が政治の諸争点を扱うさいに、著しく道義的な性質をもっている。いいかえれば、世論が慣習という形で政治問題に関して作用するとき、一般に人びとは自分の道義規準を政治問題に関連させ、その規準に従って政治問題を解決しようとする。政治行動に対して抑制的な影響力を行使することのできる世論は、ひとつの社会とひとつの共通道義——ここから、世論は行動規準を得る——を前提としている。したがって、この種の世界世論は、ひとつの世界社会とひとつの道義——これらによって人類全体が国際舞台において政治行動を判断する——を必要とするのである。(8)

しかし、このような世界社会や普遍的道義が存在しないことは、すでにみたとおりである。人類を統合しかつ世界社会と普遍的道義の基礎を提供できるような生命・自由・力に対する本質的欲望と、人間が現実に抱いている政治哲学・政治倫理・政治目標との間には、国家というものが介在している。国家は、いたるところの人間に、特定の経験、およびそれから派生する政治哲学の特定の概念、政治道義の特定の規準、政治行動の特定の目標を与えている。そこで、人間は必然的に普遍的倫理規準を適用するひとつの世界社会のメンバーとしてではなく、国家的な道義規準によって動かされるそれぞれの国民社会のメンバーとして、政治的に生き行動するのである。政治においては、人類全体ではなく国家こそ究極の現実なのである。一七七九年、アイルランドのあるパンフレットの筆者は、「諸国民は、他に対しては何もないが、自分に対しては愛情がある。政治体には、何の心もない。………政治的人間性というようなものは存在しない。………」⑼と書いている。したがって、当然、現実にあるのは、それぞれの国民の政治的哲学・倫理・願望に基づいてつくられた国民世論である。各国政府の国際政策を抑制する世界世論は単なる仮定である。国際問題の現実は、いまだその〔世界世論の〕形跡さえほとんど示していないのである。

国家が、その対外政策はどこの人びとにも共通する規準に合致しているのだということを他国に信じさせるばかりでなくみずからも信ずるために、「世界世論」とか「人類の良心」をもちだしても、それは何ひとつ実際的な訴えをしたことにはならない。すでに述べたように、国家は、ある特定の国家的な道義概念を、全人類を拘束するような、威信に満ちた普遍的な法則にまで高めようとする一般的傾向に従っているにすぎない。国際舞台におけるあらゆる敵対者が、同じ争点について世界世論の支持を受けていると信じたとしても、その確信は、この訴えの非合理性を強調することになるだけである。前述のとおり、今世紀の人びとは、おそらく第一義的にではないにしても、自国の国益だけでなく人類の理想をも擁護していると信じたいのである。人びとの考えについての情報の大部分を、世論調査から得ている科学文明にとって、世界世論は、神話的な審判者――それは、自己の欲望と行動のみならず他のすべての人びとの欲望と行動を支持するさいに頼りにされる――となる。さらに哲学的な傾向をもつ人びとにとっては、「歴史の審判」が同じような機能を果たす。信心深い人びとにとっては、彼らの主義主張を支持する「神の意志」がある。そして、信者たちは、唯一にして同一の神が、神の代理をつうじて、敵味方双方の武器に祝福を与え、両方の軍隊を当然の勝利か理不尽な敗北かのいずれかへと導く、奇妙なしかも異様に冒瀆的な光景に遭遇するのである。

第六部　国家権力の制限

——国際法——

第一八章　国際法の主要問題

国際法の一般的性質

われわれは、国際道義と世界世論を論ずるにあたって、極端に走らないよういましめたが、そのいましめは、国際法を議論する場合にもあてはまる。国際法などというものは存在しないという意見を表明する論者の数は増えている。他方、もし国際法が国家間の政治的関係を規律するために十分法典化され、その適用範囲が拡大されるならば、国際法は、それ自体に内在する力によって、国際舞台における権力闘争にとって替わることはできないまでも、せめてそのような権力闘争を抑制する力になりうる、と考える識者の数は減っている。ブライアリー教授は次のように述べている。

「あまりにも多くの人びとは、国際法というのは虚像にすぎず、過去においてもつねにそうであったと思い込んでおり、一般的にいって国際法の性格や歴史を何ら真面目に考えていない。そうかと思うと、他の人びとは、国際法というのはそれなりに固有の強さを備えたひとつの力であり、諸国家のための包括的な法典を起草する仕事を法律家に委ねるだけのセンスをわれわれがもち合わせていさえするなら、われわれはともに平和に生活ができ世界は万事うまくいくと考えているようである。前者すなわち冷笑家と後者すなわち浅学者のどちらがより有害か、ということは断定しがたいが、両者は同じ誤りを犯している。すなわち、両者はいずれも、他の主題を扱う場合には、面倒でもまずそれに関連ある事実を調査しなければならないというのに、国際法という主題の場合だけは、誰でも、そんな手間をかけないで自分の意見を直覚的に打ちだすことができる、と思い込んでいるのである。(1)」

国際法の近代の体系は、中世から近代への移行を特徴づけた巨大な政治的変容の結果である。それは、封建制度から領域国家への変容と要約することができる。領域国家を、それに先行する制度すなわち封建制度から区別するおもな特徴は、国家領域内における最高権威(supreme authority)が政府の手に握られたということである。かつては、国家領域の実際の長というよりは、ほとんど名目上の長にすぎなかった君主は、もはや、権威を領域内の封建諸侯と分有しなくなった。彼はまた、幾つかの点に関して中世の初めから終わりまでキリスト教国内における最高権威を主張しつづけてきた教会とも権威を分有しなくなった。このような変容が一六世紀に完成されたときには、政治の世界は、多数の国家から成り立っていた。しかも諸国家は、それぞれの領域内では、法的にいえば相互に完全に独立しており、自己にまさる世俗的権威をいっさい認めなかった。一言でいえば、それらの国家はそれぞれ主権者となったわけである。

領域内では最高権威を与えられ、しかも相互に継続的に接触するこれら集団《エンティティ》の間の関係に、もし少なくともある程度の平和と秩序が存在しなければならないとすれば、これらの関係が何らかの法規則によって律せられるべきことは不可避であった。すなわち、あらかじめ定義された何らかの行動準則が存在しなければならないのであり、その準則に違反した場合には、通常何らかの制裁——その種類ならびに適用の条件および態様もまたあらかじめ定義されているのだが——が加えられることが必要であった。たとえば国家は、その領域の境界が陸上ではどこにあり海上ではどこにあるかを知っておく必要があった。国家は、(領土発見の場合のように)いずれの国によっても領有されていない領土、または(割譲もしくは併合のように)他の国家によって領有されている領土に対していかなる条件の下でなら有効な権原を取得することができるかを知っておく必要があった。国家は、自国領域内に居住する他国民に対し、また、他国にある自国民に対し、いかなる権限を有しているかを知っておく必要があった。A国の旗を掲げる商船がB国の港に入った場合、B国はその船に対していかなる権利を行使することができるか。そして、その船がもし軍艦だとすればどうなるか。外国政府に派遣された外交代表はいかなる権利を有し、外国の領土にいる元首はいかなる権利をもつのか。戦時において国家は、戦闘員・非戦闘員・捕虜および中立国の国民に対し、海上および陸上で何をすることが許され何をすることが義務づけられているのか。二国間または多数国間の条約は、いかなる条件の下で拘束力を有しいかなる条件の下で拘束力を失うのか。条約その他の国際法規の違反があったと主張される場合、違反の有無を認定する権利は誰がもっており、さらにはいかなる種類の強制措置をいかなる条件の下でとるかを決める権利は誰が有しているのか。これらの問題およびこれらに類する他の多くの問題は、主権国家間の関係から必然的に生じてくるのであり、無政府状態と暴力が現代の秩序であってはならないとすれば、並存する主権国家間の相互の権利と義務は法原則によって決定されなければならないのである。

国家相互間の権利と義務を定める国際法原則の中核は、一五—一六世紀に発達した。これら国際法原則は、一六四八年に、すなわちウェストファリア条約によって宗教戦争に終止符が打たれ領域国家が近代国家制度の礎石として据えられたときに、しっかりと根をおろしたのである。一六二八年〔普通は一六二五年とされている〕に発刊されたフーゴー・グロティウスの『戦争と平和の法』は、国際法のあの初期の体系の優れた集大成である。そして、その基礎の上にこそ、何千という条約、国際裁判所の何百という判決、それに国内裁判所によって下された数えきれないほどの判決から成る堂々たる国際法体系が、一八世紀に、より顕著には一九―二〇世紀に築きあげられたのである。それらの条約や判決は、多数かつ多様な国際的接触から生ずる国家間の関係を、ときには微に入り細にわたって規律する。こうした接触は、近代的な交通・通信の発達、物とサーヴィスの国際的交流の増大、それに、大多数の国家が共通利益の促進のために協力し合ってきたおびただしい数の国際機関の設置、といったことの結果としてもたらされた。こうした国際機関のなかには、国際赤十字社、国際司法裁判所とならんで、国際労働機関（ＩＬＯ）、世界保健機関（ＷＨＯ）、国連教育科学文化機関（ユネスコ）〔原著の Economic は Educational の誤り〕、万国郵便連合、国際通貨基金、その他多数の専門機関が含まれている。

また、国際法がその成立以来四〇〇年の間、たいていの場合良心的に遵守されてきた、ということも言及に値する。というのは、かなり多くの人が、この点について誤解しているからである。そうはいっても、いずれかの国際法規が破られたからといってつねに強制力が働くとは限らず、さらには、国際法を強制するための行動が現実にとられたとしても、それがつねに効果があったというわけでもない。しかし、拘束力ある法規の体系として国際法というものが存在するということを頭から否定するのは、あらゆる証拠を無視することになる。国際法というものが存在しないというこのような誤解は、少なくとも部分的には、最近の世論が国際法の根幹に目もくれないでその枝葉末節にだけ不当に大きな注意を向けてきたことの結果である。世論は、ブリアン・ケロッグ条約とか国際連盟規約とか国際連合憲章といったような、国際法上のはなやかな文書に主として関心を寄せてきた。これらの文書は、実のところ、実効性が疑わしい(すなわち、それらはしばしば侵犯される)だけでなく、ときには、有効性さえ疑わしい(すなわち、それは、侵犯された場合にもその履行を強制されないことがある)。だがこれらの文書は、たとえば、領域管轄権の限界とか外国の領水内にある船舶の権利とか外交代表の地位とかいったものに関する、国際法の伝統的な原則を代表するものではないのである。

しかし、国際法の存在を認めるということは、それが国内法制度と同程度に実効的な法制度であり、なおかつもっと具体的にいえば、国際法が国際舞台における権力闘争を規制し抑制するうえで有効である、と断言するのと同一ではない。国際法は、オーストラリアの先住民やカリフォルニア北部のユーロク族のような、文字をもつ以前の社会において一般にみられる法に似た、原始的なタイプの法である。[2] それが原始的なタイプの法だというのは、主として、それがほとんど完全に分権的な法だからである。

国際法の分権性は、国際社会の分権的構造の必然的な結果である。国内法は、組織化された権力を独占する集団、すなわち国家の官吏によって強制される。それにひきかえ、主権国家――それはそれぞれの領域内における最高の法的権威として定義される――から成る国際社会の本質的な特徴というのは、そのような集権的な法制定ないし法執行の機関が存在しえないという点にある。国際法の存立と機能はいずれも、分権性を有する二つの要素、すなわち、個々の国家の利害の一致ないし補完関係と、これら諸国間における権力の分散に拠っている。共通の利害関係もバランス・オブ・パワーもないところには国際法も存在しない。国内法が国家機関の主観的意思に由来し、同じく主観的意思によって執行されるのに反し、国際法は社会的諸力という客観的なものによって左右されるところが圧倒的に大きい。

バランス・オブ・パワーもこうした社会的な力のひとつであるということは、近代の最も優れた国際法学者のひとりであるL・オッペンハイム教授によって認められたところである。彼は、バランス・オブ・パワーを「国際法の存在そのものにとって欠くべからざる条件[3]」と呼び、さらに次のように述べている。

「国際法の発達の歴史から六つの教訓が引きだされるといえよう。第一のそして主要な教訓は、国際法は、国際社会の構成員の間に均衡つまりバランス・オブ・パワーが保たれているときにのみ存在するということである。もし列強が互いに牽制し合うことができなくなれば、いかなる法規も効力をもちえない。なぜなら、他国が牽制することのできないほどの強国は、当然自国の思うがままにふるまい、法を無視してかかろうとするからである。国際法の規則を強制的に執行できるような、主権国家の上に立つ集権的政治機構などというものは、現に存在しないだけでなく将来も決して存在しえないであろうから、バランス・オブ・パワーこそが、国際社会のいずれかひとつの構成員が万能になるのを阻止しなければならないのである。④」

バランス・オブ・パワーは、国際法の侵犯に対する一般的な抑止力という形で、しかも国際法の侵犯に対して法を強制的に執行する必要があるという例外的な場合にのみ、分権化を促進する力として作用する。それに反し、分権化の動因である、諸国家間の利害の一致ないし補完関係は、絶えず作用している。すなわちそれは、国際法の血肉そのものなのである。こうして、利害の一致と補完とは、法の定立、法の適用、法の執行という、いかなる法制度も果たさなければならない三つの基本的な機能に対して、分権化を促すような影響を及ぼすのである。

国際法における法の定立機能

法定立機能の分権的性格

現代の国内社会においては、最も重要な法規は立法者と裁判所によってつくられる。つまり、アメリカの連邦議会および連邦最高裁判所がそうするように、国内社会の全構成員のために法をつくるか、あるいは、州議会とか市議会とか地区裁判所ないし地方裁判所がするように、ある一定地域の人びとのために法をつくるか、いずれにしても、権限の集中されたもろもろの機関によって国内法規はつくられる。ところが、国際社会においては、法を創造する力はたった二つしかない。必要性と相互の同意がそれである。国際法は、たとえば、国家主権の限界とか国際法規の解釈とかいったような、個々の国家の同意の有無にかかわらずこれらの国々を拘束するような規則をわずかながら含んではいる。なぜなら、そういう規則なしには、そもそも法秩序というものはありえないし、少なくとも、多数国家システムを規律するような法秩序は存在しえないからである。共通国際法とか基本国際法とか呼ぶことのできる、これらひと握りの規則を別にすれば、国際法規の大部分は、その存立を、紛れもなく国際法の個々の主体――すなわち、個々の国家――相互の同意に負っている。各国家は、みずから同意を与えた国際法規によってしか拘束されないのである。

国際法を創造するおもな手段は、国際条約である。しかし国際条約は、その当事国に対してのみ拘束力のある国際法を創造するにすぎない。米州諸国間で締結される条約は、これらの国々のみを拘束し、他の国々を拘束することはない。ソ連とイランとの間に締結される条約は、通常、第三国に対してはいかなる法的効果も有しない。したがって、もしアメリカの立法機能が議会や裁判所――これらは先例拘束性という原則の下で、すなわち先例に拘束されながら活動するのだが――によって果たされるのではなくて、個々の市民によって私契約という形で果たされると仮定するなら、国際法の分野において立法機能が営まれるための条件は、国内社会に生じると思われる条件に類似している。たとえば、ある自治体の下水処理や地帯区分は、その自治体の法令によって規制されるのではなくて、こういった問題は、あちこちの街路の居住者たちの間で結ばれる多くの私的な合意によって処理される、ということになる。したがって、その自治体には、街路の数と同じ数だけの規則ができるであろう。このような立法制度は、一方において必然的に次のような結果をもたらす。すなわち、利害関係者全員の同意が得られないと、法的規則というものはいっさい成立しないということである。他方において、ある特定のケースに実際に適用される法の内容は不確かなものになるだろう。また、法の適用されるべき状況は同じでも関係者が異なるにつれて規則も異なる以上、こうした各種の規則の間には矛盾が生じることになる。これこそが、国際法の現状なのである。にもかかわらず、このようなひどい矛盾や混乱が国際法について生じないのは、相互に条約を締結して国際法を定立する権能をもった法主体の数が比較的少ない——主権国家は約一六〇——からにほかならない。

法定立機能のこのような分権的性格から、国際法に対して、次のような二つの論理的帰結がもたらされる。すなわち、一方では、移住および経済政策の多くの側面のように、国際関係に関連する多くの問題が、国際法によっては規律されないということである。このような問題における諸国の利害は非常にかけ離れているので、諸国家は法規則について合意することができないのである。他方、合意が可能であるような問題においては、不明確さと混乱とがしばしば幅をきかせることとなる。もし、アメリカが国際法規のうちどれとどれとが自国を拘束すると考えているかを知りたいなら、まず、アメリカがこれまでに締結したあらゆる条約のうち調査の時点でなお有効なのはどれかを決定したうえで、それらすべての条約を調べなければならない。次にわれわれは、アメリカが当事者であった事件についての国際裁判所の判決と、国際法規を適用したアメリカの国内裁判所の判決とを検討しなくてはならない。最後に、ある種の国際法規が国際問題におけるアメリカの行為を拘束する、とアメリカの代表が国際交渉で認めたもろもろの外交文書を、われわれは研究しなければならない。これらすべての規則の全体は、チャールズ・C・ハイドが『主としてアメリカによって解釈され適用された国際法』[5]と呼んできたものである。

他の国々によって承認された国際法規もまた、同じように面倒な手順によって編成されてきた。歴史の特定の時期に全世界を拘束する国際法規の全体を知るためには、理論的には、世界のすべての国々について同様の編纂作業をすることが必要である。このような作業が実際に行なわれるならば、その結果、特殊な規則に関してはもちろんのこと、一般原則に関しても各国の認識の間にはかなりの相違のあることが明らかになるであろう。国際法の幾つかの限定された分野における世界的な編成作業によって、各国間の合意の欠如が例証される。多くの学者は、そうした合意の欠如の例として英米国際法と対照をなす大陸国際法、米州国際法、およびソ連の国際法概念に言及している。[6]

具体的な例としては、領海の幅員——つまり、沿岸国の領域管轄は海のどこまで及ぶかという問題——を取り上げてみても、この分野で諸国家が認めている国際法規には著しい差異がある、といえる。多数の国家は領海三カイリという原則を堅持しているが、フィンランド、ノルウェーおよびスウェーデンは、他国の異議にもかかわらず、領海四カイリを主張している。たとえば、イタリア、スペイン、ユーゴスラヴィアおよびインドは六カイリを主張している。メキシコは九カイリを主張し、アルバニアは一〇カイリを、エクアドル、アイスランド、インドネシア、ソ連、アラブ連合〔現在のエジプト〕、その他は一二カイリを主張しているのである。ドイツ、ベルギー、フランスおよびポーランドなどの国々は、保護目的(protective purposes)のために、本来の領海以遠に、いわゆる接続水域を主張している。また、イギリスなどの国々は、ドイツなどの接続水域の主張には反対しているが、特定の状況の下では、沿岸国がその管轄権を三カイリ以上に拡張し、なおかつ、外国商船を何らかの規制措置に従わせる権利を有することを認めているのである。

一方的主張の錯綜に起因する、このような統一性の欠如は、多かれ少なかれ国際法のほとんどの部門にしみわたっているが、それは法定立機能の分権的性格のためにほかならない。しかも諸政府は、自国の対外政策に対して国際法が及ぼす抑制的影響力をふりほどき、その代わりに、自国の国益を促進するために国際法を利用し、自国にとって有害な法的義務を回避することにつねに汲々としているのである。諸政府は、国際法の不統一性を自己の目的を推進するためのおあつらえの道具として利用してきた。そのために、諸政府は、支持の得られない法的な主張をことさら提起し、また、一般に認められている国際法規の意味をわざと曲解してきたのである。このようにして、国際法の分権的性格に内在する統一性の欠如はさらに一層大きな不統一を生みだしており、国際法が誕生したときにすでに存在していた、国際法を衰弱させる欠陥は依然として国際法の力を弱めつづけている。

一般協定〔多数国間条約〕の形で法典化された、概して技術的あるいは人道的性格を有する国際法の分野だけが、この弱さからある程度免れている。(7)なぜなら、国際法の法典化は、すべてないしはほとんどすべての国際法主体を拘束するという法的効果を有する点において、真の国際立法の名に値するからである。いいかえれば、この分野における国際法の法典化が国内法における真の立法と異なるのは、国内の民主的な立法手続きに必要なのが多数決原理であるのに対し、国際立法の場合には、それによって拘束されることになるすべてのものの同意が必要だという点だけである。

解釈と拘束力

すべての国際法主体の全会一致の同意〔従来のパターン〕から真の国際立法〔多数決による立法〕へ移行する必要があるとしても、それはそれで国際法に特有な別のタイプの混乱を引き起こす。それは、国際条約のもろもろの規定の意味、すなわち国際条約が付与する権利や国際条約が課す義務の意味を確認するという問題である。国内社会においては、この問題は、次のようにして解決されている。まず、立法機関自身がみずから制定する法規をできるだけ正確なものにしようと努める。ついで、裁判所が、具体的事件に法を適用することによって法を解釈するという任務に絶えず従事している。さらに執行・行政機関は各種の命令を出すという形で、裁判所と同様、法を解釈するという機能を果たしている。国連憲章のような国際法律文書をはじめ、純粋に技術的性格を有する他の多くの文書は漠然かつ曖昧であるが、それは、偶然そうなったのでもなければ、アメリカ憲法のように特別の例外的理由からでもなく、むしろそれが普通であり必然的でさえあるのである。なぜなら、このような文書は、それが法的効力を取得するのに必要な、国際法主体のすべての承認を取りつけるためには、制定される規則によって影響されまたは影響されるかもしれないいろいろな国益をすべて認めなくてはならないからである。これら相異なるすべての国益が調和する共通の基盤をみいだすためには、一般条約に具現される国際法規は、しばしば漠然かつ曖昧なものでなければならない。というのは、このような国際法規は、すべての署名国が、合意された条文のなかに自国の国益が承認されていると読みとれるようにするからである。たまたまこのようなことが国内社会で起こったとするならば——これはアメリカの憲法に関して実際大いに起こったことなのだが——アメリカにおけるように連邦最高裁判所によってであれ、イギリスにおけるように議会によってであれ、何らかの有権的決定が、漠然かつ曖昧な法の規定に具体的意味を与えることになるのである。

ところが、国際社会においては、法主体自体が、自分で法を制定するのみならず、みずから制定した法規を解釈し、それに具体的意味を与える最高権威でもある。国際法主体は当然、国益というものに対してそれぞれが抱いている特殊な相異なる概念に照らして、国際法規を解釈し適用するであろう。国際法主体は、当然、それぞれの特殊な国際政策を支持するに都合のよいように国際法規を配列するであろうし、その結果国際法主体は、これら国際法規がその漠然性と曖昧さにもかかわらずどんなに抑制力——それはすべての法主体に対して適用されるはずのものである——をもったとしても、それを破壊してしまうであろう。ジャン・レー氏は、国際連盟規約に関する発言のなかで、この点を次のように的確に分析している。「だが、その危険は明らかである。連盟構成国のひとつひとつが解釈問題において究極的な権威をもつとするならば、いずれも等しく権威のある相異なる解釈がいつまでも平行線をたどることになろう。そして、曖昧な条文が二国間の紛争において援用される場合には、水かけ論に終わるであろう」[8]。このことは国際連盟の歴史において実際に幾度も起こったことであり、国際連合の歴史も類似の性格をもつ多数の事例を提供している[9]。

最後に、法定立の観点からみて、国際法の脆弱性の一因をなすもうひとつの難問が存在する、ということである。それは、正式に署名されかつ批准されたある国際条約が、署名国を拘束するに足るだけの有効な国際法規を、全部にせよ一部にせよ実際に含んでいるかどうかが不確実なことである。こういった問題は、アメリカにおけるどのような国内立法についても、ほとんど起こりえない。なぜなら、連邦法は、憲法上の諸要件に従って議会で可決されかつ大統領によって署名されたかされなかったかのいずれかであり、あるいは、連邦最高裁判所によって無効と宣明されたかされなかったかのいずれかでしかありえないからである。連邦法の合憲性あるいは解釈については、連邦最高裁判所が究極的な権威をもって判決を下すまでは曖昧性が存在するかもしれないが、有効な法規範としての連邦法の存在そのものが曖昧だということはありえないのである。国際法の根底そのものをゆるがしているのは、実は、国際社会のほとんどすべての構成員によって正式に署名され批准された特定の基本的原則でさえその存在が曖昧だということである。

この種の国際法の最も顕著な例を検討することにしよう。それは、ほとんどすべての国が「其ノ相互関係ニ於テ国家ノ政策ノ手段トシテノ戦争ヲ抛棄スルコト」に合意した一九二八年のブリアン・ケロッグ条約である。この協定は当初から、署名国のすべてを拘束する国際法規であったのか、それとも、法的効果を伴わない道義原則の表明にすぎなかったのであろうか。侵略戦争の準備・実行は国際犯罪であるとのニュルンベルク裁判の国際法は、ブリアン・ケロッグ条約という既存の法を適用したのか、それとも、裁判以前には存在しなかった国際法を創造したのであろうか。[10] そして、いずれであったにせよ、それは、ニュルンベルクで決定された特定のケースだけを対象としていたのか、それとも、将来発生しうる類似の事件をも考慮したうえでのことであったのか。さまざまな学派がこれらの設問に異なる答えを出しているが、ここでその論争に決着をつけようというわけではない。ただ、この戦犯論議の文脈において注目すべき重要なことは、特定の目的のための集団的暴力行為が禁止されているかどうかというような基本的な設問に対して正確な解答を与えることさえできないという、国際法体系の脆弱性である。すなわち、国家政策を追求して一九二九年以後に戦争に訴えた国は、はたして国際法規を侵犯したことになるのか、そして、その侵犯について国際法上の賠償責任を負うのか、あるいは、第二次世界大戦を準備し開始したことに責任ある個人だけがそのような賠償責任を負うのか、それとも、将来において侵略戦争を準備し実行するすべての国およびすべての個人が賠償責任を負うことになるのか——という点については、今日なお、多少とも権威をもって「こうだ」といいきることはできないのである。

一八九九年および一九〇七年の「陸戦ノ法規慣例ニ関スル条約」は法的有効性を有するのであろうか。また、同条約は、第二次世界大戦および将来の戦争において同条約の署名国に対して拘束力をもつのであろうか。この条約は、第一次世界大戦中にはかなりよく遵守され、当時その侵犯はひとつひとつ指弾されたが、先にみたように、(11)同条約は第二次世界大戦中はすべての交戦国によって日常茶飯事のごとくしかも大規模に侵犯された。抗議もされず処罰も受けなかったこのようなたび重なる侵犯によって、この条約の拘束力には終止符が打たれたのであろうか。それとも、この条約は将来の戦争において援用され、実施され、かつ行為規準となる法的文書として第二次世界大戦後も存続しているのであろうか。また、第二次世界大戦において同様に広く侵犯されて実施の試みがほとんどなされなかった海戦法規に関する同じような設問に対しては、どう答えるべきであろうか。枢軸国は、連合国と同様に、敵性船舶を無差別、無警告に撃沈し、双方とも民間人を爆撃し、しかも戦時法規のこのような侵犯を軍事的緊急性によって正当化した。すべての国際法主体によって、もし国際法規が絶えず侵犯され、その侵犯が当然のこととして受け取られた場合には――いいかえれば、もし法規が、それらを執行しなければならないものによって、あたかも存在していないかのごとく取り扱われる場合には――次のような設問が生じてくる。すなわち、その国際法規は、拘束力のある法規としてなお存在するのか、という設問である。こうした設問に対して、ここでは正確な解答を与えることはできない。しかし、戦争技術と国際道義の今後予想される展開を考えると、これらの国際法規が存続しうる見込みはきわめて疑わしい。

一九三六年にイタリアに対する国際連盟の制裁が失敗してからというもの、関係諸政府はすべて、連盟規約の最も重要な規定の大規模な侵犯については、関心を払わなかった。当時、連盟規約の全体およびその若干の規定に関して、はたしてそれらが存続できるであろうか、という同じような問題が提起された。諸政府は、これらの規定が拘束力をすでに喪失したかのように行動したが、これらの規定は実際に拘束力を失ったのであろうか。あるいは、それらの法的効力は、一九三〇年代後期および第二次世界大戦をつうじて維持され、一九四六年の連盟の正式解散によって初めて失われたのであろうか。このような設問に対する明確かつ正確な解答は、これらの設問が初めて提起されたときになかなか得られなかっただけでなく、現在なおみいだされていない。国際連合が、憲章の規定を無視して、憲章の意図したものとは全く異なるものへと変質したという事実が、同様な設問を提起しており、しかもその設問に対する解答が不確実・曖昧かつ試論的にならざるをえないということは、ほとんど疑う余地がない。これほど重要で基本的な設問に対する解答がこのように不完全であるということこそは、法定立という観点からみた場合の国際法の欠陥の程度をいま一度表わしている、ということになるのである。

国際法における司法機能

法定立機能の分権的性格に起因するこのような不完全さにもかかわらず、ある法規則の存在もしくは意味について意見の相違が発生したときはいつでも有権的に判決を下すことができる司法機関が存在する場合には、法体系はなおその主体の権力志向を抑制することが可能である。このようにして、アメリカ憲法の曖昧さと漠然性は、憲法の解釈に関して連邦最高裁判所が強制管轄権を有することによって多分に埋め合わせがついている。もっと顕著な例を挙げれば、イギリスのコモン・ローは、主として裁判所の決定によって確実さと正確さを与えられたのであって、正式な議会立法によってそれらが与えられたのはごくわずかである。すべての進んだ法制度の下では、幾つかの審級性をとる司法機関が一体となって、その法主体の権利・義務を有権的かつ終局的に決定するという任務を遂行している。

もし、アメリカの一市民が、憲法違反という理由からかあるいは連邦制定法それ自体の趣旨にかんがみて、その制定法が彼には適用されないと他の市民に対して主張するならば、二人のうちのどちらでも、訴訟手続き上の若干の要件を満たしさえすれば、その争点について有権的な決定を下すよう連邦裁判所に請求することができる。連邦裁判所の管轄権は、当事者のいずれか一方から請求がだされただけで成立する。つまり、連邦裁判所の管轄権は、相手当事者の同意には依存しないのである。いいかえれば、アメリカの市民は、他の市民との間の法的諸関係を裁判所によって有権的に決定してもらうために相手を法廷に召喚することができ、その召喚請求という自己の一方的な行為によって裁判所の管轄権を成立させることができるのである。決定に不満な当事者は、上級裁判所に訴えることができ、最後には、最終審たる連邦最高裁判所が、当該事件においてはいかなる法が適用されるべきかを最終的に決定するのである。そして、この決定は、先例拘束性の原則によって、立法行為としての性格を帯びている。なぜなら、この決定は、当事者に対しておよびその特定事件について法を創造するだけでなく、判決理由があてはまる将来のすべての人およびすべての事態に対しても法を創造することになるからである。

ところが、国際法には、裁判所の強制管轄権、裁判の審級制、および、少なくとも最上級裁判所の決定に対する先例拘束性の原則の適用という、実効的な司法制度に不可欠の三つの基礎条件がすべて欠けているのである。

強制管轄

国際裁判所の管轄権の唯一の根源は、紛争を裁判にかけるという諸国家の意思である。いずれの国も、他国との紛争を自己の意思に反して国際裁判所に付託することを強制されないということは、いわば国際法上の公理である。いいかえれば、いかなる国際裁判所も、関係諸国の同意を得ることなくして国際紛争に管轄権を及ぼすことはできない。常設国際司法裁判所は、「東部カレリア事件」で次のように述べている。「いずれの国家も、みずから同意しないかぎり、他国との紛争を調停、仲裁裁判あるいは他のいかなる平和的解決手段に付託することをも強制されえないということは、国際法上十分に確立されている。このような同意は、自発的に義務を負うという形であらかじめ包括的に与えられることもあるが、反対に、そのような義務の有無とは関係なく、特定の事件において与えられることもありうる」[12]。

この原則は、いわゆる単発的な仲裁裁判[13]の場合――つまり、ある紛争が発生した後に、当事国がその紛争に限っていずれかの国際裁判所に付託することに合意するとき――には、当事国――これらの国が裁判所の管轄権を設定するのだが――が自発的に負った紛争付託義務の存在することが必要だという形のなかに端的にあらわれる。したがって、アメリカおよびイギリスが、南北戦争から生じたアラバマ号請求事件を外交交渉によって解決できなかったときに、両国は条約を結んで紛争を国際裁判所に付託することに合意したのである。その国際裁判所は、この特定の事件について判決を下しただけで解散した。なぜなら、アメリカ・イギリス間の条約に由来するこの裁判所の管轄権は、このたった一件に判決を下すとともに消滅したからである。もし、アメリカとイギリスの間に、国際裁判によって解決すべき新たな紛争が生じた場合には、そのための条約があらためて締結されなければならず、その後も同様の手続きが繰り返されるのである。もし、紛争の定義、裁判所の構成や手続き、および適用される法規について、当事国間に合意が得られないなら、司法的解決は不可能になるだろう。

いわゆる常設的仲裁裁判の場合――つまり、ある種の紛争(たとえば、法的性格を有する紛争とか平和条約または通商条約から生ずる紛争)がすべて、その発生に先立って一般的協定により国際裁判に付託されている場合——には、当事国の合意は、一般には訴訟手続きの二つの別個の段階において必要とされる。第一に、当事国の合意は、ある種の紛争を国際裁判所の管轄下におくことを約束する一般的協定について必要とされる。第二に、当事国の合意は、ある具体的な事件が、一般的協定によって国際裁判に付託されることになっている部類の紛争に該当する旨を当事国が宣言するための特別協定——それは、その具体的な紛争が発生した後に締結される——について必要とされる。たとえば、二国家間の仲裁条約が両国間に将来生ずるすべての法律上の紛争を国際裁判所に付託しなければならないと規定している場合、いずれの国も、概して、特定の法律上の紛争を裁判に付託するだけで、裁判所の管轄を一方的に確立する権利はもっていない。裁判所の管轄を確立するためには、その特定の紛争が、仲裁条約に定められた「法律上の紛争」に該当することについて両当事国が合意した旨を明らかにする特別の協定が必要なのである。

国家というものが、一般に、当事国が同意しない限り紛争が国際裁判にかかるということはありえないという国際裁判所の管轄権の契約的性格をくずすまいとしていかに細心の注意を払っているかは、H・ローターパクト卿によって次のように例証されている。

「……常設国際司法裁判所が下した大多数の判決は、いわゆる『管轄の抗弁』に関するものであった。すなわち、そこでは当事国の一方が問題の仲裁協定を厳格にしかも自分に都合の良いように巧妙に解釈することによって、ホッブズが自然状態においてさえも基本的なものとみなした公正な裁判を受ける権利を相手当事国に対して拒絶しようとした。しかもそれは、概して、その係争を決定する権限を有するのは他の国際機関だという理由〔管轄違いの抗弁〕に基づくのではなくて、訴えられた国家が紛争を司法的解決にゆだねるという意味のいかなる約束もしていないということ〔無管轄の抗弁〕を根拠として行なわれてきたのである。」

ロータ－パクトは、さらに、「裁判への付託という基本的義務が――一般的協定において――受諾されている場合であっても、それには、うまく考えられた留保が実際にはしばしばついている。しかもこの留保によって、裁判への付託という基本的義務は法的義務を伴わない単なる形式に堕してしまう(14)」と述べている。

選択条項　次のことは明白である。すなわち、このような状況の下では、諸国家が紛争の発生に先立ってそれらを司法的解決に付託する一般的義務を負うかどうかを論ずることは、ほとんど不可能だ、ということである。特定の紛争を裁判に付すには特別の協定が必要であるということ、および一般的協定がもろもろの留保によって制約を受けているということによって、事実上義務的訴訟は妨げられている。こうしたことによって、国家は、みずからそうしたいと思えば、予備手続きのあらゆる段階において行動の自由を保持することができる。常設国際司法裁判所規程第三六条が、いわゆる任意(選択)条項を設けたのは、少なくとも若干の種類の紛争に関しては、国際司法機能を国内訴訟における厳格な強制と同等のレヴェルにまで引き上げるためである。この巧妙な仕組みは、そのまま、新たな国際司法裁判所規程第三六条に盛り込まれている。すなわち、同条は、規程署名国に対して、「すべての法律的紛争についての裁判所の管轄は、同一の義務を受諾するいかなる他国との関係においても当然にかつ特別の合意なしに強制的である、と認める」機会を与えているのである。

旧裁判所〔常設国際司法裁判所〕の制度の下では、この条項は、一度ならず、五〇カ国近い国々を拘束した。新規程の下では、署名国の数は四五カ国になる。しかし、留保をつけずに署名した国はきわめて少数である。

国際司法裁判所の強制管轄を受諾した一九四六年八月一四日のアメリカの宣言こそは、広範な留保によって、厳格な法的義務が無に帰してしまうほどに弱められた受諾の典型である。その文言によると、次のようになる。

「………本宣言は次のものには適用されない。

a. すでに存在しまたは将来締結される協定によって、当事国が他の裁判所に解決を付託すべき紛争、または、

b. アメリカ合衆国が決定するところに従い、本質上アメリカ合衆国の国内管轄内にある事項に関する紛争、または、

c. ①決定に影響される多数国間条約のすべての当事国が、裁判所に提起された事件の当事者でもある場合を除き、または、②アメリカ合衆国がとくに管轄に同意する場合を除き、多数国間条約の下で生ずる紛争………」[15]

留保aはたいして重要ではない。しかしどう解釈しても、留保bにも留保cにも該当しないという国際紛争を想定することは困難である。いやしくも国際紛争の対象となる事項のうちで、関係国の国内管轄権が何のかかわりももたないものはほとんどない。アメリカと外国との間に締結された貿易協定は、それが規律する主題を、「本質上アメリカ合衆国の国内管轄内にある」事項というカテゴリーから除外するであろうか。移住、外債、軍備制限に関する国際条約についてはどうであろうか。このように、国際法によ

って扱われる事項は、確かに、「もっぱら」アメリカの国内管轄内にある、ということではもはやない。だが、このような事項は、いつ「本質的に」アメリカの管轄に属さなくなるのであろうか。いうまでもなく、それは、アメリカがこのような事項に関する司法的統制（国際裁判所の管轄権）からの自由を保持することに関心を寄せなくなるときである。こうして、何が「本質的に」アメリカの国内管轄に属し、何が属さないかということが政治的見解の問題である以上、また、留保bに従ってアメリカの見解がこの問題を最終的に決定することができる以上、アメリカは、その気になりさえすれば、留保bに依拠するだけで、アメリカが当事者となる大部分の紛争を国際司法裁判所の管轄から除外することができるであろう。この点に関するアメリカの見解が、明らかに恣意的で確たる根拠をもたないとしても、宣言の文言は、アメリカをこの問題における最終判定者としているのである。

　留保bでは扱いきれず国際司法裁判所の強制管轄権に服さなければならなくなりそうないっさいの事項は、留保cによって強制管轄権を免れることができる。現代においては、比較的重要な――とくに国際政治との関連において重要な――国際条約の大部分は、汎米諸条約、国際連合憲章および第二次世界大戦を終結させた平和条約のように、多辺的である。選択条項への加入国の数が限られたものであることを考慮し、さまざまな留保を援用して国際司法裁判所の強制管轄権から免れうる可能性を考慮するならば、このような多数国間条約の下で生ずる紛争の場合、しばしば二〇カ国以上、時としては四〇カ国以上を数える条約署名国のすべてが、同時に裁判の当事国となることはほとんどありえない。したがって、アメリカは、同国による国際司法裁判所の強制管轄権の受諾が多数国間条約に関連して問題となる事件のほとんどにおいて行動の自由を保持できる公算が大きいのである。

こうして、選択条項の下における強制管轄権の発達は、結局のところ振り出しに戻ることとなる。すなわち、国際裁判所の管轄権に関し、国家は、一般的にそして最も重要な紛争についてはとくに、行動の自由を依然として保持しているのである。しかも、そのような自由を保持するために考えだされたもろもろの法的手段は、選択条項制度の下で一層磨きがかかったのである。最も重要な種類の紛争を正面きって裁判管轄権から除外する代わりに、それらの法的手段は、いまや、主として、言葉の上では強制管轄権を受諾しておきながら、実際の行動ではそれを受諾したくないというずれをとりつくろい隠ぺいするという目的に役立っている。したがって、常設国際司法裁判所が主として関心をもったのは国際舞台における権力闘争の抑制ではなく、そもそも当事者が事件を同裁判所の管轄に付託する義務を負っているかどうかという予備的な問題であったことは驚くにあたらない。常設国際司法裁判所はたった一度だけ、国家の権力志向を制限する問題と正面から取り組まなければならなかった。それは、一九三一年の「オーストリア・ドイツ関税同盟事件」[16]であった。そこでは、裁判所の管轄権は、当事者が任意に締結した協定に依拠したのではなく、常設国際司法裁判所の勧告的意見を要請する権限を国際連盟理事会に認めた連盟規約第一四条に依拠したのであった。第二次世界大戦終結以降の国際社会はいろいろな種類の多数の紛争によって縦横に引き裂かれたが、それにもかかわらず国際司法裁判所が、設置されて最初の二五年間に二〇件ほどの事件について判決を下したことは注目に値する。

理論的および実践的にあらゆる角度から検討しても、強制管轄問題の本質は選択条項によってはいささかも変化を受けなかったという結論に到達する。裁判の分野においては、法定立の分野におけるよりほんの少しましだとはいえ、訴訟手続きのあらゆる段階で決定的なのは、あいかわらず個々の国家の意思である。それゆえに、国際裁判は、国際舞台における権力闘争に対して効果的な抑制を課すことができないのである。裁判に付託すべしという一般的義務がゆるやかで曖昧な形でしか定められていないこと、そしてとくに、その一般的義務には漠然としていてしかもあらゆる面にわたる多種多様な留保が付せられていることによって、すべての国は、自己の意思に反して特定の紛争を国際裁判に付託させられる危険から保護されているわけである。したがって、少なくとも重要な紛争に対する強制管轄権に関しては、司法機能の分権化は徹底している。この分権化は法制によってかろうじて集権化の体裁が整えられてはいるが、その法制自体はといえば、多数の留保によって無意味なものとされているのである。このことをハマショルド国連事務総長は、一九五七年の年次報告で次のように述べている。「……私は、現在の趨勢は、もしそれが近い将来において停止されない限り、強制管轄の全体系を事実上幻影に堕してしまう可能性があることについて、個人的な懸念を表明せざるをえない」。

国際裁判所

いずれの法制度も、紛争に対する強制管轄権なくしては、その法制度に属する法主体の行動を有効に制約することができないのであるから、裁判の他の二つの基本問題すなわち司法機関の組織化とその判決の効力は、二義的な重要性をもつにすぎない。常設国際司法裁判所の設置は、国際法の分野における機能の集権化に向かう重大な――おそらく今までの歩みのなかで最も重大な――一歩であった。常設国際司法裁判所が一九二〇年に設置されるまでは、国際社会における司法組織は完全に分権化されていた。つまり、二つの国家がある特定の紛争の司法的解決に合意したときには必ず、両国は、その特定の事件に判決を下す裁判所として機能すべき特定の個人——たとえばローマ法王、君主、著名な国際法学者——か、もしくは一団の人びと〔三人または五人から成る仲裁裁判所など〕についても合意したのである。そしてその紛争の解決と同時に、その裁判所の司法機能は自動的に終了したわけである。別の紛争の司法的解決のためには、他の裁判所の設置が必要とされた。そうした事情は、さきに言及したアラバマ号事件[17]について一八七二年〔原著の一八七一年は誤り〕に判決を下したジュネーヴ裁判所を見れば明らかである。

一八九九年および一九〇七年の国際紛争の平和的処理に関するハーグ条約は、いわゆる常設仲裁裁判所を設立することによって、司法組織のこのような分権化を克服しようと努めた。しかし同裁判所は、条約の各署名国が任命した約一二〇名の裁判官名簿から構成されているにすぎない。特定の紛争の当事国は、その特定の紛争を裁定するために構成されるべき裁判所の構成員をこの名簿のなかから選定することができるというだけである。したがって、この制度は「常設的」でもなければ「裁判所」でもない、といってもいいすぎではない。いわゆる常設仲裁裁判所は、裁判所としての実体を備えていないのであり、それゆえ当然に同裁判所は、司法的機能はもとより他のいかなる機能をも果たしようがない。それは、実際には、「国際法上ノ問題ニ堪能ノ名アリテ徳望高イ[18]」

人びとの名簿にすぎないものである。それは、特定の紛争を裁定するために組織される特別な裁判所の裁判官の選定を容易にはする。しかし、いわゆる常設仲裁裁判所そのものが判決を下したケースというのは一件もない。なぜなら、判決を下したのは、その名簿に載っている個々の構成員にほかならないからである。常設仲裁裁判所は、その名にことよせて集権的司法機関の必要を認めていながら、その実、国際社会における司法組織の分権化を恒久化させているのである。

真の意味における常設的な国際裁判所の設立にとってのおもな障害は、裁判所の構成であった。国家は、特定の紛争を裁判に付託するかしないかについてそのたびに行動の自由を保持したがったと同じ程度に、特定の事件のための裁判官の選定にあたっても行動の自由を保持したがった。もっと具体的にいえば、国家は、紛争が、自国民または自国の見解を代表するものがひとりも構成員とはなっていない国際裁判所によって黒白をつけられるのを、潔しとしなかったのである。したがって、ある限定された数を超える国々に対して管轄権を有する常設的な国際裁判所は、いずれもこういった要件を満たすことはできなかった。なぜなら、国際裁判所の管轄権に服する国の数は、当然のことながら、裁判官の数を超えるのが普通だからである。とくに小国は、こういった条件の下では、その大部分がこのような裁判所における代表権を永久に奪われること、そして結局、その裁判所が大国の道具に堕す可能性の大きいことを、恐れたのである。

この問題は、常設国際司法裁判所およびその後継組織である国際司法裁判所の規程によって解決された。裁判所は一五名の裁判官で構成され、そのうちのいずれの二人も、同一国の国民であってはならない(第三条)。他方において、「選挙人は……裁判官全体のうちに世界の主要文明形態及び主要法系が代表されるべきものであることに留意しなければならない」(第九条)〔原著の「第一九条」は誤り〕。裁判所の裁判官は、規程第九条〔原著の「第一九条」は誤り〕の条件を満たすだけでなく、高度の専門的基準を満たすように工夫された多くの巧妙な仕組みをつうじて指名され、選出される。指名は、国別に組織された常設仲裁裁判所の裁判官団、または、それぞれの政府によって任命される国別《くにべつ》裁判官団によって行なわれる(第四条、五条、六条)。選挙は、国連総会および安全保障理事会の投票の絶対多数によるが、国連総会および安全保障理事会は別個に表決する(第八条―一二条)。また、規程第三一条が、裁判官席に国籍裁判官を有しない当事者は特別の国籍裁判官を選定することができる旨を規定しているのは、〔「何人《なんぴと》も自己の裁判官たりえない」という法原則から〕さらに一歩後退したことになる。

真に集権化された司法機関であるこの国際司法裁判所は、それが存在していること自体によって、国際社会のために二つの重要な機能を果たしている。一方では、国際司法裁判所は、さしあたり裁判に付すべき紛争があろうがなかろうが常時設置されているので、意見の相違を裁判によって解決することを望む国々はいつでもこれを利用できる。紛争の司法的解決には、このほかにもいろいろ障害はあろうが、裁判所を設置し、裁判官を選出し、手続きと実体法を定めるという問題だけは、国際司法裁判所規程によって一挙に解決されたわけである。これらの問題——これらは、事件を裁判にかけるたびにあらためて解決されなければならないのだが——が一九二〇年以前であれば引き起こしたにちがいない幾多の難題は、もはや国際裁判の有効な運営の障害とはならなくなっているのである。

国際司法裁判所は、その裁判官が九年の任期で選挙され、しかも再選も可能だということによって、その司法的任務の遂行に継続性が備わっている。この継続性という特性こそは、特定の紛争を解決するだけのために設置され判決を下すとともに解散される裁判所には必然的に欠けているものである。裁判官の構成が多年にわたりほとんど変わらないことになっている裁判所——裁判官は九年の任期で選出される——は、当然それ固有の伝統をつちかうことが可能であり、その伝統は後任の裁判官に受け継がれていくから、将来の紛争または裁判の当事者はその連綿たる伝統に依存することができる。国際裁判所の機能にこのようにして導入された予測可能性と安定性という要素は、第一次世界大戦以前の仲裁裁判に代表される行きあたりばったりの手続きとはきわだった対照をなしている。この伝統のおかげで、国際司法裁判所のまわりには信頼感がただよっているが、これは国際関係史上全く新しい現象である。

判決の効力

このような安定性と予測可能性は、国際司法裁判所の司法活動の法的結果というよりは、機構が常設的であるということがもたらす心理的結果である。事実、国際司法裁判所の判決の法的効力に関しては、同裁判所規程そのものが、第五九条において「裁判所の裁判は、当事者間において且つその特定の事件に関してのみ拘束力を有する」と規定することによって、分権化の原則を受け入れているのである。ひとつの組織内で同じ顔ぶれの人びとが継続的に活動するという社会的事実が、国際司法裁判所の判例における統一性と伝統との育成に寄与しているが、国際司法裁判所には、英米の裁判所のように、先例拘束性の原則に従い、みずからの判決が先例に反していないことをいちいち断るべき法的義務を課せられてはいない。にもかかわらず、さきにふれた統一性を求める社会的圧力のゆえに、国際司法裁判所が設立されてから最初の三〇年間におけるその判例は、仮に同裁判所が先例拘束性の原則に拘束されていたとしても、ほとんど異なるところがなかったであろう。しかし、国際司法裁判所は、もしそうしたいと思えば、以前の判決を無視する自由を有していたし、現在もなお有している。したがって、先例拘束性の原則に拘束される裁判所なら以前の判決を無視することをためらうであろう場合にも、国際司法裁判所はためらわずに無視するという事態も起こりうるのである。

しかし、国際司法裁判所の判例自体に内在するこのような不確定要素は、規程第五九条の結果、同裁判所の判例と国際社会において機能している他の多くの異質的な司法機関の判例との間に介在する不確定要素に比べれば微々たるものである。個々の市民の活動に効果的な抑制を加える手段としての国内裁判制度の長所の大部分は、その制度の審級性に由来する。個々の市民がどのような行為をなそうとも、裁判所は、その行為が法の要求するところにかなっているかどうかを判示する用意がすでにできている。下級裁判所が判決を下したら、次には上級裁判所が控訴を受けて原判決を是認または否認すべきことを決定することができる。そして最終的には、最高裁判所が、究極的な権威をもって当該事件において法を宣明することになろう。これらの裁判所はすべて、先例拘束性の原則の下で機能するのであるから、論理的には、同一の裁判所が下す判決が相互に矛盾しないのはもとより、裁判体系としても、判決が、相互に矛盾することはないわけである。なぜなら裁判所は上級・下級の関係に立っており、その審級制を通じて、判決の統一性が保証されるからである。⑲ さらには、審級制と先例拘束性の原則とが結びつけられることによって、すべての裁判所がひとつの判例体系の下に統一される。すなわちそこには、誰かが法の保護を請求してくれれば、いつでもただちに機能を発揮しうる整然とした法の集大成が生みだされるのである。

国際社会においては、このような状況にほんのわずかでも似ているものさえ存在しない。国際司法裁判所は、世界的な規模の管轄権を潜在的に有する唯一の裁判所である。しかし、特定の当事者、特殊な形態の紛争、または特定唯一の事件のための特別の条約によって設立された他の幾多の裁判所は、それら相互間に、あるいは国際司法裁判所との関係においても、法的関連性を全くもっていない。国際司法裁判所は、他の裁判所の判決に対する上訴を最終的な権威をもって決定することのできる、世界の最高裁判所では決してない。国際司法裁判所も、数ある国際裁判所のなかのひとつであるにすぎず、ただ、常設的機関であること、管轄権が潜在的に及ぶ範囲が広いこと、ならびに、その判決が概して法的にレヴェルの高いものであることによって、他の裁判所より卓越しているというだけのことである。しかし、他の裁判所より卓越しているとはいっても、国際司法裁判所は、決して、他のもろもろの国際裁判所の上級裁判所たる地位におかれているのではない。国際司法裁判所の判決が、その内容が専門的に優れているという理由で他の国際裁判所の判決に引用され、影響を与えるということは十分ありうる。しかし、これらもろもろの裁判所は、先例拘束性の原則によって拘束されていないのであるから、自己の下す判決を相互に一貫させる義務を負わないのと同様、自己の下す判決を国際司法裁判所の判決と矛盾させない法的義務を負うということなどもはやないのである。ここでもまた、分権化が司法機能の特徴になっているのである。

国際法の執行

執行の分権的性格

国際法の定立機能および司法機能の分権的性格については綿密な証明が要求されたが、国際法の執行機能の場合、それは誰の目にも明らかである。なぜなら、執行機能の分権化はあまりにも完全かつ無制約だからである。国際法は各国政府の機関と手段以外には、国際法の執行のためのいかなる機関も手段もそなえていない。ブライアリーは、その辺の事情を次のように述べている。

「国際システムは、国際法上の権利が真に法的権利と呼ばれる程度にまで、その実現を保証する中央機関をもっていないし、そのような一般的な制裁機構が創設される見込みは、現在のところきわめてうすい。………(中央)執行権力のこのような欠如は、各国が、自国の権利を実現するために適当であるとみずからが考えるいかなる行動をもとりうる自由を依然として保持しているということを意味する。もし『制裁』という用語が『法の遵守を確保する手段』という本来の意味において用いられるとすれば、以上のことは、国際法には何らの制裁も存在しないということを意味するものではない。しかし、国際法上の制裁は、組織的でもなければ、中央からの指令に基づいて発動されるわけでもなく、したがって、その作用が不安定なことは確かである。このような制裁制度の欠如が、とくに、自己の権利を他国ほど有効に主張することができない諸国にとって満足しえないことは、明らかである。[20]」

個々の国家はみずから立法者であり、その裁判所および司法権の創設者であるというのと同じ意味において、みずからの保安官でもあり警察官でもある。国内社会において個人Aが個人Bの権利を侵害すると、その国の法執行機関が介入して、BをAからまもり、法に従ってAがBに償いをすることを強制する。ところが国際社会においては、そのような執行機関に類するものは存在しない。A国がB国の権利を侵害したとしても、

B国を擁護しにかけつけてくれる執行機関は存在しないのである。したがってB国は、もし可能であるならば自力救済に訴える権利をもっている。「もし可能であるならば」というのは、B国が、A国による自国の権利侵害をみずからの強制行動によって排除できるほど強ければ、という意味である。きわめて例外的かつ制限的条件の下でだけ、国内法は、自衛および正当防衛という形で、法を自分なりに解釈する権利、および、侵犯者に対してそれを執行する権利を、法侵犯の犠牲者に与えている。国内法では狭く限定された例外的なものが、国際法においては法執行の原則なのである。この原則に従えば、法侵犯の犠牲者だけが侵犯者に対して法を執行する権利を有するのであって、被害者以外の何人《なんぴと》もこのような権利を有しない。しかも、法を執行する義務を有するものは全く存在しないのである。

これよりももっと原始的でもっと弱い法執行制度などというものはありえない。なぜなら、この制度は、法の執行を法の侵犯者と侵犯の犠牲者との間の力の配分の変化に委ねているからである。したがって、強国にとっては、法を侵犯することも法を執行することもともに容易であり、その結果、弱国の諸権利は危険にさらされることになる。強国は、小国から実効的な制裁を加えられることを心配せずに小国の権利を侵害することができる。強国は、自国の権利が侵害されたという口実の下に、小国に対して執行措置に訴えることができる。その場合には、大国の主張するような、小国による国際法違反が実際に発生していたのかどうか、あるいは、仮に小国の側に国際法違反があったとしても、それが大国のとった措置を正当化するに足るほど重大な違反であったかどうかはもはや問題とはならない。

小国は、自己の権利をまもるためには、強力な友好国の支援を求めざるをえない。そのようにしてのみ、小国は、自己の権利を侵害しようとする企てに首尾よく対抗できるという希望を抱くことができる。このような援助が提供されるかどうかは国際法上の問題ではなくて、個々の国家によって考えられる国益の問題であり、したがって個々の国家は、国際社会の弱国を支援すべきかどうかを決定しなければならない。いいかえれば、国際法を執行する試みがなされるかどうかは、あるいは、その試みが成功するかどうかは、法的な配慮ならびに法を執行するメカニズムの公平な作用に主として依存する、というのではないのである。法執行の試みとその成功は、ともに、特定の場合における政治的考慮と実際の権力配分によって左右される。したがって、強国によって脅かされている弱国の権利の擁護は、その特定の状況において作用しているバランス・オブ・パワーによって決定される。このようにして、一九一四年に、ベルギーの権利はドイツの侵害から擁護されたが、それはたまたま、ベルギーの権利を保護することが強力な近隣諸国の国益にとって必要であると思われたからである。同様に、一九五〇年に南朝鮮が北朝鮮によって攻撃されたとき、アメリカおよびフランス、イギリスのようなアメリカの同盟国は、極東におけるバランス・オブ・パワーならびにアジア全域の領土的安定の維持についての利害関心によって南朝鮮への援助に出かけたのである。他方、コロンビアの権利は、同国からパナマ共和国が独立するきっかけとなった一九〇三年の革命をアメリカが支持したときに、そして、フィンランドの権利は、一九三九年にソ連に攻撃されたときに、それぞれ侵害されたが、加害者は全く罰を受けなかったか、あるいは、フィンランドのケースにおけるように、実効的な制裁という形でのいかなる干渉も受けなかった。そこには、これら諸国をあるいは保護しえたかもしれないバランス・オブ・パワーは何ら存在しなかったのである。

しかしながら、現実の状況は、先の分析から想像されるほど暗たんたるものではない、ということが指摘されなければならない。大多数の国際法規は、実際の強制力がないにもかかわらず、すべての諸国によって一般に遵守されている。というのは、国際法に基づく義務を尊重することが、概して、すべての関係諸国の利益にかなっているからである。国家は、その首府に滞在している他国の外交官の権利を侵害するのをためらうであろう。なぜなら、国家にとっては、自国の首府にいる他国の外交代表に対してだけでなく、外国の首府にいる自国の外交官に対しても保護を与える国際法規が普遍的に遵守されることが利益であり、しかも、それは、他のすべての国の利益とも合致するからである。同様に、国家は、通商条約に基づく義務を無視するのをためらうであろう。なぜなら、その国家が相手締約国によるこの条約の履行から期待する利益は、相手締約国がこちらの条約義務履行に期待するものと対《つい》をなすからである。このように、国家は、取引から生じる自国側の義務を履行しないことによって得られるところのものよりも、失うところの方が大きいことがある。このことは、長い目で見ればとくにそうである。通商条約の義務にそむくことで定評がある国は、自国に有利な通商条約を締結することが容易ではないことを知るからである。

大部分の国際法規は、このように一致ないしは相互補完的な諸国の利害を、法律用語で表わしたにすぎないのである。国際法規が、一般的にいって、おのずから執行され、特別の執行措置を必要としないのは、このような理由からなのである。根底に共通の利益があるにもかかわらずこのような国際法規が実際に侵犯される場合、その大部分の事例においては、自発的にかまたは裁判の結果のいずれかによって、被害者側に対し救済が与えられる。そして、過去一世紀半において下された何千というこうした判決のうちで、敗訴当事者が判決の自発的履行を拒否したのは一〇件に満たない、ということは注目に値する。

こうして大多数の国際法規は、一般的には、国際法の執行制度の弱さによって影響されることはない。というのは、国際法規が履行される限りにおいては、法執行の問題はそもそも生起する余地がないからである。しかし執行の問題は、少数ではあるが重要なそして一般の注目を集めるような事例においては、にわかに深刻さを帯びてくる。そして、これら少数の事例こそわれわれの議論の文脈においてとくに重要なのである。なぜなら、そこでは、国際法の履行とその執行が、関係諸国の間の相対的な力関係に直接かかわってくるからである。すでにみたように、このような事例においては、国際法を履行するかしないか、執行するかしないかは、法的考慮によるというよりむしろ力の要件によって決定される。このような状況を矯正し、国際法の執行機能に、せめて外見的にでも客観性と集権性とを与えようとして、二つの試みがなされた。しかし、それらの試みは二つとも失敗した。しかも、それは同じ理由からであった。試みのひとつは、保証条約という形をとったが、その起源は近代国際システムの初期にまでさかのぼることができる。それにひきかえ、もうひとつの試みである集団安全保障は、国際連盟規約によって初めて打ちだされたのである。

保証条約

「条約は誠実にまもられるべし、という神聖かつ不可侵の義務が、必ずしも条約が実際にまもられる確実な保証とはなりえないという悲しむべき経験にかんがみ、人類は不誠実に対する安全保障――すなわち締約当事者の信義とはかかわりなく、義務の遵守を強いるための手段――を獲得することに努めてきた。これらの手段のうちのひとつである。講和条約その他いかなる条約を締結する国も、その条約が遵守されることに対して絶対的な確信がないときには、その条約が有力な主権者によって保証されることを求める。『保証』は、保証者は、条約の諸条件を確認し、それらの遵守を確保することを約束する。締約当事者のいずれか一方がその約束の履行を回避しようとする場合には、保証者は武力を行使する義務を負わされることもありうるので、保証者という地位は、いずれの主権者も、軽々しくあるいは十分な理由がない限り引き受けたがらないのが普通である。君主は、当該条約が遵守されることに間接的利益を有するか、あるいは、友情という動機によって促されない限り、保証者という地位をめったに引き受けようとはしない。(21)」

一八世紀の最も偉大な国際法の権威であるヴァッテルのこのような叙述は、保証条約が締結される動機とその法的内容とを十分に説明しているだけでなく、保証条約が、真に中央集権化された国際法執行機関に代わるものとしては多くの問題を内包しているということも的確に示唆している。

最も単純な型の保証条約は、近代史上最初の保証条約と考えられているものによって例示される。それは、イギリスが保証した、フランスとアラゴンとの間の一五〇五年のブロア条約である。すなわちそこでは、イギリスが、両当事者がこの条約に誠実であるかどうか見守ると約束することによって、この条約の実施について警察官としての役割を果たす法的義務を引き受けることが表示されていたのである。

さらに発展したタイプの国際保証は、たとえば、一八五六年のパリ条約および一八七八年のベルリン条約の署名国によるトルコの領土保全の保障、ならびに、一八三一年、一八三九年および一八六七年の条約の署名国によるベルギーとルクセンブルクの中立の保障において、それぞれみいだされる。いわゆるロカルノ条約の一部をなす一九二五年一〇月一六日の相互保障条約において、イギリス、ベルギー、フランス、ドイツおよびイタリアは、「独逸《ドイツ》国白耳義《ベルギー》国間及独逸国仏蘭西《フランス》国間ノ国境ヲ基礎トスル領土ノ現状ノ維持及該国境ノ不可侵〔ヲ〕……各別ニ及共同ニ保障ス」べきことがうたわれた。このタイプの保証条約においては、一国ではなくて複数の国家——一般には、すべての大国とまではいかなくともほとんどすべての大国――の集団が、いかなる侵犯者――それが誰であろうと――に対しても、それら諸国が保証した法規を執行することを個別的にあるいは集団的に誓約している。

二つのタイプの条約はいずれも、中央集権的執行機関に代わるものとしてみずから機能を果たすためには二つの前提条件を満たさなければならない。すなわち、保証条約は実効的に実施されなければならず、しかも、その実施は自動的なものでなければならない。しかし実施の実効性はまたもやバランス・オブ・パワーの関数なのである。つまりこの実効性は、保証諸国と法侵犯国との間の力の配分に依存する。力の配分は、とくに集団的保証の場合には保証国側に有利となるが、必ずしもそうとばかりは限らない。とりわけ、現代の戦闘条件の下では、法を侵犯するたったひとつの強国が、法を遵守する大多数の国の足並みそろえた圧力にも抵抗するというような状況を容易に想定することができる。

しかし、保証の実効性を概して損なうのは、保証を適用するさいの不確実性である。国際法の権威ある教科書のひとつは、保証国が保証条約に違反することなく条約の実施を回避することができる多くの抜け穴を適切に指摘している。オッペンハイム＝ローターパクトは、この点を次のように述べている。

「しかし、………約束した援助を被保証国に供与するという保証国の義務は、多くの条件と状況とに依存する。まず第一に、被保証国は、保証国に援助の供与を要請しなくてはならない。ついで第二に、保証国は、いざというときに、要請された援助を供与することができなければならない。しかし、たとえば、保証国が第三国との戦争を遂行中のため身動きがとれないときとか、あるいは、保証国が国内の混乱またはその他の要因により非常に弱体化していて、保証に乗り出したりするとみずからを重大な危機にさらすことになりそうなときには、援助の要請に応じる義務がないとされる。さらにまた、被保証国の行動方針について保証国がかつて与えた助言に被保証国が従わなかったときは、援助を供与することは保証国の義務ではない(22)。」

いいかえれば、国際法の履行を強制行動によって保証する義務は、紛争を国際裁判所の裁定に付託する義務よりも厳格なものではなく、事情が許す場合には、むしろそれよりもゆるやかである。いずれにせよ、付託義務にも保証義務にも、条件や留保や例外規定がついていて、どんな場合にも義務の履行を免れることができるようになっているので、実際には無意味なものとなっている。実用性という点からみれば、保証条約があろうとなかろうと、国際法の分野における執行機能の分権性という点ではちがいがないのである。

集団安全保障

集団安全保障は、完全に分権化された法執行制度の不備を克服するための、未曽有の最も遠大な試みである。伝統的な国際法が、国際法規の執行を被害国にゆだねているのに反し、集団安全保障は、国際社会の全構成国——それらの国々が特定の場合に被害を受けたかどうかを問わず——による国際法規の執行を考えているのである。したがって、将来における法侵犯国は、国際法を擁護するために自動的に集団行動をとるすべての国家の共同戦線と対峙することをつねに予期しなければならない。理念としては、集団安全保障には欠陥がない。つまり、集団安全保障は確かに、諸主権国家からなる社会における法執行問題について理想的な解決を提示しているのである。しかし、この集団安全保障という理念を実行するためになされた二つの試み、すなわち国際連盟規約第一六条および国際連合憲章第七章は、理想にはるかに及ばないものである。その結果、この二つの機構の構成国の実際の行動もまた、これら二つの文書によって認められた集団措置とは全くかけ離れてしまった。

国際連盟規約第一六条

国際連盟規約は、今日では、歴史的な興味をとどめているにすぎないが、規約第一六条[23]の最初の三項は、集団安全保障制度を実施した先駆的な試みとして十分に意義がある。これら三項に規定された集団安全保障システムが発動されるのは、当初から、ひとつの型の国際法侵犯の場合に限定されている。つまり、規約第一二条、第一三条および第一五条に掲げられた国際紛争の平和的解決に関する規定に違反して戦争に訴えた場合である。[24]その他のすべての国際法違反については、一般国際法が定める、個別化され分権化された執行制度しか用いる手段がないのである。

第一六条の最初の三項を発動させる国際法違反は、次の四つの法効果をもたらす。(1)法侵犯国は、「他ノ総テノ聯盟国ニ対シ戦争行為ヲ為シタルモノト看做ス」。(2)他のすべての連盟国は、完全なボイコットによって、国際社会の他の構成国とのいっさいの交通から法侵犯国を隔絶する法的義務を負う。(3)連盟理事会は、連盟国に対して、侵犯された連盟規約諸規定を擁護するために使用されるべき軍隊の提供を勧告する法的義務を負う。(4)連盟国は、集団行動を実施するにあたり、相互に一切の経済的・軍事的援助を与える法的義務を負う。

これら諸規定を文字どおりに受け取るならば、(1)、(2)および(4)の点に関しては、集団的性格をもつ自動的義務が設定されているように思われる。しかし、明らかに最も重要である(3)の点に関しては、規約が定めているのは勧告にすぎず、したがって、そこでは連盟国は自己の裁量においてそれを受諾するか拒否するかの絶対的自由を保障されている。そのうえ、(1)、(2)および(4)の諸点の文言も、実は欺瞞的である。というのは、一九二一年に連盟総会によって採択され、一般に、法的にはともかく事実上は有権的なものとみなされている解釈決議が、第一六条の義務的、自動的要素を事実上除去し、規約上の明白な義務を、連盟理事会の道義的権威以外には支えのない単なる勧告に引き下げてしまったからである。㉕

まず第一に、この解釈決議は、第一六条の明白な目的とは対照的に、国際法違反が行なわれたかどうかを、したがってまたそもそも第一六条を適用すべきかどうかを決定するのは個々の連盟国の義務であることを宣明することにより、連盟の制裁を、個別化され分権化された性格のものとしてしまった。さらに、この決議の解釈するところによれば、(1)の点は連盟国に対して、法侵犯国との戦争に訴える権利を与えてはいるが、規約の文言から読みとれるところとは異なり、この点に関して法的義務を設定してはいないとされる。(2)および(4)の点に関しては、解釈決議は、法侵犯国に対抗するために、また相互に助け合うために、どのような措置をとるかについての決定を個々の連盟国にゆだねている。連盟理事会は単なる調整機関として行動するにすぎず、したがって、いかなる時期に、いかなる諸国によって、どのような措置がとられるべきかについて勧告をする権限は有するが、個々の加盟国をそれぞれの意思に反して拘束する権限は有しないのである。

要約すれば、第一六条の下で行動をとる義務は依然として分権化されたままではあるが、行動をとることが個々の加盟国によってひとたび決定された場合には、その行動は、連盟理事会の中央集権的な指示に基づいて実施されるというわけである。前述の解釈決議は、多数の国々が個々に決定する強制行動の様式を中央集権化するうえで、一歩前進したといえる。だが、強制行動の義務的、自動的性格に関しては、この決議は、義務的裁判については留保が果たしているのと同じ機能を、保証条約については例外と限定が果たしているのと同じ機能を果たしている——すなわち、同決議は、法的義務たるべきものから義務的性格を完全に抜き去っている——のである。

総会決議による第一六条の焼き直しは、法執行の分権的性格を再確認したに等しい。連盟の慣行が示しているように、連盟国は焼き直された第一六条が定める制裁の集権的な実施のためのわずかな機会さえも利用したがらないのである。第一六条に基づく集団強制措置は、連盟の一加盟国が明らかに連盟規約に違反して戦争に訴えた五件の事例のうち、一件だけにつき適用された。一九三一年に勃発した中日紛争〔満州事変〕に関して、連盟総会は、「戦争宣言なくして、中国領域の一部が、日本軍によって強制的に略取され占領された」[26]こと、ならびに、日本によって開始された広範囲にわたる敵対行為が、中国政府軍と日本軍との間に発生したことを全会一致〔日本を除く〕で認めた。しかし、同時に、連盟総会は、日本が連盟規約に違反して戦争に訴えたのではなく、したがって、第一六条は適用されないことも認めたのである。

一九三二―五年のチャコ戦争の最中の一九三四年に、パラグアイが連盟規約に違反してボリビアに対し敵対行動を続けていたとき、多くの連盟国は、当初は交戦国双方に向けられていた武器の禁輸をパラグアイだけに限定した。これは、第一六条一項の精神と文言をはるかに下回る差別的措置であった。一九三七年に、当時すでに連盟を脱退していた日本が中国を侵略したとき、連盟総会は、日本が一九二二年の九カ国条約およびブリアン・ケロッグ条約を侵害したこと、第一六条が適用されうること、したがって、同条に基づき連盟国は個別的に強制措置をとる権利を有することを認めた。しかし、このような措置はついにひとつもとられなかった。ソ連が一九三九年にフィンランドに対して戦争を開始したときには、同国は規約第一六条四項によって連盟から除名されたが、ソ連に対して集団的強制行動は全くとられなかった。

以上の事例とは対照的に、連盟総会は一九三五年に、イタリアのエチオピア侵入が連盟規約にいう「戦争開始」(resort to war)に該当ししかも連盟規約の違反を構成すること、したがって、第一六条一項が適用されねばならないことを認めた。その結果、イタリアに対する集団的経済制裁が決定され適用された。だが、第一六条一項に基づく二つの経済措置、すなわちイタリアに対する石油の禁輸ならびにスエズ運河の封鎖は、それらが実行されれば当時の状況の下で国際法の優越性を確立するにまたとない機会を提供し、なおかつ十中八九まではイタリアにエチオピア攻撃を思いとどまらせたであろうにもかかわらず、ついに実行されずに終わった。H・ローターパクト卿は、次のように指摘している。「しかしながら、形式的には第一六条一項の制裁が発動されたとはいえ、そして、今後引き続き少しずつ実現することを期待して法執行のための精巧な機構が設けられたとはいえ、実際にとられた措置の性格から考えると、抑圧措置というものは、実効的な強制手段というよりは道義的非難の表明として採択されてきたように思われる[27]」。

したがって、国際連盟規約第一六条に基づき法執行体系を確立しようとしたさまざまな試みを要約すれば、制裁が加えられてしかるべき事例の大部分において、制裁が全く加えられなかったというにつきる。しかも、制裁規定は、それが適用された唯一の事例においても、適用の態様があまりにも非実効的であったため、制裁の失敗と、頑強に反抗する国家の成功とを事実上保障することになったのである。

第三九条から第五一条までをもって構成される国連憲章第七章は、分権化された国際法執行制度の弱さを克服する試みであるという点で、国際連盟規約第一六条に相応する。そういう観点から見れば、国連憲章第七章は、集権的な法執行機関の設立に向かって長足の進歩を遂げている。国連の法執行制度の核心をなす憲章第三九条、第四一条および第四二条は、国際連盟規約またはその他あらゆる国際法規定によって企図されたものをはるかに凌駕している。しかし、憲章第三九条、第四一条および第四二条は、三つの重要な限定条件および例外に従うものであり、これらの限定条件および例外は、以下にみるように、右諸条文が規定する法執行の集権化を制約し、かつ、特定の状況の下ではこれを無効にさえしているのである。

国際連合憲章第七章

国際連盟規約は、同規約が侵害されたかどうかの決定を個々の連盟国にゆだねていた。規約第一六条を解釈する決議四は、「規約が侵犯されたかどうかを決定するのは、各連盟国の義務である」と規定している。決議六に従えば、連盟理事会は、この点につき何らの決定をもなさず、道義上の権威をもつにすぎない勧告だけを行なうこととされている。これとは対照的に、国連憲章第三九条は次のように規定する。「安全保障理事会は、平和に対する脅威、平和の破壊又は侵略行為の存在を決定し、並びに、国際の平和及び安全を維持し又は回復するために、……第四一条及び第四二条に従っていかなる措置をとるかを決定する」。どのような状況で強制措置がとられるべきかを有権的に決定するのは安全保障理事会であって、個々の加盟国ではない。このような決定は、その執行が個々の加盟国の自由裁量に依存する勧告ではなくて、個々の加盟国を拘束する。各加盟国は、憲章第二五条において「安全保障理事会の決定をこの憲章に従って受諾し且つ履行することに同意」しているからである。

安全保障理事会による、同種の、拘束力ある有権的な決定は、特定の場合に適用される強制行動を決める。この場合にも、個々の加盟国の自由裁量が介入する余地は全くない。第四一条において掲げられている経済制裁に関しては、安全保障理事会は、「決定する」ことができ、かつ、この決定に従うように加盟国に「要請する」ことができる。第四二条に規定されている軍事的措置に関しては、安全保障理事会は、「………行動をとることができる」。安全保障理事会による軍事的行動を可能ならしめるために、第四三条は、加盟国に、「国際の平和及び安全の維持に必要な兵力、援助及び便益を安全保障理事会に利用させる」義務を課しており、第四五条は、とくに、「合同の国際的強制行動のため」の空軍部隊に関してこの義務を強調している。これらの義務は、加盟国と安全保障理事会との間の協定をとおして履行されることとなっており、その協定によって、「兵力の数及び種類、その出動準備程度及び一般的配置並びに提供されるべき便益及び援助の性質」が決定されるべきこととされている。

上記の協定は、憲章第七章の強制制度における唯一の分権的要素をなしている。というのは、加盟国は、安全保障理事会の軍事的努力に対するおしるし程度の寄与以上のものに同意することをあらかじめ拒否することによって、安全保障理事会がいずれ決定を下したときにその加盟国に課せられる義務を、それだけ制約できる立場に立つからである。あるいは、協定の締結を頭から拒否することで、加盟国は、安全保障理事会が決定する軍事的強制行動に参加する義務を完全に回避することができる。いいかえれば、憲章第七章の強制装置のうちの軍事的要素は、それが存在し機能することに個々の加盟国が個別的に同意する場合にのみ、存在し機能することができるにすぎない。ただし、個々の協定によって割当部隊がひとたび設置されれば、少なくとも国連憲章の範囲内では、安全保障理事会が最上位におかれ、締約国の裁量権は消滅するに至る。

しかし、実際問題としては、加盟国は、この協定の締結後でさえも、安全保障理事会の「要請」に留意することも、あらかじめ同意された割当部隊と軍事的便益を安全保障理事会に利用させることも拒否する――それは第四三条の義務違反であるが――ことができる。加盟国は、このようにして、安全保障理事会を行動不能にすることもできるのである。そのような行動は、上官に対する「反抗」の一種であり、その意味で違法行為といえようが、あらゆる軍事組織はそのような反抗が生じる可能性を、当然考慮に入れておかなくてはならない。ただ、国際連合の軍事組織は、他の軍事組織とは異なって、法の主体〔加盟国〕が任意の協定によってそのような軍事組織を存在させることを引き受けてくれなければ、軍事組織そのものがそもそも成立しえないという可能性があるのである。

憲章第四三条に基づく協定がひとつも締結されていないので、法執行のための軍事的措置に関する憲章の諸規定はこれまで死文のままであった。そのため、憲章第一〇六条が適用される。第一〇六条は、上記の協定が存在しない場合に、アメリカ、イギリス、ソ連、中国およびフランスが、「国際の平和及び安全の維持のために必要な共同行動をこの機構に代ってとるために相互に及び必要に応じて他の国際連合加盟国と協議しなければならない」と規定している。この条項があるために、国連憲章は、国際連盟規約第一六条や一般国際法にみられる武力行使の分権性に逆戻りする結果となった。すなわち、法定立および裁判のところで、国際法の基盤をなしていることがわかった、個々の国家の意思——すなわち分権性——は、国連の軍事組織の成立に関する限り、また、軍事組織が成立するに至らない場合には憲章を擁護するための武力の行使に関する限り、現在なお法執行の本質をなしているのである。

国連憲章第七章の強制制度のこのような制約は、必ずしも根源的な性格を有するものではない。というのも、第四三条が規定する協定が締結されさえすれば、この制約は自動的に問題とならなくなるからである。しかし憲章は、相異なる性格をもつ二つの規定を含んでいる。これら規定の機能は、第一〇六条が想定しているような偶発性に依存するものではない。これら二つの規定は、第七章の強制制度の機能を必然的かつ恒久的に制約している。そのひとつは第五一条であり、他のひとつは第二七条三項である。

第五一条は、「この憲章のいかなる規定も、国際連合加盟国に対して武力攻撃が発生した場合には、………個別的又は集団的自衛の固有の権利を害するものではない」と規定している。国家の法執行機関が存在しない場合に、攻撃に対して相応の実力をもって対処するという個別的自衛は、集権的法執行に対する例外として、国内法たると国際法たるとを問わず一切の法体系において権利として認められている。個別的自衛権は、仮に第五一条によって明確に認められなかったとしても、国際連合の法執行の仕組みを制約することになろう。他方において、集団的自衛権は、法律用語に新しく加えられた術語であり、言葉の上で矛盾しているとさえ考えられるかもしれない。第五一条が明らかに目的としているものは、いかなる国も、直接に攻撃を受けたか否かを問わず、このような攻撃を受けたいかなる国をも援助する権利があることの承認である。しかし、このことは、一般国際法の伝統的な原則を再確認することにほかならない。つまり、法侵犯国に対して国際法を執行するのは被害国であり、国際法の実現をはかるために被害国が頼りにできるのは他国の任意の協力にすぎないのである。国際法違反が武力攻撃という形をとる限りにおいて、第五一条は、直接に被害を受けた国に対してだけでなく、他のすべての諸国に対しても、法執行の分権性をあらためて確認しているのである。

第五一条のこのような再確認には三つの限定条件がついていることは事実であるが、それらは、実体的性格を有するというよりは、言葉のうえだけのものである。第一に、集団的自衛権をとりうるとされているのは、「安全保障理事会が国際の平和及び安全の維持に必要な措置をとるまでの間」だけである。第二に、集団的自衛権としてとられた措置は、ただちに安全保障理事会に報告しなければならない。そして、第三に、このような措置は、安全保障理事会がしかるべき行動をとる権能および責任に対してはいかなる影響も及ぼすものではない。

第二の限定条件は、安全保障理事会が、新聞、放送および通常の外交経路をつうじてすでに受けたはずの情報と重複することになるために明らかに余分なことであり、他方、他の二つの限定条件は、安全保障理事会においてどのような事態が発生する可能性が大きいかを考えれば、実際問題としてあまり重要でないといえよう。AがBに対して武力攻撃をなし、C、DおよびEが陸、海、空軍をもってBを援助する場合には、とくに現代の戦闘条件の下では、既成事実が先行し、安全保障理事会がとる強制措置はその既成事実に適合させられざるをえなくなる。空襲は行なわれてしまい、戦闘は遂行されてしまい、領土は占領されてしまうことであろう。つまり、集団的自衛権の名の下に全面戦争が開始されてしまうであろう。安全保障理事会は、その戦争を停止させて、戦争の代わりにみずから強制措置をとるなどということは及びもつかず、その戦争に条件付きで——しかも、その条件たるや、すでに全面的な敵対行動に入っている個々の交戦国の戦略に必然的に従属せざるをえないのだが——参加できるにすぎないのである。複数の国が足なみをそろえて行なう戦争も、集団的自衛措置として開始されさえすれば、法的・政治的な祝福と国際連合の積極的な支持を受けることも十分ありうる。だが、そのような措置が、戦争という本来的な性格を失うことはまずないであろうし、安全保障理事会の指示に従って強制行動へと変容することもほとんどないであろう。

拒否権　国際連合の強制システム——それは、国連憲章第七章の諸規定の下で安全保障理事会がとるすべての行動に影響を及ぼすのだが——の真のかなめは、憲章第二七条三項である。第二七条三項は、「安全保障理事会の決定は、常任理事国の同意投票を含む九理事国の賛成投票によって行われる」と規定している。第二三条によれば、常任理事国とは、中国、フランス、イギリス、ソ連およびアメリカである。このことは、憲章第七章の強制装置が機能するためには、五常任理事国のすべての同意が必要であるということを意味する。安全保障理事会の他の一四の理事国のすべてが同意したとしても、常任理事国のいずれか一国が反対しただけで、いかなる強制措置の実施も不可能となる。いいかえれば、常任理事国のそれぞれの国が、憲章第七章に従ってとられるいかなる強制措置についても拒否権を有するのである。

このようにして、拒否権は、国連の法執行制度の機能を各常任理事国の意思にかからしめることによって、この法執行制度のなかに分権性の原則を再び導入している。すでにみたように、憲章第七章の諸規定そのものは、法執行の集権化に向かっての大きな前進ではあるが、それらは、せっかくの集権化の効果の大部分を奪う第二七条三項を念頭において読まれなければならない。もっと具体的には、第二七条三項は、ここでわれわれがとくに関心をよせている機能の遂行、すなわち国際面での権力闘争に対して効果的な抑制を課すことについて、憲章第七章の諸規定を無力化させているのである。この点に関して拒否権がもたらす三つの結果は、とくに注目に値する。

まず最初に、拒否権は、集権化された法執行措置が常任理事国のいずれかに対して適用される可能性を頭から排除している。常任理事国は、このような強制措置の対象とされそうな場合には、第三九条によって安全保障理事会が下すことになっている決定、すなわち、「平和に対する脅威、平和の破壊又は侵略行為」が存在し、それゆえに強制措置を適用するための法的根拠が存在するという決定を、拒否権によって簡単に葬り去るであろう。したがってそのような強制措置を問題として取り上げることさえ、拒否権によって阻止されるのである。

第二に、安全保障理事会が、第二七条三項の規定に従って憲章の強制装置を作動させることができると仮定しても、それは、中小諸国――つまり、常任理事国のなかには含まれておらず、集権的強制措置を拒否権によって不可能にすることのできない諸国――に対してのみ可能であるにすぎない。しかも強大国の拒否権のことを考えれば、このような措置は、これら中小諸国に対してさえ、全く例外的な状況の下においてのみ適用されるだけである。国際政治はいまや構造化されているので、中小諸国の多くは、国際舞台を左右する二大国のいずれか一方と緊密に結びつけられている。中小諸国は、緊密な関係にある大国の勧めあるいは少なくとも承認なくしては、憲章第七章に基づく強制措置を招くような国際法違反をなすことはないであろう。仮に大国との間にそのような緊密な関係がなかったとしても、二つの小国間の現状変更は、それが世界のどこで起ころうと、安全保障理事会の常任理事国である強大国の相対的な力関係に直接的な影響を与えることになろう。現代の世界的規模における政治的・軍事的戦略が、そうした現象を不可避的なものとしているのである。

したがって、これら常任理事国が、中小国に対する強制措置に全会一致の同意を与えるかどうかは、国際法上の問題に依存するというよりは、むしろ常任理事国の間の力関係に依存するところの方が大きい。常任理事国はもしも現実の力の抗争において相互に敵対関係になければ、集権的強制措置に同意することも十分にありうる。というのも、そういう場合には、常任理事国は、相争う二国間の力関係における将来のいかなる変容をも比較的冷静に見守ることができるからである。他方、二つまたはそれ以上の常任理事国が権力抗争に積極的に参加している場合――したがってまた、上述のような強制措置がこれら強国の権力地位に直接の関係をもたらすとき――には、常任理事国の全会一致の同意をとりつけることは不可能となるであろう。なぜなら、少なくとも常任理事国のうちの一国は、もし強制措置に同意すれば、友好同盟国を強制措置の対象とすることによって、その国の立場を弱めるだけでなく自国の立場をも弱めることになるからである。いいかえれば、その常任理事国は、自国の国益と信じているものに反する立場をとらざるをえないことになるからである。このような不測の事態は、もちろんめったに起こることではない。いずれにせよ、憲章第七章の集権的強制措置の実施は、個々に行動する安全保障理事会の常任理事国の裁量にかかっている。したがって、憲章第七章によってかなりの程度にまで達成された法執行の集権化は、第二七条三項によって大きく損なわれているのである。

最後に、拒否権は、集団的自衛権を憲章第七章の集権的強制制度の下におくために第五一条が定めたもろもろの限定条件を、実際問題として排除してしまっている。なぜなら、多数の国々によって集団的軍事行動がとられる場合に安全保障理事会の常任理事国がひとつとしてどちらの側にも関係していないということはとうてい考えられないからである。いずれにせよ、このような状況においては、第二七条三項に基づく常任理事国の全会一致という条件は、安全保障理事会がいかなる行動をとることも阻止するし、その場合、分権的な自衛措置が、あたかも国連などというものが存在しないかのごとくに幅を利かすことになろう。さもなければ、常任理事国の全会一致という条件は、すでにとられた分権的措置に対して安全保障理事会の追認をもたらす、というのが関の山である。いずれの場合においても、拒否権が現実に使われるかあるいは使われるかもしれないという懸念がつきまとうために、安全保障理事会は、すでにとられた分権的措置が厳然として存在するときに、それとは全く別個に集権的措置をとるということはできないのである。

したがって、国連憲章がうたっている制度が一般国際法上の制度と異なっているのは、法強制制度の実際の作用においてではなくて、その法的可能性――現在の世界の諸条件の下においてほとんど実現する見込みはないのだが――においてであるにすぎない。このような制度のすべてにとって最も重要な任務は、権力闘争に対して実効的な抑制を課すということである。ところが、国連は、この任務の遂行が最も必要とされる場合――すなわち、強大国がからんでいる場合――に、それを果たすことが全くできないのである。というのは、憲章第二七条三項が、大国を、憲章に基づいてとられるべきいかなる強制行動も及ばないところにおいているからである。また他の諸国についてみても、憲章第五一条および第一〇六条が、第三九条、第四一条および第四二条に基づく一般的義務に対する広範な留保として作用している。安全保障理事会が法執行の分野において実効的な行動をとるのを妨げているのは一般的政治情勢そのものであるが、それというのも、そのような情勢が、第二七条三項とからまることによって安全保障理事会の常任理事国の間の関係に影響を及ぼすからである。

「平和のための統合」決議

国際連合の集団安全保障制度のこのような弱さは、一九五〇年六月における北朝鮮による南朝鮮侵略に対してその制度が適用されたときに明らかになった。安全保障理事会は、ソ連が一時的に同理事会に欠席し、したがって同国が関連決議に対して拒否権を行使することができなかったという事実によって初めて、北朝鮮に対して憲章の集団的安全保障規定を適用することができたのである。ソ連が安全保障理事会に復帰するに伴って、総会は、国連の集団的措置を組織する責務の遂行を要請されるに至った、というわけである。集団安全保障措置に関する総会の機能は、憲章第一〇条および第一八条によって、三分の二の多数をもって加盟国に勧告を行なうことに限られている。勧告に従うかどうかは、勧告が向けられた国の自由裁量にゆだねるというのが、勧告の本質である。それゆえ、このような勧告によってとられた集団安全保障措置は、完全に分権化されている。

朝鮮戦争の経験は、安全保障理事会が集団安全保障機関としてのその機能を果たすことができないこと——そのことは現在の世界情勢の下でも不変である——を、大部分の国連加盟国に認識させた。もし国連が集団安全保障のために何らかの措置を将来とることができるとすれば、それは総会によってとられなければならないであろう。そこで、総会は、一九五〇年一一月、総会を集団的安全保障を組織するための主要機関にまで強化しようとして、いわゆる「平和のための統合」決議を採択した。この決議の主要点は、次の五つである。

(1) 総会は、安全保障理事会が、国際の平和と安全のためのその第一義的責任の遂行を拒否権によって阻止された場合には、二四時間以内に会合することができるという規定。

(2) そのような場合に、総会は、軍隊の使用を含む集団的措置を加盟国に対して勧告することができるという規定。

(3) 各加盟国は、いざというときに国連軍としてただちに勤務することのできるような部隊を自国軍隊内につくっておくという勧告。

(4) 国際的緊張が存在するすべての地域における視察と報告とを目的とする平和監視委員会の設置。

(5) 国際連合憲章に従って国際の平和および安全を強化するための方法と手段について研究し、かつ報告する集団的措置委員会の設立。

集団的措置委員会は、定期的に総会に報告を行なっており、総会は、報告を受けるたびに同委員会の作業を承認し、その作業に対する加盟国の留意を要請する決議を採択してきた。

総会は加盟国に行動を命令する権利をもたず、行動を起こすよう加盟国に勧告する権利を有するにすぎない、という事実にかんがみ、「平和のための統合」決議ならびに集団的措置委員会の作業の目的も、総会が迅速かつ効果的な行動を勧告した場合に、加盟国がそのような行動をとる意思と能力とを強化するというにとどまる。したがって、集団的措置委員会が、個々の加盟国にしかるべき措置をとるよう促すこと、このような措置が二つ以上になった場合にそれらを調整すること、ならびに、国際連合専門機関による助言と補足的措置とに支持を与えることを、おもな任務としてきたのはむしろ当然である。

つまり、「平和のための統合」決議も集団的措置委員会も、こうした根本的な制約の下で機能しなければならないために、総会が加盟国に対して勧告することのできる法執行措置の分権的性格を修正しようと試みることは許されないのである。加盟国は、あいかわらず、みずからが適当と考えるところに従って、このような勧告に応ずるかどうかを自由に決定できるのであり、その点は、以前と少しも変わっていない。このような分権性こそは、構造的な基礎そのものをなしているのであり、「平和のための統合」決議も、集団的措置委員会の機能も、すべてこの基礎の上に成り立っている。前記の決議と措置委員会は、いわば、この分権性を是認したうえで、分権的強制行動を、そのような分権的行動としては可能なところまで実効あるものにしようと努力しているのである。(28)

その意味では、国際法の執行は実際には、国連憲章の下でも、国際連盟規約および一般国際法の下におけると全く同様に、あいかわらず分権化されている。集権的な法制度がもつ実効性を国際法に対して与えようという試みが繰り返されるたびに、もろもろの留保や限定条件や一般的政治情勢――これが現代国際システムの下では諸国家の行動を制約しているのである――が、集権的機能を確立するために設定されたいろいろな法的義務を水泡に帰せしめてきたのである。

国際法の法定立機能を改革しようとする共同の努力は、これまでついぞなされたことがなかったが、司法機能および執行機能を改革しようとする試みは、継続的に行なわれてきた。しかし、そのような試みのひとつひとつに対して、国際法の分権的性格が厚い壁として立ちふさがってきた。そういうことを考えると、分権性というのは、国際法の本質そのものであるとさえ思われる。そして、その分権性を不可避的なものにしている根本原則こそは、ほかならぬ主権という原則なのである。

第一九章　主　権

主権の一般的性格

主権の原則が国際法の分権的制度の弱点と密接な関係があることを知っている人は、主権の性質とか、主権が現代国際システムにおいて果たす機能とかを理解しようと真剣に努力することよりも、むしろ主権の原則を非難することの方が多い。その結果、若干のすぐれた学者の輝かしい業績にもかかわらず、主権という用語の意味についても、また、特定の国の主権と何が両立し何が両立しないかについても多くの混乱がみられる。

現代の主権概念は、領域国家という新しい現象との関係で、一六世紀の後半に初めて形成された。主権とは、法律用語においては、当時の基本的な政治的事実――特定領域内で立法および法執行の権限を行使する集権的権力の出現――を指していた。当時、主として絶対君主に付与されていた――もちろん例外もないではなかったが――この権力は、その領域内に存在していた他のもろもろの勢力よりも優位にあった。一世紀も経つうちに、この権力に対してあえて挑戦をするものは、領域のなかからであろうと外からであろうといっさい存在しなくなった。いいかえれば、主権は最高の権力として定着したのである。

三十年戦争の終結までには、特定の領域に対する最高権力としての主権というのは、一方では皇帝と法王の普遍的権威に対する領域君主の勝利を意味し、他方では封建領主の独立志向に対する領域君主の勝利を意味する、ひとつの政治的事実となっていた。フランスの住民は、国王《ロイヤル・パワー》のほかには誰も、彼らに対して命令を下し、その命令を執行することができないことを知った。そして、個々のフランス国民のこのような経験は、イギリス国王やスペイン国王によっても同様に経験されることとなった。フランス領域内においてはフランス国王の権威が最高であり、フランス国王自身の許可を得るかまたは戦争でフランス国王を打ち破らない限り、イギリス国王もスペイン国王もフランス領域内では自己の権限をいっさい行使できなくなったからである。しかし、イギリス国王やスペイン国王は、フランスにおいてこそ何の権力ももたなかったとはいえ、彼らは自己の領域内では、それぞれ排他的な権力を有していたのである。

当時の人びとの経験のなかにあらわれたこのような政治的諸事実は、中世の国家理論によっては説明がつかなかった。主権論が、これらの政治的諸事実を法理論にまで高めた結果、これらの事実は道義上の承認を受けただけでなく、法的にも認められなければならないとの印象を与えるに至った。君主が自己の領域内で最高権威を有するということは、いまや、政治的問題であるにとどまらず、法的な問題ともなったのである。君主は、人定法――すなわち、あらゆる実定法――の唯一の淵源であり、しかも、みずからはその法の支配を受けなかった。君主は法の上の存在（*legibus solutus*）であった。しかし、君主の権力は、決して無制限ではなかった。なぜなら、君主といえども、ときとして彼自身の良心のなかにあらわれ、ときとしては自然法として人間の理性のなかに啓示される、神の法の拘束から脱却することはできなかったからである。

主権論は、近代史をつうじてその重要性を保持しつづけてきたと同時に、国民主権という概念によって、国民的民主国家なるものに有力な政治的武器を提供した。しかし、主権はまた、何度も解釈し直され、修正され、攻撃を受けてきたが、それは、国際法の分野においてとくに著しかった。主権のこのような疑義と受難は、現代国際法の本質をなしている次の二つの仮説の明白な論理的矛盾に由来する。すなわち、そのひとつは、国際法は個々の国家に法的抑制を課すものだという仮説であり、他のひとつは、まさにその同じ国家が主権者――すなわち、法定立・法執行の最高権威――であって、しかもみずからは法的抑制を受けないという仮説である。しかし実は、主権は、強力で効果的な――集権化されるがゆえに――国際法制度との関係においてのみ矛盾するのである。分権化され、したがって虚弱で非効果的な国際法秩序とは、主権は全く矛盾しない。それというのも、国家主権こそが、国際法の分権性、虚弱性および非実効性の淵源そのものにほかならないからである。

国際法は、二重の意味において、分権化された法秩序である。第一に、国際法規は、原則としてその規則に同意した諸国家だけを拘束する。第二に、同意したことによって拘束力を生じた国際法規の多くは、非常に曖昧模糊としており、しかも多くの条件や留保によってその適用が限定されているために、国家は、国際法規に従って行動することを要請されたときはいつでも、きわめて広範な行動の自由を有している。後者すなわち第二のタイプの分権性は、国際法の司法機能および執行機能の面にみいだされるのに反し、前者すなわち第一のタイプの分権性は、法定立の分野においてきわめて重要な意味をもっている。

比較的少数の国際法規だけは、国際社会の構成国の同意を得るまでもなく成立する。これらの法規というのは、解釈原則や罪刑法定主義のようにいかなる法体系の存在にとっても論理的に不可欠な前提条件であるか、あるいは、個々の国家の管轄権の範囲を決定する原則のように多数国家の併存システムの存在にとって論理的に不可欠な前提条件であるか、のいずれかである。この種の原則は、国家の同意があったかなかったかにかかわりなく、すべての国家を拘束するのであるから、共通《コモン》国際法または必要《ネセサリー》国際法、つまり、現代国際システムの必然法（*jus necessarium*）と呼んでよいであろう。これらの原則が拘束力を有するということは、個々の国家の主権を損なうことにはならない。それどころか、この拘束力のおかげで、法概念としての主権が成立するのである。というのは、個々の国家の領域管轄権に対する相互尊重なくしては、また、その尊重の法的強制なくしては、国際法ならびに国際法に依拠した国家併存システムというものは、明らかに存在しえないからである。

これら少数の共通国際法および必要国際法を別とすれば、国家を拘束する国際法規に関しては、個々の国家が最高の法制定権威となる。個々の国家が同意することによってみずから創造した国際法規以外には、それらの国々を拘束する国際法規というものは存在しない。国家よりさらに地位の高い法制定権威は存在しない。つまり、ある国家に対して他の国家または国家の集団が法を制定する権限を有するということはありえない。したがって、国際法における法定立機能の分権性は、主権という原則が、法定立問題に適用されたために生じる現象にほかならないのである。

いま言及したばかりの唯一の限定〔すなわち共通または必要国際法〕を除いて、法定立機能についていえることは司法機能および執行機能にもそのままあてはまる。個々の国家は依然として、紛争を国際裁判に付託するかどうか、またどのような条件で付託するかを決定する最高権威であり、他のいかなる国も、紛争の付託に同意しない国家を国際裁判所に召喚することはできない。このような同意が一般的な形で与えられている場合もないではないが、その場合には、具体的事件における国際裁判所の管轄を国際法に違反することなく回避できるように、あらかじめ留保がついているのが普通である。ここでもまた、国際裁判の分権性は、司法機能の面にあらわれた国家主権の別名にすぎないのである。

法執行の分野において主権を論述するにあたっては、二つの状況が区別されなければならない。法執行機関としての国家の主権は、司法分野における主権と全く同一である。すなわち、法を執行するための行動を起こすかどうか、またどのような方法をとるかについての究極的な決定は、個々の国家の意思にかかっている。他方、法執行行動が差し向けられる対象国の主権は、いわゆる国家の「不可侵性」という形であらわれてくる。いいかえれば、特定の領域においてはひとつの国家だけが主権——最高権威——をもつことができること、そして他のいかなる国家も、当該国家の同意なくしてその領域で統治行為を遂行する権利をもたない、ということである。したがって、国際法が定める、戦争に至らないあらゆる執行行動は、頑強に反抗する政府に対して外交抗議、干渉、復仇および封鎖のような手段によって圧力をかけることに限られており、それらの手段はいずれも、法侵犯国の領域主権そのものまでをも損なうことはない。国際法に基づく法執行の極端な形態としての戦争は、この原則に対する唯一の例外である。なぜなら、一方で自国の「不可侵性」を擁護しつつ、他方で、敵国の領域を侵すのが戦争の本質そのものであり、国際法は、占領国がその軍隊により占領した外国領域において主権を行使することを認めているからである。

法定立機能、司法機能および執行機能の完全な分権性が、いずれも主権そのものの発現形態であるにすぎないように、次に述べる国際法の三原則も、主権概念と同義であり、主権概念の副産物にほかならない。これらの原則とは、独立、平等および全会一致の三つである。

主権の同義語——独立、平等、全会一致

「独立」とは、個々の国家の最高権威の、ある特定の側面のことであり、他のいかなる国家の権威をも排除するという形をとってあらわれる。国家が最高権威——すなわち

特定領域内での主権者——であるということは、論理的には、国家が独立していること、ならびに、その国家に上位する権威が存在しないことを意味する。したがって、各国家は、条約あるいはさきに共通国際法または必要国際法と呼んだものによって制約されない限り、その自由裁量に従って自国の国内問題および対外問題を自由に処理することができる。個々の国家は、みずからの意にかなう憲法を発布する権利、自国の国民に対してどんな効果を与えるかにかかわりなくみずからが欲するどのような法規をも制定する権利、ならびに、いかなる政治形態をも選択する権利を有する。個々の国家は、自国の対外政策を貫徹するために必要とみなすどのような種類の軍事体制をも自由にもつことができる。そして、その対外政策も適当と思うとおりに随意に決定することができるのである。

独立というものが条約によってそれが否定されない限りすべての国家に不可欠の属性であるように、国家の独立を尊重する義務は、国際法の不可欠の原則である。干渉を禁止するというこの原則は、それが条約によって否定されていない限りすべての国家に向けられている。一九三一年に国際連盟は、関税同盟を設立しようとしたドイツ・オーストリア間の条約に対して干渉した。この干渉は、オーストリアが自国の独立を損なうおそれのあるいかなることもしない旨を約束した条約規定があったからこそ、正当化されたのである。オーストリアがみずから自国の行動の自由を制約したこのような特別の義務がなかったなら、オーストリアは、自国の意にかなうどのような条約をも、自国が選択するどのような当事者とも随意に締結しえたであろう。ここでの論議の目的からすれば、個々の国家の対外政策に対するいかなる制約も共通国際法上は存在しないことを認めるだけでなく、他のすべての国家の対外問題の処理に干渉してはならないという、共通国際法ですべての諸国に課せられた積極的な義務をも認めることが、肝要なのである。

「平等」もまた、「主権」の同義語であり、主権のある一局面を示すにほかならない。すべての国家がその領域内では最高の権限を有するとすれば、いかなる国家もその権限を行使するにあたって他のいかなる国家に対しても従属的な関係に立つということはありえない。それと反対の義務が条約によって定められていない限り、いかなる国家も、どのような法規を制定し執行すべきかを他のいずれの国家に対しても命令する権利をもたず、他国の領域内でどんな法規が制定され執行されようと関知しない。主権者である以上、諸国家は、自国の領域内で直接に作用する、自己以外の法制定ないし法執行権に服するということはありえない。国際法は、対等関係にある——すなわち、従属関係におかれていない——主体の間の法である。諸国家は、国際法には服するが、相互に従属したり従属させられたりすることはない。いいかえれば、諸国家は平等なのである。したがって、国連憲章第二条が、「この機構は、そのすべての加盟国の主権平等の原則に基礎をおいている」と、主権と平等という言葉をわざわざ重ねて使っているのは、同条が、主権の原則とその論理的帰結である平等の原則の重要性を強調しているからである。

ところで、この平等の原則から、国際法の基本原則のひとつ——すなわち法定立機能の分権性に対して、またある程度は法執行機能の分権性に対して責任を負うべき原則——が導き出される。それが、すなわち、全会一致の原則である。全会一致の原則とは、法定立機能との関係についていえば、国家はその規模、人口および国力にかかわりなく、すべて平等であることを意味する。国際社会のために新たな法を創造するいずれの国際会議においても、パナマの票は、アメリカの票と同等の価値をもっており、両国を拘束する新しい国際法規を作成するためには、両国の投票が必要とされるのである。もしそうでなければ、強大国は、会議の代表権の面において認められた優越的地位を利用して、弱小国の同意を得ずしてこれら諸国に法的義務を課すことができるであろう。このようにして、強国はその権威を小国の領域内で至高のものにし、ひいては小国の主権を破壊することになろう。いかなる場合でも、全会一致の原則は、審議に参加する各国に対して、審議を尽したうえで採択された決定に拘束されることを望むかどうかみずから決定する権利を与えるのである。決定に法的効力を与えるために参加国のすべての同意が必要とされているところではつねに、各国は、その決定に反対するかまたは同意を与えないことによって、決定の成立そのものを妨げる権利を有するのである。

ところで、厳格な全会一致の原則とは対照的に、拒否権は、異議をとなえる国を会議の決定に基づくいかなる法的義務からも免れさせる効果をもつのみならず、法制定または法執行過程まで停止させてしまう結果をもたらすのである。全会一致の原則は主権の論理的帰結であるが、拒否権についてはそうはいえない。全会一致の原則は、「私が同意しない限り、あなた方の決定は私を拘束しない」と宣明する。拒否権は、「私が同意しない限り、いかなる決定も成立しえない」ことを明らかにする。いいかえれば、拒否権は、参加国のすべてが同意する範囲内で共同決定をまとめることで折り合うか、あるいは、決定を全く行なわないことにするか、という二者択一を審議参加国に対して迫るのである。破壊的であると同時に創造的でもあるというこの機能の二重性に関する限り、拒否権は、単なる主権の発現以上のものである。この点については、あとでさらに述べることにしよう。(1)

主権ではないもの

主権とは何かを検討したあとで、われわれは、主権ではないがしばしば主権であると考えられているものについての論議に立ち入ることにする。

〔一〕主権というのは、法的抑制からの自由のことではない。国家がその行動の自由をみずから制約する法的義務をたくさん負ったからといって、そのことがただちに主権に影響を及ぼすものではない。したがって、ある国に対して耐え難いほどの義務を課すような条約はその国の主権を害するものである、というよく聞く議論はおよそ無意味である。主権に影響を及ぼすのは、法的抑制の量ではなく、その質である。国家は、このような法的抑制が法制定・法執行の最高権威たる国家の特性に影響を及ぼさない限り、いかに大量の法的抑制を引き受けようとも、なお主権者でありうる。しかし、国家の権威に影響するものであれば、たった一項の法規定だけで、国家の主権を破壊するに十分である。

〔二〕主権とは、伝統的に個々の国家の自由裁量にゆだねられているすべての事項、または、国際連盟規約第一五条八項および国連憲章第二条七項が規定するように、個々の国家の国内管轄に属するすべての事項について国際法による規律から免れうる、ということではない。そもそも国際法が規律する事項と国際法が関与しない事項との間の関係そのものが、流動的である。この関係は、個々の国家が遂行する政策と国際法の発展とに依存する。したがって、たとえば、個々の国家の移住政策についての国際的規律が国家の主権と両立しない、と主張することは人を誤らせるものである。この主張は、関係諸国があらかじめ同意しなかった国際的規律についてのみあてはまるものである。移住事項に関する国際条約を締結したとしても、それは締約国の主権に何ら影響を及ぼすものではない。

〔三〕主権とは、国際法の下における権利・義務の平等ではない。権利や義務における顕著な不平等も、主権とりっぱに両立できる。平和条約は、軍事編成の規模・質、軍備、要塞化、賠償、経済政策および対外問題一般の処理に関して、しばしば敗戦国の行為能力に大きな制約を課している。しかしそれによって、敗戦国がその主権を奪われたということにはならない。ドイツ、オーストリア、ハンガリーおよびブルガリアは、一九一九年の平和条約が課した一方的な法的義務にもかかわらず、なお主権国家であった。同平和条約は、チェコスロヴァキア、ポーランドおよびルーマニアのような他の幾つかの国々をとくに取り上げ、自国民のなかの特定の人種、宗教上の少数者の処遇に関して特別の義務を負わせている。ルーマニアは、ブルガリア、モンテネグロおよびセルビアと同様、同国を主権国家と認める一八七八年の条約そのものによって、このような国際的義務を課されたのである。他国が拘束されていない法的義務に従わねばならない国々は、これらの法的負担から免れたいという彼らの要請を正当化するために、しばしば主権および平等の原則を援用した。しかし、このような事例における問題点は、つねに条約の改正ということであって、主権ではなかったのである。

〔四〕主権は、政治、軍事、経済または技術の面における現実の独立ではない。これらの面において国々が実際に相互依存関係にあり、また、ある国々が他国に対して政治的、軍事的、経済的に一方的に依存しているという事実によって、若干の国々が独自の内外政策を遂行するのが困難になったり不可能になったりすることは十分ありうる。しかし、そうした事実も、これらの国々の領域内における法制定・法執行の最高権威――すなわち、それらの国々の主権――には影響を及ぼさないのが普通である。[3] これらの国々は、みずからが欲するような法規や、より有力な国家ならば制定し執行できるような法規を、現実の動かし難い諸条件のゆえに制定し執行できないことがある。しかし、そのことによって、これらの国々が、国際法に基づいて負っている義務に抵触しない範囲内でみずからの意にかなう法規を制定し執行するという権限まで排除されるわけではない。国家間の現実の不平等ならびに相互依存は、主権者と呼ばれる法的地位には何の関連性ももたない。パナマは、その政策と法の選択においてはアメリカよりもはるかに制約されているが、それでもアメリカと同様にれっきとした主権国家なのである。

主権はどのようにして失われるか

それでは、国家は、どのような条件の下で、その主権を喪失するのか。どのような国際法規が、また、国際法規によって設立されたどのような種類の国際機構が、実際に主権と矛盾するのか。主権を損なうことのない法律上および実際上の不平等と、独立を破壊する国家の権威の損傷との間の境界線は、どこに引くべきであろうか。

理論的にいえば、これらの設問に答えることは少しもむずかしくない。主権とは、ある領域内で法を制定し執行する国家の最高の法的権威であり、ひいては、他のあらゆる国家の権威からの独立であり、国際法の下における他の国家との平等である。それゆえに、国家は、自国が他国の権威の下におかれて、自国の領域内で法規を制定し執行する最高の権限を他国が行使するときにその主権を喪失するのである。こうして、主権は、二つの異なる方法で失われる。

国家は、自国における法制定および法執行活動に関する究極的権威を他国に与える法的義務をみずから負うかもしれない。A国は、自国の憲法上の機関が制定するいかなる種類の立法に対しても、あるいはまた自国の執行機関が遂行するいかなる法執行行為に対しても、拒否権を行使する権利をB国に譲渡することによって、その主権を喪失することになる。この場合、A国政府が、A国の領域内で実際に機能する唯一の法制定・法執行権威であることに変わりはないのだが、いまやそれがB国政府の制御のもとにおかれているがゆえに、A国の権威はもはや最高のものではない。B国政府は、このような制御を行なうことによって最高権威となり、したがってA国領域内における主権者となるのである。

主権が失われるもうひとつの方法は、国家の領域の「不可侵性」といわれるものを喪失することにある。ここでは、A国政府が、法制定・法執行権威としての地位をB国政府に奪われて、B国政府が、自国の機関を通じて、A国領域内で法制定・法執行機能を遂行する。A国政府は、自国領域内における権威を全く喪失し、名目上かつ外見上存続するにすぎないものとなり、実際の統治機能はB国の機関によって遂行される。

しかし、これらの抽象的基準を現実の状況および具体的問題に対して適用するとなると、大きな困難につきあたる。主権喪失問題に伴って生じる混乱の根底にあるのは、現代の法理論および政治理論においては、主権概念と、それが法的表現を与えるはずの政治的現実とが隔絶されているという事実である。

今日、主権は、一六世紀に初めて唱えられたときと同様に、ある政治的事実を指し示している。その事実とは、ある一定の領域内では、相争う関係にあるいかなる人または人びとの集団よりも強大な権力をもった人または人びとの集団が存在するということであり、しかも、それら最強者の権力——それが永続するためには制度化されなければならない——は、その領域内で法規を制定し執行する最高権威としてあらわれるということである。こうして、一六世紀とその後数世紀の絶対君主は、理論上の仮説または法解釈の問題としてではなく、政治的事実として、自己の領域内における最高権威——すなわち主権者——であった。絶対君主は、一方において法王や皇帝より強力であり、他方において封建領主より強力であった。だからこそ、絶対君主はそのいずれからも干渉を受けることなく、法規を制定し執行することができたのである。

同様に、アメリカの領域内では、今日、連邦政府が主権者である。なぜなら、連邦政府の権力に挑戦することができるほどの超国家的権威は存在しないし、その権力に挑戦しようと考えるような地域的または機能的権威も、アメリカ国内には存在しないからである。このような主権は、一六世紀におけるフランスの絶対君主の主権と同様に、国内における権力の現実の配分の結果である。したがってそれは、主として、南北戦争における、南部同盟に対する連邦軍の勝利の結果である。もしも、みずから立法しその法を執行できるほど強力で連邦政府の統御も及ばないような政治的または経済的組織体によって、アメリカ国内における連邦政府の最高権威が損なわれるとするなら、中世末期に領域国家が神聖ローマ皇帝の権威の代わりに自己の最高権威をもってしたときに同皇帝が直面したのと同じような状況が起こるかもしれない。そうなれば、アメリカは、多数の地域的または機能的単位に分裂し、連邦政府は、神聖ローマ皇帝のようにしばらくの間は主権的権力が備えている法的属性と尊厳とをなお保持できるかもしれないが、やがてはこのような地域的または機能的単位が実際には主権者となるであろう。

以上の論議から次の四つの結論が導かれる。

(1) 主権の所在は、次の二つの基準により決定される。すなわち、(a)当該国の政府が、どのような点において、他国政府によって法的に統御されているか、(b)いずれの政府が、当該国の領域内で現実に統治機能を遂行しているか。

(2) 主権の所在は、法解釈の問題であるだけでなく、政治的判断の問題でもある。[4]

(3) 主権の所在は、ある領域内における現実の権力の配分が落着するに至るまでは、一時的に未定ということもありうる。

(4) 同一領域における主権は、二つの相異なる権威に同時に帰することはできない。すなわち、主権は不可分である。

以上四つの結論に照らして多数の歴史的状況を分析すれば、われわれは、どのような国際的義務が主権と両立しどのような国際的義務が主権と両立しえないか、というとくに重要な問題を考えつつ、これまでに論述した主権概念がどの程度まで有用かを測ることができるであろう。

〔一〕一九四七年におけるインドの独立宣言以前は、インド諸州とイギリスとの関係は諸条約によって規律されていた。これらの条約は、インド諸州の内部行政に関しては独立を保障しながらも、他方、イギリスに対しては、これら諸州を侵略から保護する権利、諸州の対外問題の処理、および諸州の内部行政についての全般的監督権をゆだねていた。インド諸州政府の大部分は、自己の領域内では事実上完全な支配権をもっていたが、その反面、これらの政府はイギリス政府によって完全に支配されていたのであり、したがって主権者ではなかった。そして、イギリスの裁判所もインドの裁判所も、そのように判示してきたのである。

〔二〕このような状況を、アメリカとキューバの間の一九〇一年のハバナ条約に盛り込まれたいわゆるプラット修正と対比してみるのは有益なことである。プラット修正によってキューバは、その独立を損なうようないかなる国際条約も結んではならないし、また、キューバ領域内のどこかの部分についての支配権を外国に対して与えるようないかなる国際条約も締結してはならない、という義務を負うこととなった。さらにキューバは、通常歳入で返済しきれないようないかなる負債も負ってはならないとされた。キューバは、流行病や伝染病の再発を予防するために、都市の衛生施設を備えなければならなかった。また、キューバは、アメリカ大統領との間で合意に達した地点において、給炭基地または海軍基地のために必要な土地をアメリカに売却しまたは貸与〔租貸〕しなければならなかった。これらの規定は、内外問題におけるキューバの自由裁量を通常の範囲を超える程度にまで制約し、キューバ領域の特定部分に対する主権を放棄する義務までをも同国に負わせている。しかし、これらの規定は、キューバ政府の代わりにアメリカ政府を、残りのキューバ領域における法制定・法執行の最高権威とはしていないので、キューバの主権全体にまでは影響を及ぼさなかったのである。

ハバナ条約第三条に関しては、事態はそのように単純なものではない。同条は、「………キューバ政府は、アメリカが、キューバの独立を保持するためには、そして、生命、財産および個人の自由を保護するに十分な政府を維持するためには、干渉権を行使できることに同意する………」と規定している。干渉権の発動に関して第三条が定める条件は、アメリカの自由裁量を事実上無制約のまま放置するに等しいほど一般的なので、同条は、アメリカ政府に対して、キューバ政府にとって替わる権利を与え、ひいてはキューバの主権を破壊する権利を与えたことになる。アメリカ政府がこの権利を最大限に利用し、キューバ政府に対する支配を恒久的に確立することに決定したならば、キューバはイギリス自治領下のインド諸州が主権国家でなかったと同様の意味において、もはや主権国家ではなくなっていたであろう。他方、アメリカが、ハバナ条約第三条に規定されている権利を行使しなかったならば、キューバの主権は損傷を受けずにすんだであろう。なぜなら、そこでは、キューバ政府は、実際の法制定・法執行作用において、外国の支配から永続的に免れたであろうからである。つまりキューバは、法的には外国に支配される可能性があったにもかかわらず、依然としてその国家領域内での最高権威たりえた、ということになろう。

しかし実際には、アメリカは、ハバナ条約第三条に基づく権利を利用して、一九〇六年から一九〇九年までキューバ領域を軍事占領下においたのである。この期間をつうじて、キューバ領域内での最高権限は、キューバ政府によってではなくアメリカ軍隊によって行使された。したがって、キューバ政府はもはや主権者ではなかった。キューバ政府が、一九〇九年におけるアメリカ軍隊の撤退後ただちに主権を回復したかどうかという設問に対する解答は、キューバに関するアメリカのその後の政治的意図如何《いかん》にかかっていた。アメリカ政府が、同国は将来ハバナ条約第三条を利用しないということを一九〇九年に明確にしたからこそわれわれは上記の設問に対して無条件にかつ肯定的に――

すなわち、キューバは主権を回復したと——解答することができたわけである。将来の意図がそれほど明確に示されなかったとすれば、われわれの設問への解答は、一九〇九年の時点においては、アメリカがどのような政策をとる公算が大きいかという推測から導かれたであろう。アメリカがキューバの国内問題に干渉する条約上の権利をもっているにもかかわらず、はたして、同国が干渉権を行使しないという政策をとる公算は大きかったであろうか。もし大きかったとすれば、主権はキューバ政府に戻されたことになろう。それとも、アメリカは、自国とキューバとの間の少なくとも重要な意見の相違をすべて自国に有利に決定するためにハバナ条約第三条に訴えるだろう、と考えられていたであろうか。もしそう考えられていたとすれば、キューバ領域内での最高権威は、アメリカに譲渡されたことになるであろう。この設問は、ハバナ条約第三条を廃棄しかつキューバ政府の主権を明確に再確立した一九三四年五月三一日の条約によって、初めて確定的に解答が与えられたのである。

このように、主権の行使というのは、法律用語を用いて定義づけられはするが、本来的には政治的事実なのである。したがって、政治権力を行使する主体がある政府から他の政府へ徐々に移るにつれて主権の所在も変わっていくのは、むしろ当然である。主権の所在は、法律文書の解釈によるというよりは、むしろ、政治的状況の的確な評価によってつきとめられるべきものなのである。⑤

〔三〕ある国家が他の諸国家との関係で負っている法的義務の量が多いからといって、それだけで当然にその国の主権が影響を受けるものでないということは、さきに指摘したとおりである。しかし、そのような論述は、上記の考察に照らして、慎重に検討されなければならない。国家が、いかに多数の国際条約を締結して自分の行動の自由を制約したとしても、その国家の主権が喪失されないことは確かではあるが、その国家に残された行動の自由が、現代の諸条件の下でいかなる政府もそれがなくては自国領域内でその権威を維持できないほど基本的な法制定機能および法執行機能をもはや展開させえなくなった場合には、その国家は主権を喪失した、ということになるであろう。いいかえれば、主権の問題を決定するのは、法律上の関与の量そのものではなくて、それが政府の政治的統御の内容に与える影響なのである。

原子力の軍事面における現実の重要性ならびに経済面、社会面における将来の重要性を考えると、原子力の効果的な国際管理が実現されれば、それによって、管理を行なう機関の権限はその機関が活動する領域内で至高のものとなるであろう。一個の政治的事実として、そのような機関は当該領域内で最高の権限を行使することになるわけである。なぜなら、その管理は、国際的というよりはむしろ超国家的なものになると考えられるからである。諸国家の政府は、たとえ原子力以外の分野においてどれほど大きな自治権をもっていようとも、主権を喪失してしまうことになるであろう。

次の二つの歴史的事例は、この問題を明確なものにすると思われる。そのひとつは、安全保障理事会常任理事国と他の国連加盟国との関係であり、他のひとつは、安全保障理事会以外の国際機構における全会一致の原則からの離脱〔すなわち多数決制度の導入〕に付随する個々の国家の地位である。

国際機構における多数決制度

安全保障理事会の常任理事国は現在まで主権を保持してきたが、国際連合の他の加盟国はすでに主権を失っている、ということが――国際連合憲章第二七条三項にかんがみて――しばしばいわれてきた。第二七条三項の文言自体はこのような解釈に手を貸している。というのも、安全保障理事会の常任理事国と非常任理事国との関係、および安全保障理事会理事国と国連の他の加盟国との関係に関する限り、全会一致原則に代わって多数決原則がとられているからである。いいかえれば、安全保障理事会の「常任理事国の同意投票を含む九理事国の賛成投票」は、安全保障理事会のすべての理事国ならびにすべての国連加盟国を拘束するのである。もしこのような多数決投票によって、個々の加盟国がもつ法執行の諸手段が国連にゆだねられ、憲章義務に執拗に違反する加盟国に対して国連がこれらの手段を自由に使うことができるとするならば、安全保障理事会は、同理事会の常任理事国ではない加盟国に対して真に最高権威を有することになろう。安全保障理事会が、これら加盟国の政府に代わって、主権者となることも考えられる。第二七条三項に憲章第三九条、第四一条および第四二条を結びつけて考えれば、(6) そのような成り行きも法的には可能であるが、それが現実に達成されるかどうかは、三つの政治的条件にかかっている。ただし、現在はこれら条件のいずれも存在していないし、これら三条件のすべてが、近い将来において同時に存在するとも思われない。

第一に、安全保障理事会がいやしくも実際的な法執行機関として存在するためには、同理事会の五常任理事国間の政治的融和の法的表現たる全会一致がなければならない。第二に、第四三条以下の規定に従って、加盟国が軍隊を安全保障理事会の自由にまかせることに同意するとしても、その軍隊は国連の兵力が、いつ動員されても無法国の兵力よりも圧倒的に優勢たりうるよう質量ともに十分なものでなければならない。いいかえるなら、国連の兵力がいかなる一国あるいは連合しそうないかなる諸国家の兵力よりも強大であるよう、世界中の軍事力が再配分されなければならない。第三に、各加盟国は、憲章に基づく義務、とりわけ軍事協定に基づく義務を誠実に履行しなくてはならない。

各加盟国は、安全保障理事会が決定した国連の共通の利益のために、自己の国益を犠牲にしなければならない。これらの三条件が今日すでに達成されているなら、あるいは近い将来において達成される可能性が少しでもあるならば、国連憲章は、安全保障理事会の常任理事国ではない加盟国の国家主権をすでに奪ったかあるいは奪いつつある、と確かにいうことができるであろう。

同様に、もろもろの国際的機関における不平等代表権と多数決による決定は、それによって不利益を被る――あるいは、被るおそれのある――国々の主権と両立しえないという主張がしばしば提起される。二回にわたるハーグ平和会議において、真の国際裁判所の設置のためのあらゆる提案を挫折させたのは、まさにこの議論であった。この議論は、国際連盟および常設国際司法裁判所へのアメリカの加入に反対するためにひろく利用された。ここでもまた、法律面におけるそのような概括的な主張は、政治面における個々のケースの特質によって条件づけられる必要がある。そのような特質に照らしてみれば、不平等代表権および多数決原則は、主権と両立できるかもしれないし、両立できないかもしれない。それに対する答えは、全会一致原則から離脱することによって、従来は諸国家の政府の手にあった最高権威が国際機関に移ることになるかどうか、にかかってくるであろう。

すでにみたように、全会一致の原則が実現される可能性が全くない国際司法裁判所は別としても、立法、行政および執行機能を遂行しつつあるかなりの数の国際機関が、平等代表権および全会一致の原則から離脱している。ヨーロッパ共同体は、不平等代表権を定め、かつ、かなりの範囲においてそれぞれ別種の多数決投票を定めている。多くの国際機関は、財政的寄与の規模に基づいてその加盟国のもつ投票権の数を決定している。万国農事協会を設立する条約が、イギリスに二二票、アメリカに二一票、フランスに一九票、等々を与えたのも、分担金の額を基礎としてであった。国際通貨基金や国際復興開発銀行を設立する国際協定は、各加盟国の投票権の数を財政的寄与の規模と相関させている。そのため、アメリカは、これら両機関において、最小の投票権をもつ加盟国の一〇〇倍以上の投票権をもっている。多数決原則を明記した規定は、万国郵便連合、ダニューブ川国際委員会、国連食糧農業機関、国際民間航空機関、国連の経済社会理事会および信託統治理事会にみいだされる。国連憲章第一八条によれば、総会の各構成国は一個の投票権を有するものとされ、決定は出席しかつ投票する構成国の過半数によって行なわれる。第一八条二項が「重要問題」と呼んでいるものに関する決定には、三分の二の多数が必要とされる。

安全保障理事会は、その投票手続きと同様に、その構成においても、平等代表権の原則から離脱している。第二七条によれば、安全保障理事会の各構成国は一個の投票権を有し、手続き事項に関する同理事会の決定は一五構成国のうち九カ国の賛成投票によって行なわれる。しかし、第二三条によって常任代表権を認められている中国、フランス、イギリス、ソ連およびアメリカは、安全保障理事会が決定を下すにあたっては、総会によって定期的に選出される一〇の非常任理事国よりも優越した地位を自動的に付与されている。しかもこのような優位は、常任理事国が、第二七条三項に従い、非手続き事項〔すなわち、実質事項〕に関しては安全保障理事会の決定を拒否できる権利を有することによって、かなり強化されているのである。

平等代表権からのこのような離脱が関係諸国の主権に及ぼす影響についての評価は、このような離脱の結果これら諸国家の領域内での最高の法制定・法執行権威がどこに存在することになるか、という基準にもう一度照らして下されなければならない。この点に関して決定的なことはやはり、ある国がどのようにして、またどれだけ多数の事項および機構において表決に敗れたかではなくて、どのような種類の事項で表決に敗れたかである。ここでもまた、その基準は量的なものではなく、質的なものである。ある国が、国際郵便料金について、国際機関の多数決による決定を履行する法的義務を負っているという事実は、自国領域内における法制定の最高権威たるその国の資格に影響を与えるものではない。その国は行動の自由を放棄することに同意したのである。その場合でも、その国が行動の自由の放棄にみずから同意しない限りは、主権によって当然その国に行動の自由は存在したのである。その国は、主権までも放棄したのではない。

国家が、憲法の改正、宣戦布告、平和条約の締結、軍隊の規模・構成および活動、政府の構成ならびに財政政策のような事項を、現に活動中のいずれかの国際機関の多数決によって決定することに同意したならば、その国家は自己の主権を放棄したことになるであろう。その場合には、多数決原則を定めた国際協定によって、政治上の決定権が、その国の政府から国際機関に移されたことになるからである。その国の領域内で最高権力を保持し、ひいては、法制定・法執行の最高権限を行使することになるのは、もはやその国の政府ではなくて国際機関なのである。

現代国際社会においては、全会一致の原則からの離脱が個々の国家の主権に影響を与えるに至っていないことは、以上に述べてきたところから明らかである。国際裁判は、政治的に重要な事項が国際裁判所の多数決投票によって決定されるのを阻止するための念入りな安全装置に取り囲まれている。国際行政機構における多数決投票は、技術的事項——すなわち、諸国政府相互間または諸国政府と国際機関の間の権力配分にとって重要でない事項——だけを処理できるにすぎない。国連総会における多数決投票は、勧告の性質をもっており、したがって、加盟国を拘束するものではない。憲章第二七条二項に基づく安全保障理事会の厳しい多数決制度は、加盟国領域内での加盟国の最高権威とは何ら関係のない手続き事項だけを処理するにすぎない。安全保障理事会の主権が国家主権にとって替わるという可能性は、法的には第二七条三項に内在しているが、すでにみたように、現在または近い将来において実現する見込みは全くないのである。

主権は分割できるか

われわれは、近代世界において主権という問題をわかりにくくしてきた数多くの誤解のなかでも、最後の、そしておそらくは最も重大な誤解――すなわち、主権は分割できるという意見――について考えてみることにしよう。この誤解の解明は、現代国際政治における主権の役割および国際法一般の役割を評価するうえで役に立つであろう。世界平和のためには、国際機構に「われわれの主権の一部を移譲」しなければならないとか、われわれの主権をこのような機構と「共有」しなければならないとか、主権の本質的部分はわれわれが依然として保持するとしても国際機構は「制限された主権」をもつことになるであろうとか、またはその逆であるとか、「準主権」国や「半主権」国というものが存在するとかいう説は、しばしば耳にするところである。したがって、以下においては、主権が分割可能だという考えは論理に反しかつ政治的に実行し難いということ、ただし、この考えは、現代国際システムにおいて国際法と国際政治との実際の関係と、見せかけの関係との間の不一致を表わす重要な徴候であるということ、の二点を明らかにしてみよう。

主権が最高権威を意味するのであるとするならば、二つまたはそれ以上の実体——人びと、人びとの集団、または機関——が、同一の時期および同一の場において主権者たりえないことは、理の当然である。最高位にあるものは、論理的必然により、他の誰よりも優位にある。すなわち、最高位にあるものより優位にあるものとか、最高位にあるものと同位にあるものとかは、存在しえないのである。アメリカ大統領が全軍の最高司令官であるとすれば、他のいずれかのもの——たとえば国防長官——が、全軍に対する最高権威を大統領と共有しているのだと主張することは、論理的な矛盾である。中世の学説によれば、皇帝と法王との間で最高権威が分割されえたと同じように、アメリカ憲法も、職能上の境界に沿って、このような最高権威を大統領と国防長官との間に分割しえたかもしれない。その場合には、大統領が全軍の組織と配備に対する最高権威を有し、国防長官は軍事作戦に対する最高権威を有することにでもなろう。もし、このような権威の分割と機能の配分とが現実に生じたとすれば、最高司令官というものは存在しないことになるであろう。なぜなら、全軍に対して完全無欠の最高権力をもつものがいないからである。論理的にいって、最高司令官という職位はもはや存在しない。大統領が究極的権威をもって全軍を統轄するか、他のいずれかのものが統轄するか、あるいは誰も統轄しないかの、いずれかである。このような選択肢は、次にみるように、それらすべてが政治的に実現可能だとはいえないが、しかし、論理的にはいずれも考えられることである。それに反し、大統領と他の誰かが、同時に究極的な権威をもって全軍隊を統轄するということは、政治的に実現されえないだけでなく、論理的にも成り立たない。

国家のなかで主権的権威が果たす実際の政治的機能を考えてみれば、主権は、現実の政治においては分割されえないことが明らかになるであろう。主権とは、法制定・法執行の最高権威を意味する。いいかえれば、ある国家において、立法に関係あるもろもろの党派の間に意見の相違がある場合には、拘束力のある最終的決定を行なう責任をになう最高権威が主権者である。また、革命ないし内戦のように、法の執行が危機に直面した場合には、国法を執行する究極的責任をもつ国内の最高権威が、すなわち主権者なのである。このような責任は、どこか一カ所に存在しているか、どこにも存在しないか、のどちらかでなければならない。あちこちに同時に存在することはありえないのである。

サザランド判事は、「アメリカ対カーチス・ライト輸出会社」裁判において次のように判示した。「政治的な意味における主権というものは、最高意思の発出主体がどこか一カ所(一人)に定まっていなくては永続することはできない。主権が、いつまでも帰属不明であったためしはない」(7)。憲法が危機に直面し、主権の帰属先がはっきりしない場合――フランス第四共和国憲法のように、主権の所在に全く言及していないとみられる憲法も少なくない――には、一九五八年にフランス陸軍がそうしたように、憲法上の一機関がこの責任を勝手に買ってでるか、あるいは革命によって、ある主体――ナポレオンとか人民委員会議のようなもの――に、混乱状態を終わらせ秩序と平和を確立すべき最高権威が授与されることになろう。主権の所在に関して憲法がいろいろ異なった解釈の余地を残しているために、それが未定のままになっている場合には、最高権威を求めるものの間の政治的または軍事的闘争によってこの問題はいずれかに決着がつくであろう。内戦にまで発展したあげく連邦政府に有利な形で決着がついた、アメリカの連邦政府と諸州間の闘争は、上述のような事態の古典的事例のひとつである。

一七八七年の憲法制定会議の参加者は、たったひとりを除き(8)、分割された主権というものが論理的に成り立たず政治的にも実現しえないという単純な真理を、全く疑わなかった。主権を中央政府におくことを望むものと同様、主権を諸州に付与すべきであると考えるものも、主権が州または中央政府のいずれか一方に存在しなければならず、両者の間で分割されるということはありえないと信じていた。マディソンは、一七八七年四月八日、ランドルフ宛に、「諸州が個々に独立するというのは、完璧な主権という理念とは全く両立しえないというのが、基本的な問題点だと考える」[9]と述べている。ジェームズ・ウィルソンは、憲法制定会議の席上、次のように言明した。「各州がそれぞれ主権者であるのですべての州は平等である、といわれてきた。同様に、各人も自分自身に対しては主権者のようなものであるからこそ、すべての人が当然に平等なのである。それでは、人は、州政府（civil government）の一員〔州民〕となっても、州政府と平等の地位を保つことができるであろうか。いや、それはできない。主権者である州も、連邦政府の一員〔構成要素〕となれば、同じように、連邦政府と平等な地位を保つことはほとんど不可能である。仮にニュージャージー州が自己の主権を手離す意思がないとするならば、連邦政府について語ることは無駄である」[10]。ハミルトンの言葉に従えば、「二つの主権は同一の区域内に共存することはできない」[11]。諸州の主権を擁護するために、同様の指摘が、後にジョン・C・カルホーンによって次のようになされた。「だが、主権自体――最高権力――を、どのようにして分割することができるのか。どのようにして、それぞれの州の人民がある部分では主権者であって他の部分では主権者でない――つまり、部分的に最高権威であり、部分的に最高権威でないなどということがありうるのか。それは想像することもできない。主権は完全無欠のものである。主権を分割することはそれを破壊するということである[12]」。「これまでにずいぶんいろいろな説が唱えられてきたにもかかわらず、私は、主権とはその性質上分割できないものである、といいたい。主権は、州における最高権力であり、半主権などというものを論ずるのは、あたかも半四角とか半三角とかを論ずるのと同然である。主権的権限の行使と主権自体とを混同し、あるいは、主権的権限の委任と主権的権限の引渡しとを混同するのは、はなはだしい誤りである[13]」。

しかし、条約上の義務の「多少」によって国家主権が影響を受けるという考え方とは対照的に、連邦政府の主権を他の主権と識別する特性――したがってこのような特性は、連邦政府に従属するものの主権とは相容れない――として、政治的権威の質的な要素というものを的確に指摘したのは、マディソンであった。マディソンは一七八七年六月二八日、憲法制定会議の席上、次のように言明した。

「盟約《コンパクト》を締結するにあたって、主権諸州の平等性から引きだされる論議の誤りは、単なる条約と盟約とを混同するところにある。単なる条約というのは、条約当事者自身を拘束するある種の特別な義務と、ある当事者の統治下にある人びとが他の当事者の統治下にある人びとと交流する場合に受けるべき待遇を相互的にうたった特定の規則とを定めるものである。それに反して、盟約というのは、締結当事者に優越しかつ当事者の政府に対して法を制定する権威を設定するものなのである。もし、フランス、イギリスおよびスペインが、モナコ大公およびヨーロッパにおける他の四ないし五の最小主権者と通商等の規制のための条約を締結することになったとしても、これら大国は、条約の相手当事国たる小国を対等のものとして待遇し、規則を完全に相互的なものとすることをためらわないであろう。しかし、もし、ひとつの議会がこれら大小各国の代表から成っていて、金銭を徴収し、兵を徴募し、貨幣価値を決定する等の権威と自由裁量権とを有するとするなら、事態は全く同じだといえるであろうか(14)。」

民主的な諸憲法——とくに、三権分立制度をとっているもの——は、主権の問題をわざと不明瞭にしており、主権的権限が明確に位置づけられる必要のあることを巧妙にはぐらかしてきた。というのも、主権が明確に位置づけられた最も顕著な事例は、ホッブズがリヴァイアサンと名づけた、何ひとつ拘束を受けない権威——それは法の淵源であるのみならず、倫理の淵源でもあり、社会的慣習の淵源でもある——であるが、民主的憲法のおもな関心事は、むしろ、ひとりの人間に与えられる権限を制約し統御するための制度を案出することにあったからである。こうして、憲法に関する通説は、絶対君主政体の無制約的権限とワンマン政府の危険とを懸念するところまでは正しかったのだが、その結果、主権的権威を法的統御および政治的抑制に服させる必要があることと、主権的権威を完全に除去することとを混同してしまったのである。通説は、民主政体を「人の支配する政府でなく、法の支配する政府」にしようと努力するあまり、民主国家であると否とにかかわりなくいずれの国においても、政治的権威の行使について究極的に責任を負うひとりの人またはひとつの人的集団が存在しなくてはならない、ということを忘れたのである。民主政体においては、そのような責任は、普通のときは潜在的状態にあり、憲法上のあちこちの規定やいろいろな法規をつきあわせてみて初めてその存在がおぼろげながらみてとれるにすぎない。そのために、そのような究極的な責任といったものは存在せず、かつてはひとりの人――つまり君主――の責任であった法制定・法執行の最高権威は、いまや対等な関係にあるもろもろの政府機関の間に配分されており、したがって、それら機関のいずれもが最高権威ではない、とひろく信じられているのである。あるいはまた、そのような権威は国民全体に付与されているとされるが、国民全体がそのような権威を行使するなどということは、もちろんありえない。しかし、このような究極的責任は、リンカーン、ウィルソンおよび両ルーズヴェルトの大統領在職期間にそうであったように、危急存亡のときや戦時にはにわかに顕在化する。そして、そのような顕在化をあとから正当化するという困難な仕事を憲法の解釈論にゆだねるのである。

君主政体であろうと民主政体であろうと、連邦国家においては、かつては主権者であったがもはやそうではなく、かといって、その事実を認めたがらない個々の州に対しては、せめて観念的な満足感ぐらいは与えられなければならない。そうするために、政治的慣行は、憲法のなかに「ご機嫌とり」の規定を幾つもおくというシステムを発達させてきた。個々の州の官吏および表徴に対して、主権国家の官吏および表徴に相当する栄誉を授けたり、また、主権国家についてだけ意味をもつ概念と憲法上の諸制度を州にも用いるのが、それである。(15) 連邦政府が主権者であることは憲法的にも政治的にも否定できないがゆえに、また、個々の州がもはや主権者ではないことは心理的に認め難いがゆえに、憲法理論は、連邦政府とこれら諸州との間に主権を単純に分割することで、政治的現実と政治的願望とを調和させようとする。ハミルトンとマディソンが、わずか一年で意見をがらっと変えたのは、まさにそのためである。すなわち、一七八七年の憲法制定会議の席上では主権の不可分性を断固として宣明した彼らが、一年後には、同じくらい熱心に主権の可分性を主張し、「ザ・フェデラリスト」において、新憲法に規定される主権的諸権限を諸州が連邦政府に賦与したとしても、諸州は主権を維持することができる旨を諸州に納得させようと努力するまでに至ったのである。⑯

政治的現実と政治的願望との間に観念的な橋をかけなければならないという、以上と同じような必要性のゆえに、主権分割論は、国際関係の分野ではひろく受け入れられてきた。一方では、民族国家というものが、かつてないほどに、個人の道義的かつ法的価値判断の有力な源泉となり、個人の世俗的忠誠心の究極的な目的となっている。したがって、個人にとっては、他の諸国家と比べて自国がどのくらいの権力をもっているか、そして、自国の主権をいかにしてまもるかが、国際問題における最大の政治的関心事なのである。そして、他方では、まさに、その権力および主権そのものが、現代の文明の諸条件の下では、他国の権力および主権と衝突することによって、ほかならぬその文明の存在を危うくし、ひいては国家自体の存在をも危うくさせているのである。

こうして、ナポレオン戦争の終結以来、人道主義者や政治家は、時代が進むにつれてますます頻繁かつ真剣に、現代国家間における権力闘争がもたらす自滅的な戦争を回避するための手段を探求してきたのである。しかし、国際舞台における権力闘争を抑制しようとするあらゆる試みをこれまで妨げてきた主要な障害物は、国家主権それ自体であることが、ますます——とくに近年に至って——明らかになってきた。法制定・法執行の最高権威が依然として諸国家の政府に帰属する限り、とりわけ現代の道義的、政治的および技術的条件の下では、戦争の脅威は不可避であるといえよう。その意味においては、自滅戦争がありうるという政治的現実が、国家主権をいつまでも保持していたいという政治的願望の前に立ちはだかっているのである。人びとはあらゆるところで戦争の脅威からひたすら逃れようとする一方で、それぞれ自国の主権を保持することをも切望している。しかし、もしも平和の代償が主権のすべてではなく、その一部分だけでよいとするならば、そして、もしも、戦争の可能性を小さくするために必要なものが、民族国家が主権を完全に放棄することではなく、主権を国際機構と共有することだけでよいとするならば、平和と国家主権とを同時に保つことも可能であろう。

一九四七年の春に行なわれた世論調査では、「あなたは、世界平和を維持するための国際警察軍を設立する運動にアメリカが参加すべきだと思いますか」という質問に対して、七五パーセントの人びとが「思う」と回答した。しかし、アメリカの軍隊が国際警察軍よりも小規模になってもよいといったのは全人口の一五パーセント、国際警察軍に賛成するもののうち一七パーセントにすぎなかったのである。「全人口のわずか一三パーセントだけが、アメリカが国際警察軍に参加することを望み、しかもその国際警察軍がアメリカの軍隊よりも大規模になることに同意している」[17]。いいかえれば、かなり多数のアメリカ人が、戦争を防止することのできる国際機構の設立に賛成しているのに対して、そのような機構に賛成するもののうちほんのひと握りの人たち――したがって、当然のことながら国民全体からみても、ほんのひと握りの人たち――だけが、法執行の最高権威――すなわち主権――をアメリカから国際機構に移すことに同意しているのである。大多数の人は、主権を自国と国際機構との両方にもたせることを望んでいる。つまり、彼らは、主権を「分割する」ことを望んでいるのである。この点については、国際警察軍の設立に賛成するもののうち三二パーセントが、アメリカ軍が国際警察軍よりも大規模であることを望んでいるのに対して、四一パーセントの人びと――ちなみにこれは、この問題によせられた回答のなかでは最も大きなパーセンテージである――が、両者が同等の規模であることを望んでいる。彼らは、主権の五〇パーセントをアメリカに残しておき、他の五〇パーセントを国際機構に与えるという形で、主権を公正に「分割する」ことを望んでいるのである。

主権が分割されうるという考え方は、政治的現実と政治的願望との間の矛盾の観念的なあらわれである。主権可分論は、論理的に両立しえないもの――主権を保持しつつ、しかもこれを放棄すること――を両立させるのみならず、現代文明の諸条件の下では調和できないことが経験的にはっきりしていること——国家主権と国際秩序——をも理念的に調和させてしまう。その意味で、平和の維持のために「国家主権の一部」を放棄すべしと提言することは、理論上の真理を表明したり政治的経験の実態を反映したりするどころか、「目を閉じて、ひとつしかない菓子を食べてしまって、しかもまだ手のなかにもっていることができると夢みよ」、と提言するに等しいことなのである。

第七部　現代世界の国際政治

第二〇章　民族的普遍主義の新しい道義的力

古いナショナリズムと新しいナショナリズム[1]

西洋世界の知的、道義的伝統というものが、宗教戦争の終了時から第一次世界大戦に至るまで近代国際システムを――バランス・オブ・パワーという手段によって――まとめあげてきた力として考えられるなら、われわれは、みずから問いかけてきた問題にいまこそ答えることができる。われわれが発していた問いかけとは、この西洋世界の知的、道義的伝統という遺産のうち、今日残っているものは何かということであり、さらに第二次世界大戦後の世界において、諸国民を結びつけているのはいったいどのような合意なのかということであった。[2]

その答えは、近代国際システムが生まれて以来、今日ほど国際舞台において権力闘争への道義的制約が弱い時代はない、ということにほかならない。一七、一八世紀に存在していた単一の国際社会は、幾つかの国民社会――それはその構成員に最高度の社会的統合をもたらす――へと代わってしまった。そのおかげで、これまで数世紀にわたって権力に対する個々の国家の欲望にある種の制限を加えてきた国際道義は、まだ断片的には残っているとしても、個々の国家の道義に解体されてしまった。このような個々の国家の道義は、自己の道義に発しないいかなる道義的義務もいっさい認めないばかりか、全世界から普遍的に承認されることさえ要求するのである。世界世論とは、イデオロギーの投影にすぎないのであり、しかもこの世界世論は、過去において少なくとも国際的な貴族階級がわかちもっていたあの共通の価値評価やそれに基づく行動さえも欠いているのである。国際法のおおかたの規則は、個々の国家に主権があるということのゆえに存在している。この主権の回りを法的な保護装置で固めるのが、国際法の諸規則が果たすべき主要な役割のひとつなのである。これらの国際法は、個々の国家の権力への欲望を抑制するものではない。それどころか国際法は、個々の国家の権力地位が、他国との関係でみずから負うことになるどのような法的義務によっても不当に侵されることがないようにしようと留意するのである。国民的道義が倫理の分野において、また、国民世論が社会的慣習の分野において占めている位置を、主権は国際法に対して占めている。法律的な表現をすれば、主権は国家というものを、個々の人間の世俗的忠誠心の究極的対象として、最高の社会的強制力として、また個々の市民に対して法を授け施行する至高の権威として、規定するのである。

超国家的な諸力には、普遍的な宗教、人道主義、世界主義《コスモポリタニズム》、そして、国境を超えて個人を結びつけているその他すべての人的つながり、制度、組織などがあるが、このような超国家的な諸力は、今日、国民を特定の国境内に統合しそれによって外の世界から分離してしまう力と比べれば、比較にならないほど弱い。このように、超国家的な諸力――これは諸国家の対外政策を効果的に制御するためには強力でなければならないのだが――が弱体であるということは、現代政治の相貌を形づくる巨大な積極的要因、すなわちナショナリズムの裏返しの副産物にすぎない。ナショナリズムは個々の国家の対外政策と同一視されているので、これらの政策を抑制することはできない。ナショナリズムはそれ自体、抑制を必要とするからである。ナショナリズムは、これまでの各時代から伝わってきている自己抑制の力を、完全に破壊しないまでも致命的に弱めてしまった。そしてそればかりでなく、ナショナリズムは、個々の国家に、彼らの良心の命ずるままに行動を起こさせ、みずからを救世主とする使命感に酔わせて、権力への欲望を吹き込んだのである。個々の国家は、自国のナショナリズムによって、世界支配――一九世紀のナショナリズムは、このようなことについては何ら関知しなかったのであるが――への熱望を抱くようになり、この目的達成のための力を獲得したいと思うようになった。

二〇世紀後期のナショナリズムは、伝統的にナショナリズムと呼ばれてきたものや、一九世紀の民族運動や民族国家において全盛であったところのものとは本質的に異なっている。伝統的なナショナリズムは民族を外国の支配から解放し、その民族に独自の国家を与えるように努めた。こういった目標は、単にひとつの民族のためだけでなく、すべての民族にとって正当な目標であると考えられた。ひとたび、ひとつの民族がその構成員を一国家に統合すれば、民族的欲望は充足された。そしてそこには、独自の国家を打ち樹てそれを保持しようとする諸民族と同じ数だけの、ナショナリズムが存在する余地があったのである。

したがって、一九世紀のナショナリズムをめぐって起こった国際紛争には、本質的に二つの類型があった。ひとつは、一民族集団と外国の支配者との間に起こった紛争である。この例としては、バルカン諸民族とトルコ、ダニューブ川流域のスラヴ諸民族とオーストリア・ハンガリー君主国、それにポーランド人とロシアとの間に起こった紛争などが挙げられる。もうひとつの類型は、異なった民族集団の間で、それぞれの勢力範囲の決定をめぐって起こった紛争である。たとえば一方におけるドイツ人と、他方におけるポーランド人およびフランス人との間の戦いがそうである。一九世紀における国際紛争は、国家的原則についての解釈の違いから生まれるか、あるいはこの国家的原則というものを全く受け入れないことから生まれた。第一次世界大戦後に至ってさえ、次のような希望的観測があった。つまり、ひとたび、あらゆる民族が独自の民族国家をもつという欲望が充足されるならば、そこには、民族主義的な欲望を満足させた諸国家から成るひとつの社会が生まれ、その社会は、民族自決という法的・道義的原則のなかに、自己保全の手段をみいだすであろうというのである。

抑圧され互いに競いあっていた一九世紀の民族集団を鼓吹していたものと、二〇世紀の後期に超大国を命がけの闘争へとかり立てているものを同じナショナリズムという名で呼ぶことは、現代と、それに先立つ時代とを分断している根本的な変化の意味を曖昧にすることになる。今日のナショナリズムは、まさに民族的普遍主義であり、それが一九世紀のナショナリズムと共有している特徴はただひとつだけである。それは、政治的忠誠心と政治行動が究極的には国家に向けられているという点である。しかし、この二つのナショナリズムが類似性をもつのはこの点においてのみである。一九世紀のナショナリズムにとって、国家とは、政治行動の究極の目標であり、政治的発展の極限である。そして、その国家の境界外には、これと類似し、これと同じように正当化される目標をもった別のナショナリズムが存在するのである。それに対して、二〇世紀後期における民族的普遍主義にとっては、国家は世界的使命への出発点にすぎない。この世界的使命の果たすべき究極の目標は、政治世界の限界にまで及ぶのである。ナショナリズムは一民族一国家を希求し、それ以外のものは欲しない。ところが、現代の民族的普遍主義は、一民族と一国家の利益のために、他のすべての国々に対して、みずからがもつ価値評価と行動基準を課す権利を主張するのである。

このような好ましくない傾向は、幾つかの国家を超国家的連合へと結合することによって緩和されるものでは必ずしもなく、かえってそれによって一層悪化するかもしれない。たとえば西ヨーロッパ諸国は、そのどの国ひとつをとってみても十分な力を有していないために、単独で新しい民族的普遍主義の先頭に立って指導的役割を果たす、というわけにはいかない。フランスやドイツが自分たちのイメージどおりに世界をつくり変えようと夢みることができた時代はすでに去った。しかし、もし西ヨーロッパ諸国がそれ相当の力を秘めた新しい政治的、軍事的統合体を形成するならば、これら諸国は、西ヨーロッパ全体に共通し、なおかつ世界の他の国々の民族的普遍主義と競うことのできる、いわば新しい十字軍精神のための力の基盤を得ることになろう。現代世界の技術的・軍事的条件から考えて、伝統的な民族国家が時代遅れであることはいまや明白である。しかし、このような条件に一層ふさわしい、より大きな統合体をもって伝統的な民族国家に替えようとする一方では、この伝統的民族国家が、ただ単に現代の十字軍的ナショナリズムのためのより能率的な手段に替えられるのではないのだ、ということにも注意する必要がある。

普遍主義的な性格と欲求から生まれる民族的普遍主義の特徴のひとつは、それがひとつの国家と結びついているにもかかわらず、いかなる特定の国家とも結びついていないということである。ソ連は確かに、共産主義が世界を変えようと試みたときの媒体であった。しかし、この点で、少なくともアジアにおいて中国やその他の国家がソ連の肩代わりをしない、と誰が断言できよう。実際に一九世紀のナショナリズムは、ある特定の民族に固有の性格と欲望から発達してきたものであり、それを離れては、一九世紀のナショナリズムの意味と機能を理解するのはむずかしい。現代の民族的普遍主義は、これらの点で異なっている。それは一個の世俗的宗教であり、人間の本性と運命の解釈において、また、救世主のように人類全体に救済を約束している点で、普遍的である。ある特定の時代においては、ある特定の国家が民族的普遍主義のたいまつをもつことになるかもしれないが、原理的にはどの国家でもそうすることができる。こうして、新しい十字軍的ナショナリズムという名の下に行なわれる、世界支配への権利の主張は、精神と権力の状態に応じて、ある特定の国家から別の国家へと移行していくであろう。

人心獲得のための闘争③

民族的普遍主義のこの新しい道義的な力は、国際政治の構造に新しい次元を付け加えた。それは、心理戦争あるいは宣伝という次元である。対外政策の目的のために宣伝を活用することは、もちろん何ら新しいことではない。このような目的に宣伝を利用することは、非常に古い時代から、小規模にときどきあったからである。ギリシアやイタリアの都市国家において支配的であった党派は、その対外政策のためには、自分たちの政治哲学に共鳴する外国人から支持を得たり、また、そういった外国人のなかから転向者を獲得することによって、政治闘争に勝とうとしたのである。一六、一七世紀の宗教上の紛争やフランス革命戦争では、宗教・哲学上の共感を利用することと、外国人のなかから宗教・哲学上の支持者を募ることが、政治的、軍事的闘争の強力な武器となった。実際、プロテスタントの君主は、彼が、自分に敵対的なカトリック住民を自分の信仰であるプロテスタンティズムに改宗させることができれば、または、少数派であるプロテスタントの宗教上の同情を政治的、軍事的目的のために積極的に利用することができれば、弾丸を一発も放たずとも戦争そのものというわけではないにしろ、少なくともひとつの戦闘くらいには勝利をおさめることができた。フランス革命の理念に改宗したものは、革命フランスの対外政策を積極的に支持するようになったのである。

現代の宣伝は量的にも質的にも昔とはちがっている。近代的科学技術のおかげで、宣伝の範囲と有効性は第二次世界大戦以来非常に増大した。それは、外交や軍事力という伝統的な手段とならんで、対外政策決定者が独自の判断で行使できる手段となったのである。こうして、共産主義が一元的で、共産圏がしっかりとまとまっている限り、共産主義者はどこにいてもソ連の対外政策を支持したものである。そして民主主義の信奉者は、アメリカの対外政策を積極的に支持しない場合でも、少なくともソ連の外交政策には反対したのである。共産主義者の数が多ければ、それだけソ連の対外政策への支持は強かった。アメリカの対外政策の成否は、世界中に反共の信念が強まり広がるかどうかに大きく左右された。したがって、選挙や内戦の結果が、一国のその後の対外政策の進路を決定することになる。もしある国で共産党が勝利をおさめれば、その国はソ連と提携することもあろう。またもし民主主義政党が勝てば、その国は中立のままでいるかアメリカを支持するかのどちらかになるだろう。他の国々の国内勢力の分布において、ある好ましくない事態の展開をいち早く予見したり、逆に好ましい事態が展開するよう積極的に行動したりすることこそ、人間の忠誠心を自己の政治哲学へ向けさせようと闘争している競争者にとってきわめて重大な関心事となるのである。

心理戦争すなわち宣伝戦は、対外政策がその目的をなし遂げようとするさいの第三の手段として、外交や軍事力の仲間入りをする。採用される手段にかかわりなく、対外政策の究極の目的はつねに同じである。つまり、相手側の心を変えることで自国の利益の増進をはかることである。この目的を達成するために、外交は相手に対して利益を満足させてやるとか、不利にするとかの形で、約束や脅しがもつ説得力を利用しようとするのである。軍事力とは、ある利益を追求しようとする敵対者の能力に対して、実際の暴力という物理的な衝撃を与えるものであり、また宣伝とは、味方の利益を支持するような知的信念、道義的評価、および感情的嗜好をつくりだし、それを利用しようとするものである。そこで、すべての対外政策は人心獲得のための闘争である、ということになる。しかし、宣伝は、利害関係の操作とか物理的暴力といった手段に訴えずに直接人の考え方を変えようという特殊な意味において、人心獲得のための闘争なのである。

外交と戦争は、われわれが長くかつ絶え間ない歴史に立ち帰ってこれを考えることができるので、その原理に関する理論的理解は非常に発達している。しかし、対外政策の独自の手段としての宣伝は新しいものである。したがって、宣伝の理論と実践は、経験不足からくる特質を如実に示している。

宣伝の三つの原理

人心獲得闘争が宣伝という武器で戦われる場合に、その闘争を導く基本原理とは何であろうか。理論的にしばしば曖昧にされ、なおかつ実践において誤って処理されている問題が三つある。これらについては説明が必要である。すなわち、この三つの問題とは、第一に、宣伝の内容とその有効性との関係であり、第二に、宣伝と、宣伝によってはたらきかけられる人びとの生活体験および利益との関係であり、そして第三に、宣伝と、宣伝をその手段として役立てる対外政策との関係である。

〔一〕アメリカ独立革命やフランス革命の理念、またボルシェヴィズムやファシズムのスローガンのように人間のイマジネーションをとらえ、そして政治行動へとかり立てた過去の偉大な哲学は、それらが真理であるから成功したのではなくて、それらが真理であると信じられたから成功したのである。つまりこれらの哲学は、その訴えかけた人びとに対して、知識の点でも行動の点でも、彼らが切望しているものを与えたから成功したのである。ナチスの人種論が全く誤ったものであることは誰も疑わない。しかし、一流の人類学者の論証は、一般大衆の心を支配しようとするナチスの人種論との闘争においては完全に無力であった。帝国主義と戦争の経済学的解釈は、すべての周知の事実と明らかに矛盾していた。しかし、この経済学的解釈に対する大衆の信念はかなり根深いものである。

このような理論の明白な誤りは、ナチスの失敗や成功とは無関係であった。民衆一般が深く感じていた知的、政治的要求に満足を与えるという彼らの能力が、ナチスの成功を決定づけたのである。ドイツ国民は彼らの権威主義が挫折を喫したとき、ひとつの手段として人種論にとびついた。あらゆる事実はそれと反対であることを示しているのに、この人種論という手段によって彼らは次のことを証明しようとしたのである。すなわち、ドイツ人は、自分たちが生まれながらにして他民族にまさっており、適切な政策が施行されさえすればその優秀性を現実のものとすることができる、ということである。このようなドイツの優秀性を期待して、人種論は、ドイツ国民が国境内の少数民族集団に対して優位性を試すことを事実上避けがたいものにしたのである。そして、人種主義的な試みはまちがいなく成功したのであり、それは、人種論自体の正しさを実験的に証明しているようにみえたわけである。

同じように、帝国主義と戦争についての経済学的解釈は、切実な知的、政治的要求を満足させている。人びとの心は、現代の国際関係があまりに複雑なのに当惑し、単純でもっともらしい説明を待ち望んでいる。経済学的解釈は、まさにこの種の説明を国民に与えることによって彼らを安心させる。また、この経済学的解釈は、人種論が果たしている役割と同様の役割を政治行動のために果たすのである。この経済学的解釈は、「ウォール街の戦争屋」とか「弾薬製造業者」とかいう言葉のように、容易に国民から受け入れられるシンボル――これを政治行動はいわば宣伝という標的のために利用するのだが――を用意するのである。理論に従って、「戦争から利益を得る」ための、あるいは交戦国との通商を制限するためのいろいろな行動がとられる。これらの行動がひとたび達成されると、帝国主義や戦争はその脅威を失ったかにみえるのであり、人びとの心は、国際政治の現実を認識ししかもその認識に従って行動してきたのだということを自覚して、二重に満足するのである。

政治哲学の真理性と、それを政治宣伝に用いた場合のその有効性との間には厳密な相互関係は何もない。時折、仮定と結論において誤っている政治哲学が多くの人びとの心をとらえることがある。そして、政治哲学は、それが人心争奪戦に勝つためには、その真理性の内的な力だけに頼っているわけにはいかない。むしろ、この政治哲学は、その真理性と、その哲学が影響を与えようとする人間の心との間の特有なつながりを確立するように努めなければならない。このつながりは、人びとが政治理念を受け入れるのを決定づける、生活体験と利益によって生みだされるのである。

〔二〕政治哲学は、いつどこでも有効であるような真理をみずからがもっている、と主張する。しかし人びとは、ある特定の時代に、ある理念のみを、自分たちがおかれた環境に従って受け入れるのである。これらの環境はすでにみたように、(4)時代とともに大いに異なるだけでなく、歴史上のひとつの時代においてさえ、人びとのいろいろなタイプに従って大いにちがってくるのである。

共産主義は、その社会的、経済的、政治的平等という信条が、不平等の撤廃を最も激しく希求している人びとに訴えることができるところではどこでも成功をおさめてきた。西側の哲学は、民衆の諸欲求のなかで政治的自由というものが他のあらゆる要求にまさっていたところでは、これまたどこでも成功した。こうして共産主義は、概して中央および東ヨーロッパにおいて人心獲得闘争に敗れ、また民主主義は、アジアにおいて大方敗北を喫した。中央および東ヨーロッパにおいては、平等という共産主義の約束は、これらの地域の諸国民が赤軍とロシア秘密警察の圧制によってなめた生活体験には打ち克てなかった。これらの地域においては、共産主義は国民の一部、すなわちその生活体験において平等への欲求――とくに経済面において――が自由への関心より強い人びとについてのみ成功したのである。

他方、アジアにおいて民主主義が敗れたところでは、その失敗の理由は、民主主義の訴えがアジア諸国民の生活体験と利益から大きくかけ離れていたためであった。アジアの諸国民が何にもまして欲するものは、西洋植民地主義からの解放である。民主主義の哲学がアジア諸国民の生活体験と矛盾している限り、理念上の闘争において民主主義が成功するチャンスなどいったいあったのだろうか。一般市民の生活体験からかけ離れた政治宣伝の無力さは、一九五〇年九月三〇日付の『シカゴ・デイリー・ニューズ』紙に、フレッド・スパークスの名で載せられた報告によく示されている。

「先日、私はサイゴン付近の小農を訪れた……通訳をとおして、私は彼に、インドシナへ来ているアメリカ人をどう思うかと尋ねた。彼は次のように語った。『白人は白人を助ける。あなた方は、フランス人がわれわれを殺すのを手伝うために銃を与えている。われわれはすべての外人がでてゆくのを望んでいる。そして、ヴェトミン軍は……だんだんフランス人を追いだしていっている』。

私はいった。『ヴェトミン軍のうしろには白人がいることを知らないのか。ホーチミンはロシアの命令を受けているのを知らないのか』。

彼はいった。『サイゴンでは、私はアメリカ人をみた。フランス人もみた。私は、白人がヴェトミン軍と一緒にいるのをいまだ聞いたことがない』。」

このエピソードを意味深長にしているのは、それが、西側の思想に対するアジアの反応をかなり正確に代表しているという事実である。このような反応が、ほかのどこよりもすさまじくかつ恐ろしいものとなって西側に悲劇的な結果をもたらしたのは中国においてである。なぜなら、西側の哲学と中国国民の生活体験との相違がこれほどまでにきわだったところはないからである。一世紀にわたったアメリカの反帝国主義的記録と、中国人が抱いたアメリカへの好意は、アメリカの武器が彼らを殺すことに使われ、そしてアメリカの飛行機が中国の沿岸都市に爆弾を落とした時点で、一気にかき消されてしまった。ロンドンの『エコノミスト』誌の記事は国民党の上海空襲について次のように言及している。

「新聞の報ずるところによれば、これらの空襲は、台湾の『反動的残党の追従者』のしわざであるとともに『アメリカ帝国主義者』のしわざでもあった。そして、これらの空襲は、教育程度の低いものがまだもちつづけていた蔣介石への信頼感を駆逐してしまったと同時に、アメリカへの信頼がまだ根強く残っていた方面においても、その信頼感をすっかりかき消してしまった。」

アメリカの理念の内在的資質は、そこに含まれる真理性と善という観点からみると、ここでもまた思想戦の勝敗には全く無関係であった。この問題に決着をつけたものは、一般市民の体験に照らしてみた場合、民主主義的宣伝とは明らかに無関係であった。アメリカが支持したかあるいは支持していると思われた政策は、思想戦における勝利を不可能にしたのである。

〔三〕政治的政策は、心理戦争において三つの役割を果たさなければならない。第一に、政治的政策は、その目的と、その目的を達成するための方法とをはっきりと示さなければならない。第二に、政治的政策は、その目的と方法に関して、宣伝の対象となる人びとの一般的な欲望が何であるかを判定しなくてはならない。第三に、政治的政策は、心理戦争がどの程度まで政治的政策を支えることができるかを決めなければならない。

すでに言及した他の理由はさておき、アジアにおける西側の心理的な弱点は、その政治的政策の弱点に起因する。西側は、その目的と、それに到達する方法に自信がなかったので、その心理的な政策は、民主主義の一般原則の方に逃避して政策の不確実さをやりすごそうとしがちであった。したがって西側の宣伝は、民主主義の美徳と真理、およびボルシェヴィズムの悪徳と誤りを強調する傾向にある。

このように道義的、哲学的に抽象化を試みてしまうという同じような傾向のゆえに、他国民の望んでいることを客観的に調べるということが妨げられてきた。われわれは、暴力による死や、食糧・住居の不足などの有為転変から自分たちの生活をまもることができるのだとおおむね確信しているので、これら生物的欲求が満たされることは当然だと考えている。われわれは生命をまもることにはかなり成功しているといえるので、今日では、自由の維持と幸福の追求とにわれわれの思索と努力を集中している。このことはわれわれにとってごく自然のことであるがため、われわれは、時間と空間の条件に制約されているこの限られた体験を、いついかなるところでも妥当すべき一個の普遍的原理へと格上げしてしまうのである。こうして、少なくとも暗黙のうちに、われわれは次のように思い込んでしまいがちである。つまり、自分たちが当然であると認めたことは、すべての人間がそう認めるだろうということ、そして自分たちが努力して到達しようとしている目標は、そのまま万人の欲望の対象なのだ、ということである。しかし、人間のそれぞれ異なった生活体験が、共通の心理的特性を土台として種々の政治的欲望の構造をどのようにつくりあげてきたかは、すでに示したとおりである。

西側の民主主義がヨーロッパとアジアの諸国民に効果的に話しかけることができるか

どうかは、相異なる二つの関係を打ち樹てる能力に依存している。そのひとつは、これら諸国民の欲望と、西側の政治的政策との関係、もうひとつは、西側の政治的政策と、その政策を言語でどのように伝播するかという問題との関係である。これら三つの要素が比較的容易に一致する状況はある。第二次世界大戦中、占領下ヨーロッパでのナチス・ドイツに対する政治闘争の遂行は、比較的単純な問題であった。一般大衆の欲望は明確に示されていたし、アメリカが追求していた政策もまた同様に明示されていた。両方ともナチス・ドイツの破壊を目ざしていたから、その目的を言葉で表現するのは容易であった。同様に、ソ連の拡張に反対しヨーロッパの領土的現状維持を目的とした政治上、軍事上の政策は、西ヨーロッパ諸国民の欲望を表わしていたから、トルーマン・ドクトリン、マーシャル・プラン、北大西洋同盟といった、明確な言葉で表現される。これに対して、東ヨーロッパ、アジア、それにソ連そのものについては、心理戦争の課題はそれほど単純ではない。それは、二つの基本的なディレンマに直面しているからである。ひとつは、ある地域で追求されている政治的政策は、他の地域で行なわれている心理戦争とは両立しないということである。もうひとつのディレンマは、心理戦争によってだけではある特定の政治的政策を支持することは不可能である、ということから起こってくる。

第一のディレンマは、かつてアメリカの対東ヨーロッパ政策の目的と考えられていたものと、ソ連に対するわれわれの心理戦争の目的と考えられていたものとの関係によって例証される。東ヨーロッパにおけるわれわれの政策目的は、五〇年代には、東ヨーロッパの人びとをロシアの支配から解放することであると定義づけられていた。当時ソ連に対するわれわれの政治戦争の目的は、われわれの現実の目的からいえば、ソ連政府の頭越しにロシア人に訴えることであり、ロシアの世論の圧力をつうじてソ連の政策を修正させるということであった。しかも、東ヨーロッパの解放という目的は、とくにポーランドやバルト諸国に関する限り、数世紀にわたるロシアの国家的欲望――それに関しては、政府と国民との間についぞ対立がみられなかった――に反している。ロシア政府とロシア国民の双方の欲望の充足を妨害しようとする対東ヨーロッパ政策は、心理戦争によってロシア国民をソ連政府から離反させるという――それがたとえどんなものであったにしろ――せっかくの機会を抹殺してしまうことになった。こういった状況においては、目的の優先順位を決めることと、政治戦争の目的を政治的政策の目的の下におくか、それともその逆にするかが総合的政策の課題となるわけである。

もうひとつのディレンマの顕著な実例は、インドシナにおけるアメリカ介入の宣伝効果にみることができる。その介入からすぐさま起こった心理的結果は、アメリカにとって不利であった。インドシナの農民がスパークス氏に話したことは、大きな反響を呼んだ。この論争の文脈において重要なことは、アメリカが、この介入によって心理的に受ける被害を防ぐために直ちにとらねばならぬはずの心理的な対抗措置をとりえなかったということである。西側帝国主義の伝統的流儀によってアジア問題に白人が介入した、ということについての心理的結果は、政治戦争によってではなく、白人介入についてのヴェトナム人のこれまでの体験を否定するような、政治的、軍事的、経済的政策によってのみ論破されうるものである。このような状況の下では、特定の政治的、軍事的政策がもつ心理的弱点を直接解決する手段は、宣伝ではなくて、宣伝を成功させるための心理的前提条件を確立する政策である。

以上のような文脈においては、低開発地域に対する経済的、技術的援助は特別な重要性をもつことになる。なぜなら、こういった援助は、それが単なる口約束ではなく行為そのものであるという、まさにそのことによって、単なる宣伝とはちがっているからである。このような援助は、何がなされうるか、あるいは他の地域で何がなされつつあるかを他の諸国民にいって聞かせるのではなくて、宣伝の口約束を、たったいま、それも目の前で実現してみせることである。しかも、経済的、技術的援助は、それが宣伝戦のひとつの武器として十分効果的であるためには、二つの必要条件を満たしていなければならない。

第一に、この援助は、長期の展望に立つものであると同時に、いますぐにも、そして援助を受ける国民がその効果を実感できるような仕方で、利益をもたらすものでなければならない。ところが実際には、外国の援助はこの条件を満たさないことが多すぎるのである。なぜならその援助は、経済的発展に対する政治的、文化的抵抗に直面しているからである。経済的後進性は、自然的条件によってもたらされるものではなく、後進性の永続化に利害関係をもつ政治システムの結果なのである。たとえば、自己の力を不在地主に依存している政治システムが、土地改革の計画に乗りだすことによってみずからの政治システムをこわそうとすることはありそうもない。外国からの援助は、経済発展に反対している社会集団によってそれが吸収されれば、実際には現状維持派の勢力を強化し、貧富の格差を増大するであろう。経済的後進性はまた、進歩の可能性や貯蓄の効用を信じないような文化的諸要因に由来することもあり、しかもこの文化的諸要因は、外国からの援助による、金銭や技術知識の移動に無関心なのである。[5]

第二に、この援助がどの国からでているのかということは、援助を受けているものにとって明らかでなければならない。厳密にいえば、ここでまさに宣伝は、援助をした外国機関の功績を認め、その援助および恩恵を援助供与国機関の一般的な哲学・性格・政策と関係づけることによって、再びその役割を果たすことになるのである。

したがって人心獲得闘争は、限りなく微妙で複雑な仕事である。もしアメリカ人があの独立記念日を賛美して行なう演説の精神とテクニックでこのように複雑な仕事に取り組もうとするなら、これほど簡単かつ確実に自国国民の支持を獲得できる方法はないのであり、同時にこれほど確実に失敗に終わるものもないのである。道徳的十字軍の単純な哲学と技術は、ある一定の政策の背後で世論を導くという国内的な仕事にとっては有効であり、不可欠でさえある。しかし、それらは、人心支配をめぐる国際的闘争においてはのろまな武器にすぎない。宣伝は、善と悪、真実と虚偽との戦いであるばかりでなく、力と力の戦いでもある。このような戦いでは、美徳と真実は、単に伝達されたからといってたちどころに勝利するというものではない。美徳と真実は、それを身近なものとし、実現可能なものとするような政治的政策の絶え間ない流れに乗せられて伝達されるものでなければならない。もしボルシェヴィズムとの戦いにおける民主主義の心理的課題が、主として、鉄のカーテンを貫いて民主主義の永遠の真実を世界の隅々にまで伝えるという技術上の問題としてのみ考えられるなら、それは要点をかなりはずすことになるだろう。政治戦争は、それが支持しようと努める政治的、軍事的政策の、理念の分野における反映にすぎない。政治戦争は、これらの政策より悪いことはあっても、優れていることは決してない。それは、これらの政策の特質から力を得るからである。その特質の良し悪しによって、勝ったり負けたりするのである。人心獲得闘争における勝利への欲求を効果的に達成するためには、まず第一にその欲求が、主として、勝利をもたらす政治的、軍事的政策への欲求として考えられなければならない。ここでも、行為の方が単なる言語より説得的に真実を伝えるのである。

この人心獲得闘争によって、多種多様な国家が行なっている、世界支配への要求はますます対立の度を深めてきた。そしてこのような人心獲得闘争は、ついにあの国際交流の社会システムに致命的な打撃を与えてしまった。この国際交流の社会システムの下で、諸国家は、ほぼ三世紀にわたって絶え間ない対立関係にあったとはいえ、なお共通価値と普遍的行動基準という同じ屋根の下にいたのである。この屋根がくずれ落ちたとき世界の諸国家に共通する生活圏は破壊されてしまった。そしてこれら諸国家のうちで最強のものはそれぞれ、自国のパターンに従って生活圏を立て直す権利を主張しているのである。このくずれ落ちた屋根の下には、諸国家の家の壁を支えてきたメカニズムが埋もれている。それはバランス・オブ・パワーというメカニズムである。

第二二章　新しいバランス・オブ・パワー

およそ三百年にわたって権力闘争を抑制してきた知的、道義的合意が崩壊したことによって、そもそもバランス・オブ・パワーなるものを国際政治の生きた原理に仕立てあげていたあの必要不可欠のエネルギーは、まさにそのバランス・オブ・パワーから失われてしまった。この重要なエネルギーの衰退に伴って、バランス・オブ・パワーのシステムは、その作用を著しく損なうことになった構造上の三つの変化を遂げたのである。①

新しいバランス・オブ・パワーの硬直性

大国の数の減少

バランス・オブ・パワーの作用に障害をきたしているこれら構造上の諸変化のうち最も明白なものは、バランス・オブ・パワーというゲームへの参加国の数が激減してしまったということである。たとえば、三十年戦争の終わりには、ドイツ帝国は九〇〇の主権国家から成り立っていたが、一六四八年のウェストファリア条約によって三五五に減少した。ナポレオンの干渉で一番重要なものは、一八〇三年のレーゲンスブルク国会の命令による改革である。この改革は二〇〇以上のドイツの主権国家をつぶした。一八一五年にドイツ連邦が成立したときは、わずか三六の主権国家で連邦が形成されることになった。一八五九年のイタリア統一においては、七つの主権国家が消滅し、一八七一年のドイツ統一では、二四の主権国家が消滅した。ナポレオン戦争が終わった一八一五年には八カ国――オーストリア、フランス、イギリス、ポルトガル、ロシア、プロシア、スペイン、そしてスウェーデン――が、大国という外交上の地位を占めた。ポルトガル、スペインおよびスウェーデンは、ただ伝統的な儀礼上の配慮からそのような地位を与えられたのであり、やがてそのような不相応の地位を完全に失って、実際の大国の数は五カ国となった。一八六〇年代には、イタリアとアメリカが大国の仲間に加わり、そして一九世紀末期には日本がそれに加わることになった。

第一次世界大戦が勃発したときには、大国は、再び八つ――オーストリア、フランス、ドイツ、イギリス、イタリア、日本、ロシアおよびアメリカ――となり、そのうちの二カ国が、初めて完全にヨーロッパの外に位置していた。第一次世界大戦が終結したとき、オーストリアははっきりと、ドイツとロシアは一時的に、そのリストからはずされることになった。二〇年後、すなわち第二次世界大戦勃発時には、大国は七つを数えたが、そのうちドイツとソ連は再び一級国となり、その他の大国は、それぞれそれまでの地位を保った。第二次世界大戦後の大国の数は三カ国——イギリス、ソ連、アメリカ——に減った。一方、中国とフランスは、その過去の栄光あるいは潜在力のために、国際交渉の場や国際機構において大国なみの扱いを受けた。しかしイギリスの力は、アメリカやソ連の力に比べて劣っているのがはっきりわかるほど傾いてしまっていた。そして、アメリカとソ連は、大国のランクにおいて次に位置する国とあまりにかけ離れた力をもっていたために超大国と呼ばれるに至った。

国際政治において重要な役割を果たしうる国家の数が減少したことは、バランス・オブ・パワーの作用がもつ有効性を低下させることになった。このようにバランス・オブ・パワーの機能を低下させる作用は、一六四八年と一八〇三年の統合、および一九世紀の民族的統一をつうじて、国家の絶対数が減少したことによって増大した。これら国家の絶対数の減少は、一九一九年に東ヨーロッパおよび中央ヨーロッパにおいて新しい国家が誕生したことで、一時的に埋め合わせされたにすぎなかった。というのは、やがてこれらの国家は、たとえばバルト諸国のように消滅してしまうか、国際舞台においての自立的要因ではなくなってしまったからである。このような事態の展開によってバランス・オブ・パワーからは、その柔軟性と不確実性がかなり失われ、したがって権力闘争に積極的に乗りだしている国々を抑制するという効果も消えていった。

以前は、すでにみてきたように、バランス・オブ・パワーは、だいたいのところ、諸国家間の種々の提携関係によって機能していた。主要国家は、その力になにがしかの差はあっても、なお、同じ水準の力を維持していた。たとえば一八世紀においては、オーストリア、フランス、イギリス、プロシア、ロシア、そしてスウェーデンは、その相対的な力に関する限りは同じクラスに属していた。これらの国々の力の変動は、列強間のヒエラルヒーにおけるそれぞれの地位には影響するが、大国としての地位には影響がなかった。同様に、一八七〇年から一九一四年までの時期には、権力政治のゲームは、一級国の八カ国によって行なわれた。そして、そのうちの六カ国はヨーロッパの国々であり、絶え間なくこのゲームを展開していった。そのような状況の下では、このゲームに参加しているどの国も、自分と同一陣営にある国々のうちの少なくとも一カ国によって確実に支持されていなければ、自国の権力欲求を満たすことはとうていできなかったし、実際そのような支持を得られると確信のもてる国はないのが普通であった。一八、一九世紀にはどの国も、あてにしていた外交上ないし軍事上の支持を他の国々から得られなかったためにその先進的地位から後退を余儀なくされた。これはとくに、一九世紀のロシアについてあてはまる。他方、もしドイツがゲームの規則を破って、一九一四年にセルビアの処理をめぐってオーストリアに自由行動を許さなかったとしたら、ほとんど疑いなく、オーストリアがあのような行動にはあえてでることはなかったろうし、したがって第一次世界大戦は避けられたであろう。

ゲームに積極的に参加する国の数が多ければ多いだけ、考えられる諸関係の数もそれだけ多くなるし、また、現実に反目し合う国家関係についての不確実性や、個々の参加国がこれら諸関係において実際に果たすべき役割についての不確実性もますます大きくなる。一九一四年におけるウィルヘルム二世と一九三九年におけるヒトラーの両人は、イギリスが、そして最終的にはアメリカまでが敵の陣営に加わるなどとは信じていなかった。しかも、この二人は、アメリカの介入の影響について判断を誤ったのである。いずれ戦うことになるかもしれない相手国についての誤算がドイツの勝敗の分かれ目となったことは明らかである。相対する提携関係の力が伯仲しているときはつねに、この種の計算は必ずや息苦しいものになる。なぜなら、参加の予定されていた国が寝返ったり、予想だにしなかった国が加盟したりすれば、決定的ではないにしろ、まちがいなくバランス・オブ・パワーにかなりの影響を与えるからである。こういうわけで、君主らが自分たちの同盟関係をいとも簡単に変えていった一八世紀には、このような計算はしばしば、根拠のないあて推量とほとんど区別できないほどのものであった。したがって、全くあてにならない同盟から生じるバランス・オブ・パワーは極端に柔軟であったためすべての参加国は国際政治というチェス盤においては注意深く行動しなければならなかったし、また、起こりうる危険をすべて予測することができなかったがためできるだけ危険を冒さないようにしなければならなかった。第一次世界大戦においてすら、イタリアがなお中立を維持しつづけるかあるいは同盟国側に立って参戦するかは、この戦争の最終的な結果にかかわる非常に重要な意義を依然としてもっていた。この重要性を認識していたがゆえに、同盟、協商の両者とも、領土拡張をイタリアに約すことによって、同国の参戦を促そうと多大な努力を払ったのである。そのころ、このような状況は、イタリアほどではなかったにしろ、ギリシアのような比較的弱小な国家についてさえ支配的であったのである。

力の二極化

バランス・オブ・パワーのこういった側面は、近年急激に変化している。第二次世界大戦において、イタリア、スペイン、トルコあるいはフランスといった国々でさえも、一方の側につくかあるいは他方の側につくかというそれぞれの決定は、確かに交戦国から歓迎されたり恐れられたりする出来事ではあったが、それは単なる挿話の域を出るものではなく、勝利を敗北に、敗北を勝利に決定的に変えうるようなものではありえなかった。第一級の国とはいっても、一方における、アメリカ、ソ連、イギリス、日本、ドイツと、他方における、残りすべての国々との力の不均衡は、その当時でもすでに大きかったがゆえに、ある同盟国が離脱するとか、他の国が同盟に加入するとかということによってバランス・オブ・パワーがくつがえされる、などということはもはやなかったし、したがってこれによって闘争の最終的結果が実質的に影響を与えられるということもなかった。同盟関係に起こった変化の影響を被って、天秤の一方の皿が幾分もち上がり、他方の皿がもっと重い重りによってさらに一層下がるということはあったかもしれない。しかし、これらの変化は、一級国という圧倒的に優勢な重りによって決定されていた天秤の基本的な関係をくつがえすことはできなかったのである。実際に問題になったのは、主要国——一方では、アメリカ、ソ連、そしてイギリス、他方ではドイツ、日本——の立場のみであった。第二次世界大戦において最初に注目されたこの状況は、いまやアメリカとソ連の間の二極化によって強められ、国際政治の主要な特色となった。現在の同盟国、あるいは、これから同盟関係に入るかもしれない国の力と比較して、アメリカとソ連の力は圧倒的に強大になってしまったために、両極間のバランス・オブ・

パワーは、米ソ間の重りの相違によって決定されるのである。今日このバランスが米ソいずれかの陣営における同盟関係の変化によって決定的に影響される、ということはありえない。バランス・オブ・パワーは多極的なバランス・オブ・パワーから二極的なそれへと変化してきたのである。

二陣営システムへの傾向

その結果、バランス・オブ・パワーの柔軟性は消滅し、それとともに、国際舞台における主役たちの力への欲望に対する抑制力も消えていった。二つの超大国は、他のいかなる一国、あるいは他の数カ国のいかなる結合とも比べものにならないほどに強力であり、互いに反目している。大国と小国との間の力の不均衡があまりに大きくなったため、小国はすでに、天秤の均衡を破る能力を失ってしまったばかりでなく、あの行動の自由――これによって以前には小国はバランス・オブ・パワーにおいて、きわめて重要かつしばしば決定的な役割を果たすことができた――をもかなり失ってしまった。以前は比較的少数の国家、たとえば、アメリカとの関係におけるラテン・アメリカの幾つかの国々や、イギリスとの関係におけるポルトガルなどについてのみあてはまったことが、いまや数多くの国家についてあてはまる。つまりこれらの国々は、二つの大国のいずれかの勢力範囲内にあり、大国は、政治的、軍事的、そして経済的に優越しているために、これら小国を彼らの意志に反してまでも自己の勢力範囲内にとどめておくことができるのである。したがって、相手陣営のなかでいやいやながら同盟国にされている弱国のことをわれわれが「衛星国」と呼ぶようになったのは何ら偶然ではない。

アメリカもソ連も、第二次世界大戦中にはまだそうであったのだが、今日ではもはや、主要同盟国のひとつが離脱してバランス・オブ・パワーをひっくりかえしはしないかと絶えず背後に気を配っている必要はない。絶えず注意深くあたりを見回していなければならないような、めまぐるしく生まれては消えてゆく同盟関係の時代は完全に終わった。それは、一八世紀において頂点に達し、第二次世界大戦において終止符が打たれたのである。

しかし、このようになってきたからといって超大国はもはや、自分たちの同盟国について何も恐れることがなくなったということにはならない。というのは、これら同盟諸国が、たとえみずからの意志で超大国の勢力圏を抜けださないにしても、これらの国がそこにとどまっているのは、超大国の政策を積極的かつ効果的に支持しているためか、そうでなければ、強情で信頼できない虜囚となっているためにほかならない。これらの同盟国は、うまくいけば、超大国の勢力範囲の中心から周辺へと移動することによって、超大国がその勢力範囲内で行使している支配力を弱めたり、その勢力範囲のなかでこれら同盟国自身の有効性を減じたりすることができるであろう。

柔軟性のないバランス・オブ・パワーにおいては、各陣営内の同盟関係に関する限り、超大国はその同盟国のなかにみずからの弱さあるいは強さの源泉をみてとる。第二次世界大戦以前は、大国の前に提示された主要な問題のひとつは、「われわれは、いかにして現在もっている同盟国を引きとどめておくことができるか」ということであった。これと対照的に、現在、その同盟国に関して超大国が直面しているおもな問題は、「われわれはいかにして自分たちの政策に同盟国を積極的に参加させつづけることができるか」ということである。こういった関心のゆえに、超大国は柔軟で適応性のある政策を要求されることになる。超大国の力は、彼らの同盟国に対して圧倒的ではあっても限界もある。超大国が、空前といっていいほどに、それ自身の政策や運命の支配者であることは事実である。しかし、完全なる支配者ではない。もし超大国が、その同盟国の支持から最強の力を引きだしたいと望むならば、ある限度内で自分たちの政策をその同盟国の希望に適合させなければならない。

同盟諸国はいずれかの超大国の勢力圏に密着しているため、バランス・オブ・パワーにとって必要な、柔軟性という主要な要素は、非同盟諸国のこれからの行動によってもたらされるだろう。たとえば、最終的にはアフリカとラテン・アメリカの諸国はどちらの側につくだろうか。近い将来における世界のバランス・オブ・パワーの展開は、これらの諸国と他の非同盟諸国がとる方針に大きくかかわることになる。政治的、技術的条件、つまり、自前の核兵器を保持するといったことによって、一方の陣営から他方の陣営へと自律的に再び移動することのできるような、力の新しい中心が生みだされるのかどうかという設問に対しては、もっと遠い将来でなければ答えることはできない。このような力の新しい中心は、二つのブロックのなかから、あるいは、その外から起こりうる。フランスは、アメリカとの伝統的同盟の弛緩した枠組みのなかにあって、そのような独立した力の地位を望んでいる。また中国は、そうした地位を、ソ連との競争のなかで、さらにはソ連に反抗することによって求めるのである。事態がこのように展開すれば、現在の国際政治の二極システムは伝統的な多極システムへと逆戻りしてしまうかもしれない。

バランサーの消滅②

われわれが今日目のあたりにしているバランス・オブ・パワーの構造における第二の

変化は、ちょうどいま論じたばかりの変化の必然的結果にすぎない。それは、バランサー、すなわちバランスの「保持者《ホールダー》」の消滅である。イギリスは、海軍の覇権によって、そして、三世紀余にわたって事実上外国の侵略を免れたことによって、バランス・オブ・パワーのためにこの役割を果たすことができた。しかし、今日では、もはやイギリスはこのような役割を果たすことはできない。なぜなら、現代の戦争技術からして、いかなる国の海軍も、強力無比の海上支配権などというものはもてなくなったからである。空軍力の発達は、ブリテン諸島の不死身の力に終止符を打ったばかりでなく、大陸にごく近接した比較的狭い土地に人口と産業が集中しているという利点をむしろ負担へと変えてしまった。

フランスとハプスブルク家——近代国際システムはそこから生まれた——との大規模な戦いにおいて(少なくとも、フランスがプロシアに対抗してハプスブルク家と同盟した一七五六年の、いわゆる「外交革命」まで)、イギリスは、バランサーとして支配と抑制の役割を果たすことができた。というのは、イギリスは、このフランスとハプスブルク家という二つの対抗者、およびそれらの同盟国と比較して、イギリス自身が加担した側に勝利をもたらすことができるほどに強大であったからである。このことは、ナポレオン戦争において、また一九世紀および二〇世紀初頭をつうじて再びあてはまる。今日イギリスは、もはやこれほどの決定的地位を占めてはいない。バランスの「保持者」としてのイギリスの役割は終わった。そして、近代国際システムは、イギリスがそれまでにこのシステムに与えてきた抑制と平穏のあの恩恵を失ったままになっている。第二次世界大戦の頃なら、イギリスが中立をまもったり、あるいは連合国側とではなくてドイツや日本と同盟関係に入ったりしたならば、そのときは連合国側にとって勝敗の分かれ目となったかもしれない。しかしいまや、戦争技術の予想される方向からみて、さらには、アメリカとソ連の間の力の配分における将来の傾向からみて、これら二大勢力間に武力衝突があった場合、イギリスの態度が最終的な結果に決定的な影響を与えることはまずないだろう。

以上述べたことから次のようなことがわかる。すなわちイギリスの相対的な力の衰退とその結果として、バランス・オブ・パワーにおいて占めていた枢要な地位をイギリスが保持することができなくなったことは、ただ単に同国にのみ起因する孤立した出来事ではないのだ、ということである。それはむしろ、バランス・オブ・パワーの機能に対してそのあらゆるあらわれ方において影響を与える構造的変化の結果なのである。それゆえ、イギリスが長期間保持してきた特権的で支配的な地位を、現在、他の国家が受け継ぐことは不可能である。それは、この地位を伝統的にもっていた国の力が、その役割を果たすことができなくなるほど衰退してしまったためということよりは、この地位そのものがもはや存在しないということなのである。自己の重さだけで天秤の上がり下がりを決定するほど二つの巨人国の力は強いので、第三の国あるいは第三の勢力が、決定的な影響力を発揮する機会はもはやありえない。したがって、現在のところ他の国家ないし国家集団が、イギリスに代わってこの地位を占めたいと望んでも無駄なことである。

「第三勢力」の問題

西側陣営ないし東側陣営と明確にあるいは完全には同盟関係にない多数の国家とか国家集団は、このような希望をときとして抱いてきた。この種の諸国家は、東西間のおもな政治的、軍事的闘争から離れて、明確なあるいは完全な同盟関係には入らないことによって、「第三勢力」の立場を実際に保持できるかもしれない。しかし、これらの国家と二超大国との間には力の差があるために、これらの国家がどのようにしてそれ以上のものを望むことができるかを、今日知ることはむずかしい。世界規模のバランス・オブ・パワーのなかで「第三勢力」として決定的な役割を果したいというこれらの国々の望みは決してかなえられないのだということを示唆することは、確かに無遠慮なことかもしれない。予測できない科学技術上の変化ということを考えてみればとくにそうであろう。しかし、これらの国々が予期しうる将来において失望せざるをえない、ということはいえるのである。たとえば、ドゴール将軍は、洞察力に富んだ多くの雄弁な演説で、ヨーロッパ連合は「第三勢力」として、東の巨人と西の巨人とのバランスの「保持者」になって融和と抑制を遂行すべきであると主唱した。一九四六年七月二八日に彼は次のように述べており、しかもこれは、一九五八年に彼が政権に復帰した後はとくに、多くの声明において繰り返された。

「この三十年の戦争以前の状況と比べれば、世界の相貌がすべての点で変わったことは確かである。三十数年前には、われわれが住んでいた世界では、同じ強さにみえる六つないし八つの大国が、それぞれ、さまざまなそして巧妙な協定でもって自国と他国を結びつけ、いたるところでなんとかバランスを確立しようとしていた。そこでは弱小国は相対的に保証されていたのである。またそこでは、国際法が認められており、侵略者は、道義的にあるいは物質的な利益によって結ばれている国家群に対峙しなければならなかった。さらにそこでは、将来の紛争に向けて考案され準備された戦略は、結局のところ、ただ急速で限定的な破壊をもたらすだけであった。

しかし、旋風は去った。あとに残ったものについて調べてみよう。われわれが、ドイツと日本の崩壊、およびヨーロッパの弱体化を考慮に入れるとき、いまやソ連とアメリカのみが第一級の地位を保持していることがわかる。近代になって、神聖ローマ帝国、スペイン、フランス、イギリスそしてドイツ帝国に順次ほほえみかけて、そのおのおのに一種の傑出した地位を授けつづけた世界の運命の女神は、いまや、その恩恵を二つの国に分与することに決めたようである。この決断から、昔のバランスにとって替わる分裂の要素が生まれるのである。」

ドゴールは、アメリカとソ連の拡張主義的な傾向が生みだしている不安のたねに言及したあと、安定したバランス・オブ・パワーを回復するにはどうしたらよいのかという問題を提起した。

「そこで、誰が、昔のような世界は無理としても、この新しい二つの世界の間のバランスを再確立することができるだろうか。幾世紀にもわたって世界をリードしてきた旧ヨーロッパは、二つに分裂してしまいがちな今日の世界の心臓部にあって、互譲と相互理解のための不可欠の要素となるべき立場にある。

古代西洋の諸国家にとって、北海、地中海、ライン川は重要な動脈であった。これらの諸国は、地理的に二つの新しい勢力圏の間に位置している。これらの国々は、紛争に火がつけば重大な危機にさらされるその独立を断固保持しようとして、アメリカの自由主義的な攻勢に対してと同様に、ロシアの巨大な策動にも反発して、物心両面において相寄りそうことになった。これらの国々は、それぞれ自己の資源をもち、そのうえに、神のおぼしめしによって配されている広大な領土資源をもっているがゆえに、みずから世界的な強さを有しており、その影響力や行動は遠くまで及ぶ。いつの時代にもこれらの国家の間には困難な問題はあるが、それにもかかわらず、もしこれらの国々がおのおのの政策を何とかして結び合わせることができるなら、その影響力は測りしれないものになるだろう。③」

しかし、ヨーロッパの国々がこの仕事をなし遂げることができないのは、ヨーロッパの国々がアメリカやソ連と比較して弱いためである、というだけではない。とりわけ、ドゴール将軍の見解は、次のような決定的な事実を見落としている。すなわち、イギリスが平和と安定のために有益な貢献をすることができたのは、何よりもまず、イギリスが摩擦と紛争の中心から地理的に離れていたためであり、次には、イギリスがそのような紛争に対して重要な利害関係をもっていなかったためであり、そして最後に、権力闘争をしているおもだった国々には概して手のとどかない海外地域において、イギリスが力への欲望を満たす機会をもっていたためである。

イギリスがバランスの「保持者」としての役割を果たしえたのは、権力資源をもっていたことのほかに、上述のごとく、三つの点で大陸の政治から超然とすることができたためである。しかし今日では、これら三つのいずれの点においても、ヨーロッパの国々は紛争の中心から、もはや超然としているわけにはいかないのである。それどころか、これらの国々は、三つのすべての点で紛争の中心に深くかかわりあっている。なぜなら、彼らは、米ソ間の闘争においてはたちまち戦場と化し、その戦利品とされてしまうからである。これらの国々にとっては、アメリカとソ連のいずれが勝利をおさめるかということは、未来永劫の死活問題である。しかも、彼らは、ヨーロッパ大陸以外のところでは自国の死活にかかわる政治的利益の充足をはかることはできない。こういった理由から、ヨーロッパの国々は超然として自由に立ちまわることなどできないし、同時に、そういうことができなければ、傍観者的非同盟国としての、あるいはバランス・オブ・パワーの「保持者」としての役割を果たすべき「第三勢力」などというものはありえなくなるのである。

植民地フロンティアの消滅

以上に述べたことから、われわれはバランス・オブ・パワーにおける第三の変化、すなわち、新たに植民地にすべきフロンティアの消滅ということについて論ずることになる。バランス・オブ・パワーの原理がその古典的時代において国際政治の動向をやわらげ抑制する役割を果たすことができたのは、バランス・オブ・パワーが機能する場合の道義的環境とかそれ自身に内在する力学的原理のためばかりではなく、さらにかなりの程度まで次のような状況に依存していたためである。すなわち、このバランス・オブ・パワーを形成している国々は、お互いがかかわっている政治的、軍事的闘争にその国家的エネルギーのすべてを投入しなければならない、ということはめったになかったという状況である。この時期の諸国家は、領土拡張――当時これは、国力の象徴およびその内実とみなされていた――をつうじて力を求めていた。強力な隣国から領土を獲得することは力を得るひとつの方法であった。しかし、それほど危険を冒さなくても同じ目的を達成できる機会もあった。その機会は、三つの広大な大陸によって与えられたのである。その三つの大陸とは、アフリカ、南北両アメリカ、およびインド洋・太平洋に隣接するアジア地域であった。

イギリスはこの機会のおかげで、バランス・オブ・パワーの歴史をつうじてその力の主要な根源となるものを獲得することができたし、他の国々を絶え間ない闘争に引きずり込んだ争点からも超然としていることができた。スペインは同じような機会を最大限に利用しようとして国力を消耗し、したがって、権力闘争において一目おかれるような勢力ではなくなった。イギリスとスペインにとってはいつも重要な関心事であったことでも、それは他の国々のエネルギーを、よりわずかにしかあるいはごく散発的にしかひきつけなかった。一八世紀におけるフランスの政策は、植民地拡張と、現存のバランス・オブ・パワーに対する帝国主義的な攻撃との間に逆比例の関係を生んだという教訓的な事例を示している。それは、フランス帝国主義が激しさを増せば増すほど、フランスはそれだけ植民地拡張に注意を向けなくなり、また逆に、同国の植民地拡張への関心が弱くなればなるほど、帝国主義がますます強まる、というものであった。アメリカとロシアは、その歴史の発展段階の長い期間にわたって、それぞれの大陸における、政治的に空白の地域に向かって絶えずフロンティアを前進させていく仕事に熱中した。そしてその時期には、アメリカもロシアもバランス・オブ・パワーに対して活発な役割を果たすことはなかった。オーストリア君主国はとくに一九世紀には、この帝国の大半を形成していた中央および南東ヨーロッパの反抗的な非ゲルマン諸民族への支配権を維持することにやっきになっていたため、ある限度以上には権力政治に深入りすることはできなかった。さらに、一八世紀に至ってまでも、トルコからの侵略という脅威があったので、国際政治のチェス盤上におけるオーストリアの行動の自由は制約されていた。最後に、プロシアを例にとれば、この国は大国へ仲間入りしたのが遅かったために、大国としてのその立場をまもり確保することだけで満足しなければならなかった。また、プロシアは国内的にもあまりに弱く、地理的位置もきわめて不利であったので、無制限の領土拡張を計画することなどは思いもよらなかった。ビスマルクが、プロシアの力をドイツにおいて優越させ、ドイツの力をヨーロッパにおいて優越させた後もなお、彼の政策はこの力を拡張することではなく、それを保持することを主眼としたのである。

一八七〇年から一九一四年の期間におけるヨーロッパの現状の安定は、ひとつには大国自身が国境におけるごくささいな動向にさえも潜んでいる危険を避けようとすることから直接もたらされたものであり、もうひとつには、大戦の危険を避けつつ、ヨーロッパ以外の地域における現状変更を達成できたためであった。アーノルド・トインビーは次のように述べている。

「(バランス・オブ・パワーを形成している国家群の)中心においては、ひとつの国家が自己強化を意図して行なうすべての動向は、そのすべての隣国から警戒の目でみられ、巧みに迎撃される。そして、わずか数平方フィートの領土や数百の『人びと』に対する主権獲得をめぐって最も激烈で不屈な戦いが繰り返される。……その周辺のあまり緊迫していない環境においては、全く凡庸な政治的手腕がしばしば驚くべき働きをなしうる。……フランスやドイツが最高の政治的手腕をもってしても、アルザスやポーゼンのような地域を何の抵抗も受けずに領有するということができなかった時代に、アメリカは目立つこともなく大西洋から太平洋へと北アメリカをまっすぐ横切って拡張し、また、ロシアはバルト海から太平洋へとアジアを横切って同じように拡張することができたのである。④」

一八七〇年のドイツ統一とともに、強大な民族国家の統合は完了した。そしてそれ以後、ヨーロッパにおける領土獲得は、大国あるいはその同盟国を犠牲にして初めてなされることになった。それから四〇年以上もの間、世界政治の大きな争点は、アフリカ諸国の名前、たとえばエジプト、チュニジア、モロッコ、コンゴ、南アフリカといった国名と結びついてきたし、また中国とかペルシアとかいったアジアの老衰した帝国とかかわっていた。そして、局地戦争はこれらの争点の結果として起こった。すなわち、一八九九年から一九〇二年にかけてのイギリスとボーア共和国間のボーア戦争、一九〇四年から翌五年にかけての日露戦争、一八七七年のロシア・トルコ戦争、一九一一年から翌二年にかけてのイタリア・トルコ戦争などがそうである。しかし、注目しておかなければならないことは、これらすべての戦争において、大国のうちの一国が、「周辺《ペリフェラル》」勢力と呼ばれている国、すなわち大国の侵略の対象とされている国と、あるいは例外的には日本のような外部の競争者と戦ったということである。いずれの場合でも大国は、アフリカやアジアにおける、政治的に空白の地域へ拡張していくためには、他のいかなる大国に対しても武器をとって立ち向かうという必要はなかったのである。

ここにおいては、代償政策は最大限に成功を遂げることができた。なぜなら、政治の上で無人地帯と呼ぶことのできる地域はかなり多く存在していたからである。つまり、このような無人地帯をもって自国領土の代償として他国に与えることができたし、また他国が同じようなことをするのを認めることができたのである。自国の死活にかかわる利益を犠牲にせずに妥協するとか、自国の面子《メンツ》をつぶさずに退却するとか、あるいは、争点を避けてとおったり、先に延ばしたりすることが、いつでもできた。一八七〇年から一九一四年に至る時期は、他国民の領土について外交的な取引や抜け目ないかけ引きを展開した時代であり、紛争を引き延ばしたり争点を避けてとおったりする時代であった。したがってこの時期は、大国間に平和が続いたのである。

この時期の大きな争点のうちで最も永続的かつ最も爆発的なもの――それは依然として大国圏の周辺部に位置していたのだが――が、その時期の他の大きな争点のどれよりも地理的に大国圏に近く、また、その時期の他の大きな争点のどれよりも、大国圏内における政治的、軍事的な力の配分に直接に影響を与えていたことは意味のあることである。(東方問題ともバルカン問題ともいわれる)この争点とは、トルコ帝国のヨーロッパ地域の遺産をいかにして配分するかということであった。この争点から、まさに第一次世界大戦の大動乱が起こったのである。バルカン問題は、この時期の他のどの争点よりも、大国間の公然の紛争を招きやすかった。とくに、大国のひとつであるオーストリアの死活にかかわる利益が、セルビアの民族的願望によってもろに影響されたからである。しかし、このような結果がはたして不可避であったかどうかは、それほどさだかではない。もし他の大国、とくにドイツが、一九一四年におけるバルカン問題を、ちょうど一八七八年のベルリン会議でバルカンの周辺的性格を認めて成功したときと同じように扱っていれば、第一次世界大戦は避けられたかもしれないというのは、もっともらしい主張である。

ビスマルクが、ドイツの利益に関する限りバルカン諸国は、「立派な体格をしたたったひとりのポメラニアの銃士を戦死させる」のにも値しない、と一八七六年に言明したとき、[5] 彼は、ドイツの政治的、軍事的利益に関連してバルカン問題の周辺的性格を強調したのである。一九一四年七月、ドイツ政府が、オーストリアがセルビアに対して決定するどのような処置をも支持することを約束したとき、ドイツ政府はビスマルクとは全く正反対の立場を何ら正当な理由もなしにとることになった。ドイツは、セルビアを屈伏させて得たオーストリアの利益を自国の利益のようにみなしたが、一方で、ロシアはセルビアの独立を擁護することを自国の利益であると考えた。このようにヨーロッパ国際システムの周辺における紛争は、そのシステムのなかでの全体的な力の配分に影響を及ぼす恐れのある闘争へと変化したのである。

もし取引が自国の死活的な利益から離れて行なわれてはならないということであるなら、そもそも取引などというものは成立しなかったのである。そこでは他国を犠牲にした譲歩はもはや行なわれないだろう。なぜなら、自国の利益と、その国がかかわりあっている小国の利益とを同一視することは、明らかに他国を犠牲にして行なわれる譲歩までも自国を犠牲にして行なう譲歩のように思いなしてしまうことになるからである。紛争が延期されるということはありえなかった。というのは、すでにみてきたように、ほとんどすべての大国は、武力衝突が避けられないとなると、それを延期することはただ敵を利するだけだと思ったからである。争点はそれがいったん周辺部から大国圏の中心部にもち込まれてしまうと、これらを避けておることはもはやできない相談であった。いわば、争点を避けるために踏み込むべき空白の領域がなくなってしまったのである。ロシアは、オーストリアの示した条件に従ってセルビア問題を解決するというドイツ・オーストリア共同の決定に対抗しなければならなかった。その結果として、フランスは、ロシアが露仏同盟の発動を訴えてくるのを避けることはできなかったし、ドイツは、この同盟の実際の行動に対処しなければならなかった。そして、イギリスはといえば、ベルギーが脅かされるのを目のあたりにしなければならなかった。このさい、それぞれの国家が、みずからその死活的な利益としているものを譲ることなしにこれらの争点を回避することなど、おぼつかないことであった。

少なくとも部分的には外交上の失敗から起こった一九一四年七月の出来事は、バランス・オブ・パワーの構造的変化を避け難いものとした。第一次世界大戦前の時期には、大国はその敵対関係を、お互いの国境地帯から大国圏の周辺へとそらし、政治的空白の地域に追いやることができた。なぜなら、いままでみてきたように、バランス・オブ・パワーに積極的に参加している国は、事実上すべてヨーロッパの国々であったし、そのうえ、そのバランスを形成している主要国はヨーロッパに位置していたからである。この時期に政治的な空白地域である周辺部があったということは、逆にいえば、この時期をつうじてバランス・オブ・パワーが質的にも量的にも地理的限界によって制約されていたということである。だがバランス・オブ・パワーは、それを形成している主要な勢力がいまでは三つの異なった大陸にまたがり世界的になったので、一方における、大国圏およびその中心部と、他方における、大国圏の周辺部およびその他の政治的空白地帯との間の二分法は必然的に消滅するにちがいない。バランス・オブ・パワーの周辺とは、いまや地球の果てと同じことなのである。

植民地革命

こうして、以前は世界政治の周辺部であったものが、いまでは世界政治の中心のひとつになる傾向にある。そこは、領土と人間の心を支配するために二つの超大国間の闘争が行なわれている主要な舞台のひとつである。そして、次の二つの要素がこの変動の原因となっているのである。つまり、以前の支配者に対する全世界の植民地および半植民地諸国の革命と、みずからを二陣営システムにしてしまう二極システム固有の傾向とがそれである。

植民地フロンティアの消滅——つまり植民地拡張の完了——は、植民地拡張の対象となる国々がその独立を取り戻したり白色人種と有色人種との関係を根本的に変えようとしたりする逆転運動を直接引き起こしており、さらにはこの逆転運動と大いに符合してもいるのである。それは、満潮が同時に、岸辺に寄せてくる潮の最終段階でありなおかつ引潮の最初であるように、植民地拡張の完了は、植民地主義自体の終焉がはじまっていることを意味している。というのは、植民地主義の大国がその拡張の限界に達したときには、彼らは、この世において達しうる権力の限界にたまたま到達してしまったときでもあったからである。もっと具体的にいえば、ヨーロッパ諸国の政治的、軍事的衰退は、植民地革命の原因になったとともに、後には広くその結果ともなったわけである。

もし植民地フロンティアの消滅が世界の力の中心であるヨーロッパの衰退と同時に起こらなかったとしたなら、いまや植民地革命という形で世界史における重大な転換点のひとつとなったものは、今日の時点からふり返ってみると、実は一連の植民地反乱——これは多くの先例と同じように失敗したのだが——であった、ということになるだろう。しかし、第二次世界大戦中日本の手でそれらの勢力が打ち破られたことからとくにわかるように、ヨーロッパの主要大国の明らかな衰退が植民地革命を招いたのである。この衰退のゆえに過去における植民地革命は成功したし、近い将来におけるその成功もまた確実なものとなるのである。このように、第二次世界大戦の末期においてほとんど思いもよらなかったことが、わずか二〇年後には既成の事実となった。イギリスが、ビルマ、セイロン、インド、パキスタン、マラヤ、シンガポール、エジプトから自主的に撤退したこと、また同国がイラン、イラク、ヨルダンから放逐されたこと、オランダがインドネシアから撤退を強制されたこと、フランスがインドシナから排除されたこと、アフリカにおけるベルギー、イギリス、フランス、ポルトガルの各帝国が自治国あるいは独立国へと解体されていったこと、以上がその実例である。

いまふり返ってみると、第二次世界大戦の激動に引きつづいて起こったこの植民地革命は、非植民地化の過程の頂点であるとともに、その最終章にすぎなかった。そして、この非植民地化の過程は、一八世紀においてはイギリス本国に対するアメリカの独立戦争、スペインおよびポルトガルからのラテン・アメリカの独立、一九世紀初頭にはトルコからのヨーロッパ属領の独立、さらに第一次世界大戦後は、オーストリア・ハンガリー帝国、ロシア帝国のヨーロッパ地域、およびトルコのアラブ系構成分子の分離解体等、によって一大飛躍を遂げた。ヨーロッパの弱さから生まれた植民地革命は、その最終局面においてヨーロッパをさらに弱体化した。近代をつうじてヨーロッパが誇っていた優越した政治的地位は、ヨーロッパが主として有色人種を支配したために生まれたものである。ヨーロッパが世界支配を達成し、しかもそれを維持しつづけることができたのは、ヨーロッパの白色人種と、アフリカおよびアジアの有色人種との間に存在した技術的、経済的、軍事的格差のためであった。ヨーロッパ諸国が人口、領土、天然資源における劣勢を補うために依存してきたあの軍事的、経済的、政治的強さのおもな源泉は、いま述べた格差の消滅とともに枯渇してしまったのである。

しかし、ヨーロッパ勢力の衰退は、植民地革命に成功の機会を与えはしたが、この革命を成功させる原動力を与えたわけではなかった。すべての正真正銘の革命と同様、植民地革命は、この世界の現状に対する道義的挑戦に発したものである。このことは、植民地革命の最も成熟した表現としてのアジアの革命にとくにあてはまる。

アジアから発している道義的挑戦は、その本質においては、西洋の道義的理念の勝利を意味する。それは、民族自決と社会正義という二つの道義原則の旗印の下に推しすすめられているのである。これらは、一世紀以上にわたって、西洋において国内的、国際的政策を導いてきた理念であり、あるいは、少なくとも政治行動を正当化するために掲げられてきた理念である。西洋はアジアを征服したあと、そこに、自分たちの科学技術と政治制度をもたらしたばかりでなく、政治道徳の原則をももたらした。西洋の国々は、自分自身の体験を引き合いにだしてアジアの人びとに次のようなことを教えたのである。すなわち、個人の能力を完全に開発するためには、その個人が所属している民族はみずからの自由意志でその政治的、文化的運命を切り開くことができるようになっていなければならないこと、しかもこの民族の自由という原則は、それを求めて戦うだけの価値があるということである。そして、アジアの人びとはこの教訓を学んだのである。また西洋はアジアの人びとに、貧困と苦悩は、人間が受動的に受け入れなければならない天与の呪いなどではなくて、大部分は人間がつくりだしたものであり、人間によって是正されうるものであることも教えた。アジアの大半の人びとは、この教訓をも学びとったのである。今日、アジアが西洋自身の道義規準の名の下に――西洋の政治的、経済的政策を非難しそれに反抗しつつ――西洋に向かって浴びせているものは、これら民族自決と社会正義という原則なのである。

二極システムの潜在力

植民地革命は、一方における、アジア、アフリカ、ラテン・アメリカと、他方における、世界の他の地域との間の道義的、軍事的、政治的関係を根本から変えてしまった。

現代の世界政治の二極性という観点からみれば、植民地革命は、どちらの陣営にも全く結びついていないか、あるいは結びついていてもそれを撤回できないほどには結びついていないという、いわゆる道義的、軍事的、政治的無人地帯をつくりあげた。これらの新しい国々は共産主義と民主主義のどちらをとるだろうか。また、これらの国々は、政治的、軍事的に、モスクワ、北京、あるいはワシントンのいずれと結びつくだろうか。つまりこれは、世界中の非同盟諸国が二つの超大国につきつけている挑戦状なのである。

二つの超大国はこの挑戦に応えるのにそんなに手間どらなかった。なぜなら二極化した政治システムには、もともとそれ自体が二陣営システムへと変化していく内在的傾向があったからである。多極システムがもつ柔軟性はすでに過去のものとなり、代わって、二つの超大国の同盟国はそれぞれの圏内にしっかりとつなぎとめられることになった。こうして、二つの超大国は、非同盟国をその勢力圏へ引き入れさえすれば、自国の威信、領土、人口、天然資源といった点で国力を増進することができるのである。このようなシステムのなかでまだ柔軟性を残しているところは、米ソいずれの圏内にも、みずから進退の自由を失ってしまうほどはっきりとは加わっていない地域か、あるいは、軍事占領によってやむをえず加入させられている地域だけである。ここではなお超大国は、前進したり後退したり、また、取引したり裏工作したりすることができる。ここには、道義的、軍事的、政治的な征服を達成する機会が依然として存在している。ソ連は、インドをその圏内へ引き込んだおかげで、東西間の紛争にひとつの重要な勝利をおさめた。こうして二つの超大国は、非同盟地帯に、自国の道義的、経済的、軍事的、政治的な力の資源をつぎ込んできたのであり、しかもこれらの地域を、地球の果てまでも互いに境を接しつつ反目し合う二つの巨大な陣営に分断しようとしてきたのである。

二極システムの崩壊の可能性

しかし、二極システムの二陣営システムへの変容を超大国にとって魅力あるものにしている将来の展望こそが、実は非同盟諸国や、状況に押されて米ソいずれかの陣営に組み入れられることになったにもかかわらず行動の自由を回復しようとしている諸国に、この変容に対する反発を起こさせることになる。この変容――これはもともと二極システムにひとつの可能性として内在していたのだが――に対する反発は、さらにもうひとつの可能性を引きだすことになる。

この枠組みのなかで考えると、アジア諸国の革命、もっと具体的にいえば中国の革命が、長期にわたって世界の他の地域に対して最も重大な意味をもつとしても不思議ではない。アジアにおいては領土と天然資源、そして大人口をあわせもつ国々が、自国の目的達成のために、政治権力、近代科学技術、そして近代の道義理念といったものを活用しはじめている。八億に近い中国人を計算にいれなくても、これまで他国の政策の対象だった一〇億以上の人びとが、いまや積極的な参加者として世界政治に加わっている。これらの目ざめつつある大衆が、最近まで西洋が事実上独占していた近代科学技術の道具を、とくに核の分野において、遅かれ早かれ全面的に所有するようになるのは十分予想できることである。

力の配分に徹底的な変化をもたらすことになるこのような事態の展開は、これまで言及してきた他のどの要因よりも世界の将来にとって重大な意味をもつであろう。それが、現在世界政治に足跡を残しているワシントンとモスクワを中心とする二極性の終焉を意味するとしても不思議ではない。結局、ソ連が、世界共産主義の政治的、科学技術的、道義的なリーダーシップにおいて競争相手をもたないといった時代はもはや終わった。そしていまや、人口と潜在力という点からすれば、ソ連ではなく中国こそ、世界の共産主義国のリーダーなのである。

二極システムが、長期的にみればいずれは解体してしまうだろうということは、このシステム自体に内在する潜在力をみてもこれまた見当のつくところである。非同盟諸国や、不本意ながら同盟関係を結んでいる国々が、ワシントンとモスクワという二つの政治的な極の磁力に対抗しようとして発する力は、同じ方向を向いている。つまり、これらの国々は、もしできることならこの磁力をはねかえしてやろうとしているのである。これらの国々のなかから、核兵器で武装した独立の力の中心が形成されるときこそ、二極システムそのものの弔鐘が響きわたるだろう。

そこで、この二極システムには二つの相反する潜在力があるということになる。つまり、世界中の非同盟国を吸収しつつ二陣営システムへと拡張しようとする傾向と、ひとつの陣営内部から外へ向けて飛びでようとしたり、陣営の内部または外部に新しい力の中心ができて、その磁力にひきつけられて解体してしまう傾向がそれである。

冷戦の継続

長期的な可能性よりはむしろ短期的な実現性の方に目を向けると、二つの超大国を中心とした二つの権力陣営が世界政治の舞台を支配しつづけていくだろう、ということがおそらくわかる。第二次世界大戦終了後、この二つの陣営は、短く狭い小路にいる二人の闘士のように、互いに対峙してきた。これら両陣営は、前進して戦闘状態に入ることもできるし、あるいは後退して、彼らにとって重要な場所に相手方が進入するのを許すこともできる。しかし、バランス・オブ・パワーにおいて支配的な力をもつ国々が武力衝突を回避するために、あるいは少なくともこの衝突を短期化するとか、それに決着をつける——ただしその衝突の範囲を限定するわけであるが——ために利用したさまざまな術策——たとえば、同盟や反対同盟を結ぶこと、より重大な脅威あるいはもっとよい機会に応じて同盟関係を変えること、争点を回避したり先に延ばしたりすること、競争関係をいわば人目につきやすい前庭から植民地の裏庭へとまわしてしまうことなど——はすでに過去のものとなった。そして、こういったことどもに、次のようなものが忘却の彼方に捨てられてしまったのである。すなわち、バランス・オブ・パワーというゲームの参加国にとって必要であった、精神の巧妙かつ鋭敏な独特の働きとか、利にさとくしかも変幻自在な知性とか、さらには、大胆でそのうえ慎重な決断力などがそれである。また、かき乱された権力関係がもとのバランスに戻るとか、さもなければ全く新しいバランスを樹立するとかいうようなあの自律的な柔軟性ないしは自動的な傾向——これについては前に論じたのだが⑥——というものも、いま述べたばかりの行動様式や知的態度とともにすでになくなってしまった。

今日国際問題のゆくえを決めるアメリカとソ連にとって、ただひとつの政策のみが残されているようにみえる。すなわちそれは、自国と同盟国の国力を増大させることである。バランス・オブ・パワーというゲームで重きをなす参加国はことごとく、どちらかの味方になってしまったし、近い将来において一方の陣営から他方へと路線変更することなどは起こりそうもない。つまるところ、世界中いたるところの争点は、米ソ両陣営がそれぞれにとって死活的な利益とみなす領域から退くかそこへ前進してゆくかのどちらかになるがゆえに、自陣営の立場は保持されなければならず、ギヴ・アンド・テイクの妥協は米ソいずれの陣営にとっても、許されざる弱点のあらわれとなるのである。

一方、ドイツの戦争哲学者フォン・クラウゼヴィッツの古典的定義によれば、以前は戦争は他の手段による外交の延長とみなされていたが、外交の技術はいまやいろいろな戦争技術へと変貌している。つまりわれわれは、さしあたって、暴力以外の手段で戦争の目的が遂行される冷戦の時代に生きてきたのである。このような状況の下では、外交精神といった特別の資質は役に立たない。なぜなら、これらの資質が働きかける対象は何もないからであり、したがって軍事的思考様式がこの資質にとって替わっているからである。バランス・オブ・パワーは、ひとたびそれが乱されると、たとえ回復するとしても、劣勢である側の軍事力を増大することによってしか回復できないのである。しかし、米ソという二つの巨人国自身の力を別にすれば、重要な変数は他にはないので、米ソいずれの側も、一時的に優勢になった相手国がその優越的地位を利用して、自国の軍事的、経済的圧力を粉砕したりあるいは絶滅戦争に訴えつつ自国側からの脅威を排除しようとするのではないかと恐れることになる。

このように、国際状況は、二つの巨人国が疑心暗鬼で対峙し、睨みあっているという、原始的な光景になっている。彼らは、軍事力を最大限にまで拡大しようとやっきになっている。なぜなら、米ソが頼り切れるものはこれ以外にないからである。双方とも、第一撃で決定的打撃を与えようと準備している。というのは、もし一方の側がこの決定的打撃を与えることができなければ、相手方がそうするだろうからである。このように、包囲するか包囲されるか、征服するか征服されるか、破壊するか破壊されるか、が新しい外交の合言葉となっているのである。

しかし、このような様相を呈している世界の政治的状況は、必ずしも新しいバランス・オブ・パワーの力学から必然的に起こったものではない。新しいバランス・オブ・パワーの構造的変化は、二大陣営の敵対関係を、起こりうるものとはしたが避け難いものにしてしまったわけではない。全く逆に、新しいバランス・オブ・パワーは、それ自体、前例のない悪事をもたらすのみならず、まだ聞いたこともないような善事をもたらす可能性を秘めているメカニズムである。これら起こりうることのなかで、どれが現実のものとなるかは、バランス・オブ・パワーの力学によって決まるのではなく、それぞれの目的を実現させるためにこのメカニズムを利用する道義的、物質的な諸力に左右されるのである。

平和共存

フランスの哲学者フェヌロンは、前に引用したルイ一四世の孫に対する助言のなかで、(7)バランス・オブ・パワーのさまざまな類型について説明している。バランス・オブ・パワーのそれぞれの類型の利点と弱点とを評価するにあたり、彼はバランス・オブ・パワーの完全な型として、同じ力をもつ二つの国家が対立している状態に最高の賛美を与えている。彼は次のようにいっている。

「第四のシステムとは、一国の力がもう一方の国の力とほぼ同じで、しかも公共の安全のためにこの一方の国の力とバランス関係を保つことのできるシステムのことである。このような状況にとどまるためにも、さらには、あなたがこのような状況を放棄したくなるような野心を抱かないようにするためにも、この第四のシステムは、国家にとってまさしく最も賢明で幸運な状況である。あなたは、このシステムにおける万国共通の裁決者である。すべての隣邦はあなたの友邦であり、友邦国でない国々は、友邦国でないという事実だけで他国から嫌疑をかけられてしまうのである。あなたがなさることはすべて、国民のためのみならず隣邦のためであったように思われる。あなたは日を追って強くなられている。そして長期的にみれば、賢明な政策のおかげであなたの成功はほぼまちがいないところだが、もしあなたがあなたを妬む国よりももっと自国を内部的に強化し、もっとたくさんの同盟国を獲得することに成功するならば、あなたは、バランスと共通の安全を維持するということだけにご自分をとどめてきた、あの賢明な中庸精神をさらに一層堅持なさるべきである。人は、つねに次のようなことを記憶しておくべきである。すなわちそれは、偉大な征服をなし遂げるために国家がその内外で支払わねばならない悪徳という代償のこと、このように征服してみたところで実はよい結果はなにも起こらないという事実、また、征服行為にでるときに冒さねばならぬ危険のこと、そして最後に、大帝国などというものがいかに虚名に満ちて役に立たぬものであり、しかもいかに短命であるかということ、これら大帝国がその崩壊にあたってどんな荒廃を巻き起こすことになるかということ、以上である。

とはいっても、他のすべての国に優越した力をもつ国が、決して自国の優越的地位を乱用しないなどということは望むべくもないので、賢明で公明な君主は、どこからみてもご自分より節度のない後継者には、あまりに著しい優越的地位という、継続的かつ暴力的な誘惑のタネを残そうとしてはならない。ご自分の後継者と国民の幸福のためには、ご自身を一種の平等の精神につなぎとめておかれるべきである。[8]」

フェヌロンが考えた力の配分は、アメリカとソ連の間に存在する力の配分と酷似している。二つの独立国——この両国家は、節度ある競争によってそのバランスを維持している——のバランスがもたらす潜在的に有益な諸結果を、フランスの哲学者フェヌロンは歴史の考察をつうじて気づき、われわれはといえば、それを現代の体験をつうじて気づくようになった。しかし、力の二極化と政治的安定との間にある相関関係は、近代になってみいだされたものではない。昔の人びとはそのことを知っていて、憲法上の取決めという術策によってこの関係を生みだそうとした。こうして、スパルタは同等の力をもった二人の王によって治められ、共和制ローマは同等の力をもった二人の執政官によって統治された。それと酷似した関係は、イロコイ族連合の二人の軍事指導者の間や、中世の都市アウクスブルクの二人の市民長官の間にもあった。[9]

このようなバランス関係は、それ自体に内在する不安定性につねに脅かされている。この不安定性は権力闘争の力学の結果としてでてくるものである。アメリカとソ連の間の二極間バランスは、つねに、そのバランスが不安定であるという脅威にさらされている。この脅威は、民族的普遍主義と近代科学技術の衝撃の下で全く革命的変化を遂げたあの現代の戦争の性格によって拡大されている。ここにわれわれは、現代の世界政治と前の時代の国際政治とを区別している、基本的な諸変化のうちの最後のものをみいだすのである。

第二二章　全面戦争

われわれは、現代の戦争がそれぞれ異なる四つの点で全面的になった、ということをすでに指摘した。すなわち、(1)その感情と信念においてみずからを自国の戦争と完全に同一化してしまう人口の割合、(2)戦争に参加する人口の割合、(3)戦争から影響を受ける人口の割合、(4)戦争によって追求される目的、の四点に関して戦争は全面的なものになったのである。一八世紀初頭にあたって、フェヌロンが著述したときには、戦争はこれらすべての点において限定されており、近代国際システムがはじまって以来ずっとそうであったのである。

この限定戦争という類型の極端な例として、一四、一五世紀のイタリアの諸戦争を挙げることにしよう。これらの戦争は、主として傭兵によって戦われたのであり、しかもこの傭兵は、自分たちの関心事がおもに金銭的なものであったので、戦闘で死んだり敵を多く殺すことで危険を招くといったことはしたがらなかった。さらに、傭兵隊長——戦闘中の軍隊の指揮者——は、兵士というものが運転資本であったわけだから、その兵士を犠牲にしたいとは思わなかった。傭兵隊長たちは、彼らの軍隊に投資しているので、採算がとれるよう望んだ。また傭兵隊長は、敵の兵士を多く殺そうとは思わなかった。なぜならこの隊長は、敵の兵士を捕虜にして、それを売って身代金をとることができたし、自分たちの軍隊へ兵士として雇うこともできたが、殺してしまっては、金銭的利益にはならなかったからである。だから傭兵隊長は、決戦や殲滅戦に関心を示さなかった。それは、戦争がなくなり敵もいなくなれば、仕事もまたなくなったからである。そのために、これらイタリアの戦争は、敵が死傷者としてよりはむしろ捕虜として兵士を失い、陣地を放棄し退却するように仕向ける、巧妙な策略や戦術上の術策からおおかた成り立っていた[1]。したがってマキアヴェリは、ひとりも殺されないかあるいはたったひとりだけが敵の行動によってではなくて落馬によって戦死するような一五世紀の多くの戦闘——そのなかには歴史的に非常に重要なものもある——を報告することができたのである。

　マキアヴェリのこの説明は、あるいは誇張されているかもしれない。しかし、これらの戦争[2]は、第一次世界大戦に至るまでの近代史をつうじて、宗教戦争とナポレオン戦争という数少ない重要な例外はあるとしても、一般に行なわれていた限定戦争のひとつの類型のあらわれであったことは疑いない。一八世紀の偉大な軍事指導者のひとりであったサクス元帥は、一四、一五世紀の傭兵隊長を導いた戦争の原則と全く同じ原則を宣言して次のように述べた。「私は、とくに戦争の端緒における会戦には全く反対である。私は、有能な将軍とは、一生涯会戦を余儀なくされることなく戦争をしつづけることのできる人である、とさえ信じている」。その世紀の終わりに、ダニエル・デフォーは次のような意見を述べた。「窮地に陥った兵士五万の軍隊同士が、互いの視界内にありながら全戦闘期間をつうじてただ身をかわしつづける、つまり、もっと粋な表現をすれば、相互に観察し合うばかりで、最後には結局越冬のための宿舎に引きあげてしまうということが、いまやしばしば起こっているのである」③。一七五七年一月一二日に、チェスタフィールド伯は、自分の息子に宛てた手紙のなかで、当時の戦争を次のような言葉で描いてみせた。

「………戦争でさえ、この退廃の時代には、おずおずと戦われている。助命が許され、町は占領されても人民が危険を受けることはない。奇襲がかけられても、女性は強姦の恩恵を期待することとすらかなわない。④」

他方、限定戦争の時代が終焉に近づいたとき、フォッシュ元帥は、一九一七年にフランスの国防大学における講義で、往時の戦争と新時代の全面戦争の、それぞれの類型を要約した。

「真に新しい時代、すなわち国家の全資源が闘争に吸収されるようになる国民戦争の時代がはじまった。それは、王朝の利益とか、州の征服や領有ではなく、まず第一に哲学的理念の防衛や伝播を目的としたものであり、その後、独立とか統一とかいう、さまざまな種類の非物質的な利点に関する原則を防衛したり拡張したりすることを目ざすものだった。国民戦争は、力の要素としてはそれまで認められていなかった感情とか情熱とかいったものを利用して、兵士一人ひとりから戦意と全能力とを引きだすことになっているのだ。………一方では激しい感情で燃え立っている大衆を徹底的に利用するのである。すなわち、あらゆる社会活動を吸収すること、そして、要塞化、兵糧弾薬の補給、陣地の利用、軍備、設営等に至るまで体制の物質的部分のすべてを、戦争の必要とするところに従わせるのである。

他方、一八世紀には、さまざまな体制の基礎となる上述の物質的部分は整然と系統的に利用された。これらの体制は、もちろん時とともに変わっていくのだが、主権者の私有物である軍隊をまもるために、兵隊の使用を制御することをつねに念頭においていたのである。軍隊は、戦争の目的には無関心であっても、とくに軍人精神とか伝統については、ある程度専門的な資質を当然もっていたはずである。⑤」

フェヌロンが宗教戦争の会戦を特徴づけるために、一八世紀初期に用いた言葉、すなわち、「あなたは征服者か被征服者のどちらかである」という言葉が、二〇世紀の新しい全面戦争についてのフォッシュの描写に再びあらわれているのは、以上の文脈を考えると意義深いことである。

「………もし敗北した側が話し合いのあらゆる手段を失って初めて降伏するとなれば、戦争の目的とは、話し合いの手段を断つことでなければならない。兵器による決着は、唯一の重要な審判である。なぜならそれは、勝者と敗者を決めるたったひとつの判決だからである。それだけが、相敵対する当事者それぞれの状況を変えることができる。一方は自分の思いのままに行動できる支配者となり、他方は敵の意志に服従しつづけることになる。⑥」

全国民の戦争

新しい時代の戦争においては、個々の市民から成る大衆が、自国の行なっている戦争と自分たちとを同一化するということは、二つの要因、すなわち、道義的要因と経験的要因によってはっきり示されている。

道義的要因とは、正義の戦争に関する教義の、二〇世紀における復活である。すなわちそれは、戦争への参加が倫理と法律によって正当化される交戦国と、武器をとるべき法的・道義的権利をもたないとみなされている交戦国との間の区別が復活した、ということである。この教義は中世において支配的であったが、近代国際システムの興隆につれてだんだんに薄められてしまった。バリス教授が一六世紀におけるこの教義の発展に関連して次のように指摘している。「正義の戦争――交戦国の一方は罪を犯しているのに対して、もう一方は全く正しいという戦争――についての中世のスコラ哲学者たちの考え方は、事実上消滅してしまった。その代わりに、君主は原告として、また判事として戦争をするものだという考え方が起こった」。その結果、「新しい教義は、詭弁をろうすることによって事実上どのような種類の戦争も正当化できる道が大きく開かれるに至った」(7)。

限定戦争の時期をつうじて、このような正義の戦争と、不正義の戦争との差異は、どう考えても曖昧であった。そしてこの差異は、一九世紀に戦争が一つの事実――すなわち、戦争という行為は、ある道義的、法的規則に従う行為である反面、すべての国家は、自分の裁量でこの規則を利用できる法的、道義的権利をもっていた――にすぎないとみなされるようになったとき、ついに捨てて顧みられなくなった。この見方に従えば、戦争は政府が適当であるとみなすときには、外交と交互にあるいは同時に用いられる、国家の、もっとはっきりいえば王朝の政策の手段であった。

一般大衆にとっては、このような戦争と自分たちを全く同一化してしまうことは明らかに不可能なことだった。このような同一化を確立するには、それをまもりあるいは獲得するために、あえて戦争を開始せねばならぬような道義的争点が必要であった。別のいい方をするなら、自国の主義主張を道義的熱情をもって大衆に支持させ、敵国に対する激しい憎しみの情を湧き立たせるために、戦争は自国の側にとっては正義であり、敵側にとっては不正義でなければならないのである。おそらく、志願兵や職業軍人は、こうした正当化がなくてもあえて自分の命を投げ出しただろうが、武装した市民はそうではなかった。ナポレオン戦争におけるナショナリズム、一九世紀のドイツやイタリアの国家統一のための戦争におけるナショナリズム、それに二〇世紀の二つの世界大戦における民族的普遍主義といったものは、そのような戦争の正当性の原則を提供し、その原則とともに、一般大衆に情熱や熱狂――それによって、戦闘員である一般大衆が理念のためによろこんで征服を敢行し死んでいくという気がまえが復活した——を巻き起こしたのである。

ナショナリズムと民族的普遍主義の理念が勝利をおさめたときに使われた手段は、徴兵制度による国民皆兵制であった。傭兵や、強制的に兵役に従わされた下層民や、さらには、だまされて兵役につかされた善良な国民はすべて、一九世紀以前の限定戦争の時期においては軍隊の兵卒部分を構成していたのだが、彼らが道義的、理想主義的な要件によって鼓吹されるわけはなかった。彼らのおもな関心は、戦闘を回避して生きのびようということであり、それは、金銭的な投資と危険とを少なくおさえよう——このことは、戦いをつうじてよりも策略をつうじて戦争に勝利しようとすることによって達成される——という指導者の思惑と一致した。フリードリヒ大王の下では、プロシア軍の三分の二は外国人の傭兵で補充されていた。一七九二年のフランス革命軍に対抗したプロシア軍の三分の一は、依然として傭兵から成り立っていた。そして戦闘を避けることをおもな目的として案出された拙劣な作戦行動は、いったい全体、何のためにあるいは何に対して戦うのかを全く知らない兵士の精神をよく表わしていた。当時のフランス軍とイギリス軍のことに言及して、ウェリントン公は、「フランスの徴兵制度は、あらゆる階級の出身者を見事な軍隊にまとめあげている。われわれイギリスの軍隊は、この世のくず――この世の全くのくずから成り立っている」と述べた。

限定戦争の時期をつうじて、個人の脱走はむろんのこと部隊ごとの逃亡は普通であった。傭兵あるいは傭兵部隊は、予期できる利益に従って、春にはある雇主に仕え、秋には別の雇主の下で働くという具合であった。もし傭兵の契約が一戦闘期間についてだけのものであるならば、このやり方は全く正常なものであった。だが、傭兵は、それまでの主人のところで賃金や労働条件に満足しない場合には、ためらうことなく、契約義務など無視して、いま述べたやり方に従ったのである。

傭兵の分遣隊が戦闘の直前や、攻略の最中に、突如として他の雇主をさがすという行為にでることは、この種の労働争議においてとくに効果的であった。というわけで、一五二一年のパルマ攻略戦では、三、〇〇〇人のイタリア人がフランス軍から逃亡し、相手方に投じた。同年一〇月には、イタリアにあったフランス軍のスイス分遣隊は、脱走によって数週間のうちに二万人から六、〇〇〇人に減ってしまった。その翌春、スイス人の新しい分遣隊は、ビコッカの戦闘の前日にストライキに入り、事実上、フランス軍に戦闘計画を命ずることになった。その結果、スイス人分遣隊の攻撃ははね返され、この戦闘は敗北に終わった。その同じ戦闘の期間に、反対陣営では、ドイツ分遣隊が反撃に出るためと称して二倍の賃金を要求したが、反撃も昇給も実現しなかった、と伝えられている。一五二五年のパヴィアの戦闘の数日前には、六、〇〇〇人のスイス人と二、〇〇〇人のイタリア人は、十分に賃金を支払われていたにもかかわらず、フランス軍から逃げだした。彼らが脱走したことで、フランス軍の勢力はおよそ三分の一ほど減ったのである。

一六、一七世紀の宗教戦争の時期には、どの軍隊も、再三再四自己の属する陣営を変えた。一八世紀には、脱走兵がでたために軍隊が被った損失は、戦闘において被った損失を凌いだ。それに、脱走行動は非常に広範囲にわたっていたので、軍隊が、見通しの悪い地形のところで、さらには密集隊形以外の隊形で、設営ないし作戦行動をすることは愚かなことであった。戦場に十分な兵士を確保するため、フリードリヒ大王は、六カ月以内に部隊に復帰する脱走兵には褒賞金を支払わなければならなかった。

兵役は、犯罪に対する刑罰の代わりとして広く用いられた。たとえば、死刑に反対したヘッセ伯は、死刑の宣告を受けた犯罪者を自分の連隊へ送ったものである。また、支払い不能の債務者に対して、破産宣告に服するか軍隊に入るか、のどちらかを選ばせることは一般的な慣行であった。この種の軍隊が一般に軽蔑されていたのは、兵隊たちの規律の悪さからいって当然のことであった。フリードリヒ大王の時代の人がいっているように、兵士たちは「愛国心によっても、君主に対する忠誠心によっても鼓舞されなかった」。鉄の規律に服させ褒賞で釣る以外に、彼らを統御するすべはなかった。そして、彼らの社会的素姓、社会的威信、そして彼らによって戦われる戦争の性格からいって、どうしてもそれ以外のものではありえなかった[8]。

ひとつの戦争の動機と自己とを全く同一化することのできる軍隊をもつには、銃後の大衆を統一できる大義と、この大義において同質である軍隊をもつことが必要であった。プロテスタントとカトリックが、どちらの宗教が相手側を圧倒すべきかという争点をめぐって相争ったとき、統一的な大義と、その大義の下に統合される大衆というものが初めてあらわれてきたのである。限定戦争の時代において、戦争が王位継承とか、州あるいは町の奪取のためとか、あるいは君主の栄光のために戦われたときには、君主のための——他の誰のためでもない——兵役を自分たちの世襲的特権とみなしていた一部の貴族にとっては、これら二つの必要条件はととのっていた。武装したフランス国民が外国の侵略に対抗してフランス革命の掲げた自由を防衛するに至るや、同質的な軍隊は再び、そのためには忠誠を誓い死をもいとわないような大義をもつことになった。一八歳から二五歳までの健康なすべての男子に対して兵役を義務づけた一七九三年のフランス法は、戦争の新しい性格を立法上最初に認めたものである。

皆兵制による軍隊でさえ、みずから戦っている戦争の大義と自己を完全に同一化するということはできないかもしれないが、一方では確かに次のようにいうことができる。すなわち、一般には、このように構成された軍隊のみがこの同一化を十分に果たすことができる、ということである。こう考えてくると、限定戦争の時代が、異質な構成員の軍隊――これをまとめあげるおもな力は強制であり、冒険心と金銭への愛着である――によって戦われた戦争の概念、すなわち、道義的に無感覚な戦争の概念と、時代をともにするのは偶然ではない。他方、全面戦争は、自分たちが戦っている戦争は絶対に義にかなったものであるという信念をたたき込まれた武装国民の出現と同じ時代のものである。

だから、ナポレオン時代の終焉、ブルボン家とその王朝対外政策の復活とともに、徴兵制度がフランスにおいて廃止され第三共和国になって初めて再建されたということは、全く理にかなったことである。フランスに一七九三年法があるように、プロシアには一八〇七年法と、その後数年にわたって制定された法律がある。これらの法律は、傭兵の雇用を廃止し、外国人を兵士として募ることを禁じ、自国をまもることはすべての市民の義務であると宣言した一八一四年法で頂点に達した。革命時のフランスも、解放戦争のときのプロシアも、外国の侵略に対する国民精神昂揚の手段として徴兵制度を用いた。フランスはアンシャン・レジームのプロシアに対抗して、また、プロシアはナポレオンの帝国主義の下にあったフランスに対抗して徴兵制度を用いたのである。

全国民による戦争

二〇世紀になって、戦争の性格は再び変化し、その目的が国民の解放と統一から民族的普遍主義に変わるとき、戦争に参加する人口は、それに応じて多くなっている。いまでは、健康な男子が徴兵されるだけでなく、全体主義国においては、婦女子も同じように徴兵されている。非全体主義国では、婦人の予備兵役――婦人陸軍部隊、婦人海軍部隊、その他――が志願制に基づいて求められている。しかし、どこでも国家の総生産力は、戦争の目的にしっかりと結びつけられている。限定戦争の時代には、戦争は、一般住民にとっては増税という形で影響を受ける以外にはあまり関係がなかったが、二〇世紀の戦争は、国民が戦争を自分のものとして受けとめるという意味においてだけでなく、軍事的、経済的に参加するという意味においても、すべての国民にかかわる問題となった。

このようになったのには二つの要因がある。つまり、軍隊の規模の増大と、戦争の機械化である。二〇世紀になって軍隊の規模は、絶対的にもまた全人口との比率においても、とてつもなく増大した。一六、一七世紀および一八世紀には、軍隊の規模は間断なく増大はしていたが、数万という数であった。ナポレオン戦争のさいには、軍隊によっては数十万に達した。そして第一次世界大戦には軍隊は、初めて一〇〇万人を超え、第二次世界大戦では一、〇〇〇万人以上の軍事編制をみたのである。

近代史のいろいろな時代において、兵役についた人口の割合は、おおよそこれらの絶対数に一致している。一七、一八世紀には、兵役に人口の一パーセントを動員することはめったに達成しえない大事業であった。この時期には、平均してたかだか人口の一パーセントの三分の一が動員されるにすぎなかった。第一次世界大戦においては、ヨーロッパ列強は人口の一四パーセントを兵力につぎ込んだ。第二次世界大戦ではおもな交戦国が兵力につぎ込んだ人口の割合はそれよりも幾分低かった。一〇パーセントを超えたのは、おそらく、アメリカ、ソ連、ドイツだけであった。兵器の機械化が非常に進んだために、このように減少したのである。

もし軍事編制がいつも戦闘状態に入れるように維持されなければならないとするならば、兵器、補給品、輸送、通信の機械化が進んだために、軍隊の規模の拡大(人口の一〇パーセントですら、それまでの何百年かに達成された最大限の規模の一〇倍以上にあたる)とともに事実上全労働人口の生産活動が必要とされる。戦線においてひとりの兵士を戦闘員として配置しておくためには、少なくとも一二人が生産活動にたずさわることが必要であるとみられるようになった。第二次世界大戦において、ドイツ、ソ連、アメリカなどという軍事大国の軍隊は、一、〇〇〇万人を超えた。たとえ実際にはこれらの軍隊のほんの一部分だけが戦闘員であって大部分は補給部隊であることを考慮しても、これらの軍隊のすべてに兵器、輸送、通信、衣服および食糧を供給する民間人口は、そのなかに当然圧倒的多数の労働人口を含んでいなければならなくなった。このように、現代の戦争は、まさに全国民による戦争となった。

全国民に対する戦争

戦争は、すべての人が戦争に参加するだろうという意味においてばかりでなく、すべての人が戦火の犠牲者にいつでもなりうるという意味においても全面的になった。戦争による人的損害の数量的な比較は、細かいところは当てにならないとしても、この点をよく表わしている。近代史においていつもその時代の大戦争に参加してきた国としてフランスを取り上げてみよう。そして一六三〇年から一九一九年までの戦争において死傷した同国の人口のパーセンテージ——これは一〇年きざみで算出されている——を例として挙げてみよう。そうすると、一六三〇年から、フランス革命が勃発した一七八九年までは、最高〇・五八、最低〇・〇一パーセントであることがわかる。おおよそナポレオン戦争の時代にあたる一七九〇年から一八一九年にかけての時期においては、その数値は、それぞれ一・四八、一・一九、一・五四パーセントと急激に上昇しているが、一方、王朝対外政策が復活した一八二〇年から一八二九年までの時代には、〇・〇〇一パーセントという低率に落ち込んでいる。一九世紀の残りの時期、すなわち一八三〇年から一九〇〇年までの期間の数値は、この期間全体の一般的な様相と非常に似ているが、一九一〇年代、つまり第一次世界大戦中の数値はそれまでの最高であり、一五パーセント近くを示している。一六三〇年から一八二九年の期間全体をつうじて、戦争による人的損害が全くなかった一〇年単位の時代はたった一度、すなわち一七二〇年から一七二九年までであったが、植民地拡張の世紀である一九世紀だけをみれば、そのような時期が五回すなわち合計五〇年間もあったということは意義深いことである。

このような様相は、世紀ごとに算出した、兵役における死者の数値をみても同じである。イギリスについての数値は、一九世紀に急下降し、二〇世紀に急上昇する典型的な曲線を表わしている。イギリスの、全人口に対する兵役死者の割合は、一七世紀には一、〇〇〇人に対し一五人、一八世紀には一四人、一九世紀には六人、二〇世紀の一九三〇年までは四八人であった。これに対してフランスについての数値は、一八世紀にかなり上昇し、一九世紀には、ナポレオン戦争によって限定戦争の時代が中断したために全く減少していない。その数値は、一七世紀には一一人、一八世紀には二七人、一九世紀には三〇人、そして二〇世紀の一九三〇年までは六三人である。これらの数値で表わされた近代戦争の破壊力は、それまでの数世紀間には軍事行動よりも疾病がはるかに大きな軍事的損失をもたらしたという事実によって、より一層はっきりと示されている。したがって、二〇世紀になって、軍事行動による人的損害は、相対的にも絶対的にも非常に増大したということになる。

二〇世紀の戦争における軍事行動によって民間の住民が被った人的被害の規模は、宗教戦争の終結以降では先例のないことである。第二次世界大戦の軍事行動による民間の人的被害の総数は、軍隊が被った人的被害の総数を凌いでいることはほとんど疑いない。民族根絶計画によってドイツ人に殺された市民の数だけでも一、二〇〇万人近いとみられている。全人口の一五パーセント近くが第一次世界大戦で死傷したというフランスの記録は、第二次世界大戦にはそれほどにはならなかった。しかし人的被害の総数における民間人口の割合は大きく増大した。それと同じことは、第二次世界大戦中に全人口の一〇パーセント近い死傷者を出さなければならなかったソ連についてもいえることである。[9] したがって、市民についていえば、現代の戦争の破壊力が非常に増大するという傾向が続いているわけである。戦争における新しい破壊方法の案出——それは、細菌戦争のように第一次および第二次世界大戦では全く使用されなかったものもあれば、あるいは毒ガスや核兵器のように小規模にのみ使用されたものもある——によって、民間人と軍人の両方にみられたこのような傾向はまちがいなく持続し、かつ一層高まっていくのである。

戦争の機械化

戦闘員に対しても民間人に対しても二〇世紀の戦争の破壊力がとてつもなく増大したのは、戦争の機械化の結果である。この点における影響は二つある。つまりひとつは、兵器をただ一度操作しただけで、あるいは複合操作をすることによって、前例がないほど多くの敵を殺戮することができるということ、いまひとつは、遠隔地からそのようにすることができるということ、である。いま述べた二つのことは、一四世紀に火薬が発明されてそれが大砲に使用されたことからはじまった。だが、これらの発達がかなりの程度にまで増進したのは、一九世紀末にすぎず、今日になって初めて、これらの傾向が戦争技術における革命へと途方もなく高まったのである。

兵器の機械化

こういった展開がその歴史における最初の六世紀間は非常にゆっくりと、そして七世紀目になって急激に速くなったことは、大砲の歴史をみればよくわかる。一四五三年にトルコ人がコンスタンチノープルを包囲したときの大砲は、八〇〇ポンドの重さの砲弾を一マイルの射程距離で、日中七回、夜間に一回の発射率で発砲することができた。一六五〇年には、九ポンドの砲弾を飛ばす大砲は一七五ヤードの直射射程をもっていたが、二〇〇年後には、イギリスの九ポンド滑腔砲の直射射程は三〇〇ヤードであった。大砲が発明されたばかりのとき、セルバンテスは次のように述べている。

「ああ、大砲という魔の武器のおそるべき忿怒《ふんぬ》を知らなかったためでたい時代こそたたえらるべきじゃ！　たしかに、大砲の発明家は、地獄にあって、悪魔そこのけの工案に褒賞を授けられとること、それがしの疑わぬところでござる。かやつの工案は、恥知らぬ臆病者の腕に大剛のもののふの命を奪わしめる因をなしたし、勇者の胸を燃えあがらせ奮いたたしめる気負いと息まきの最中に、どうしてとも、どこからともしれぬ流れ弾《だま》が飛んで行って、あわれ長き世を生きさせたい人物の思想と生命を一瞬にたち切るもととなったからじゃが、おそらく、流れ弾も、かの呪わるべき機械をはたらかせた時、噴《ふ》きだす火の赤さにおどろいてとびのいたと思えるよわ虫に発射されたものでござろう。(10)」

一八世紀末には、フランスという著しい例外はあったが、たいていの国では、大砲というものは、紳士にとってはむしろかかわりあいたくない、副次的で不穏当な兵器であるとまだみなされていた。フリードリヒ大王でさえ大砲にどれだけの価値があるか、大砲をうまく射つにはどれだけの技術がいるのか、といかにも軽蔑してたずねたものである。しかし、ほんの二〇年か三〇年後には、ナポレオンは、「戦争は、大砲で行なわれる」といいきった。そして、この言葉の一世紀後には、大砲の性能は一〇倍に増大したとみられている。

最も威力があって、しかもマスケット銃とともに戦争の機械化の典型である大砲をこのように低く評価するのが、そのままプロシア軍の伝統となった。一八世紀においては装てんが極端に遅いこと、照準が不正確であること、そして射程が限られていること(最大限二、〇〇〇ヤード)などの点からすれば、大砲に対するこの軽蔑は、全く正当性を欠いていたというわけではないかもしれない。しかし、一九世紀には、二〇世紀の革命的進歩を予想させるような、火器の発射速度と射程の進歩をみた。たとえば、一八五〇年には、一、〇〇〇人が先込めの滑腔銃で一分間に射てる弾丸の数は五〇〇発であり、その射程は、一六、一七、一八世紀のマスケット銃とほぼ同じ——すなわち三〇〇ヤード近い——であるが、針発銃についてはそれぞれ一、〇〇〇発、二、二〇〇ヤードであり、一八六六年型では、二、〇〇〇発、二、七〇〇ヤード、一八八六年型では、六、〇〇〇発、三、八〇〇ヤードであった。そして、一九一三年の装てん式速発銃では、一万発、四、四〇〇ヤードであった。一八五〇年から一九一三年の間には、発射速度は二〇倍に増え、射程距離は一六倍に進歩した。一九一三年には一、〇〇〇人で一万発であったが、今日では、ひとりで一分間に一、〇〇〇発、つまり一、〇〇〇人では一〇〇万発を発射する機関銃がある。また、ガーランドのような半自動ショルダー・ライフルでさえ、一分間に一〇〇発の狙撃ができる。すなわち、一九一三年の最も速い小火器の発射速度の一〇倍である。(11)

一八五〇年から一九一三年までの間に、この点において遂げられた進歩がいかに大きかったか、そして、一九一三年から一九三八年にかけていかにそれが圧倒的だったかは、一五五〇年から一八五〇年までの間に遂げられたゆるやかな進歩と比較すると明らかになる。一六世紀中期においては、手動式大砲の射程距離は約一〇〇ヤードであり、達成できた最高の発射率は二分間に一発というものであった。第一次世界大戦においては、重砲——これは、照準が非常に不正確で、しかも摩損が激しいので、せいぜい三〇発も撃つと使いものにならなくなる——の最大射程距離は、(ドイツの一八・四インチ砲だけが達しえた)七六マイルを超えることはなかった。それと対照的に、今日では、誘導ミサイル——すなわち、それ自身の力で移動する爆発物の容器——は、その実際的目的のために無限の射程距離をもつ。爆弾を十分搭載した爆撃機が爆撃の使命を果たしたのち基地に戻ることができる、その航続距離は、第二次世界大戦末期には約一、五〇〇マイルであったが、その後、六、〇〇〇マイルをはるかに超えるほどまでに増進した。このように、今世紀初頭には、国家が敵の領土の一定の地点を攻撃しうる最大距離は数マイルであったのが、第一次世界大戦では、大砲で七六マイル、航空機——あまり役に立たず搭載量も少なかったが——で数百マイルに増大し、さらに第二次世界大戦では約一、五〇〇マイルに達した。そしていまや、それは無限となったのである。この時代の技術的に進歩した兵器を十分装備したあらゆる国が事実上全世界を作戦行動の舞台にする傾向にあるという意味では、二〇世紀後半の戦争はまさに全面的なものになってきているのである。

兵器の到達距離が全世界にまで広がったことは、現代戦争の性格や、その性格と現代世界政治との関係にとって大なり小なり意味をもつものであり、しかもその意味は、戦争の破壊力の増大がこの兵器の到達距離の増大と歩調を合わせてきたかどうかによって変わるのである。今世紀において、とりわけ第二次世界大戦以降現実のものとなった破壊力のとてつもない増大によって、現代戦争は、全世界を射程におさめる兵器の潜在力を全面戦争という現実に移し変えてしまった。

大砲が発明されるまで、海戦は別として、ひとりの人間による一回の軍事作戦行動は、原則的にはわずかにひとりの敵を倒すことで十分であった。剣による一撃、槍とか矛とかによる一突き、マスケット銃の一発は、せいぜいひとりの敵を傷つけるのが関の山だった。火薬が戦争に使われた中世末期に機械化への第一歩が踏みだされたが、それでも初めのうちは、軍事作戦行動と、倒される敵の間の一対一の比率を高めはしなかった。むしろ、事実は逆であった。たとえば、六〇回ものさまざまな操作を必要とした初期のマスケット銃を装てんし発砲するには、普通、ひとり以上の人間の手を必要としたし、当時は照準が非常に貧弱であったので命中率は低く、当たってもひとりを倒すぐらいのものだった。大砲についていえば、砲撃目標に向けて調節し装てんするには、相当の人数を必要としたし、照準の不正確さは、彼らの共同の努力の大半を無にした。砲弾が目標に命中したとしても、一発の犠牲者はせいぜい二〇人どまりであった。

一九世紀後半になると、改良機関銃の発明がなされただけで、この状況は急激に変わった。この兵器を用いると、実戦の条件下では起こりえないことではあるが、ひとりの兵士がたった一度操作するだけで、発射された弾丸とほとんど同じだけの敵兵をなぎ倒すという最高の効果をあげることも可能な、数百発の弾丸を一度に発射することができるようになったのである。ほぼ同じ時期にはじまった大砲の急速な改良と、それに続いて起こった空中戦と毒ガス戦の分野における発達によって、ひとりないしきわめて少数の人間による一回の操作で殺すことのできる敵の数は非常に増大した。第一次世界大戦では、この数は、確かにまだ数百人という単位であったが、その驚くべき人的被害は、おもに、突撃する歩兵をなぎ倒す機関銃によるものであった。実際、第二次世界大戦のほとんど全期間をつうじてさえ、大型爆弾による一回の直撃の犠牲者の数は、一、〇〇〇人の線を超えることはなかったし、投下爆弾の総数は、空襲で失われる人命の総数にほぼ等しかったとみられている。

核戦争や、ひとつの可能性としての細菌戦争は、この点において、機関銃が二〇年か三〇年前に果たした革命的発達と類似しているが、規模の点では比較しようもないくらい大きな革命を引き起こした。第二次世界大戦の末期に、一発の原子爆弾を投下した数人の人間は、一〇万人をはるかに超える敵国国民を殺傷した。原子爆弾が秘めている破壊力は非常に増大しているにもかかわらず原子爆弾に対する防衛策は現在もなお無力のままであり、それゆえ、人口密集地域に投下された一発の核爆弾によって被害を受ける人命の数はおそらく数百万を数えるだろう。最も強力な二、三発の核爆弾がもつ破壊力は、第二次世界大戦中に投下されたすべての爆弾の破壊力に匹敵する。細菌戦がもっている大量殺戮の潜在力は、戦略的に配置された一個ないし数個の細菌部隊が、無数の人びとに影響を及ぼす伝染病を容易に生みだしうるという点で、最も強力な核爆弾の破壊力にさえまさっている。

しかし、地球上のどこにおいても、数百万人を殺傷しうる兵器の役割は、ただそれだけのことであり、その限りにおいて軍事的、政治的諸現象の枠組みのなかの消極的要素にすぎないのである。これらの兵器は、敵の抗戦意志を打ちくだくことができるかもしれない。しかし、兵器そのものだけでは征服はできないし、征服したものを維持することもできない。全面戦争の成果を刈りとり、それを恒久的な政治的収穫物に変えるには、輸送とコミュニケーションの機械化を必要とするのである。

輸送とコミュニケーションの機械化

実際、輸送およびコミュニケーションの便宜と速度に関する、ここ数十年間の機械の進歩ほど驚くべきものはない。この点で、二〇世紀前半になされた進歩は、それ以前になされた進歩より大きいといってもさしつかえはない。一八三四年、ロバート・ピール卿が閣議に出席するためにローマからロンドンへと急いだとき一三日間かかったが、注目に値するのは、この日数は、それより一、七〇〇年も前にローマ帝国の役人が同じ地点間を旅行するのに要した日数と全く同じであったということである。およそ一九世紀の半ばまでは、記録に残されたものをみれば、陸路・海路による最も速い旅行速度は時速一〇マイルであったが、陸路でこの速度に達するのはまれなことであった。二〇世紀初期には、鉄道のおかげで陸路の旅行の速さは、一番速い列車に乗ると時速六五マイルにまでなったが、それは、史上それまで達成された速さの六倍半であった。蒸気船は、海路による旅行を時速三六マイルまで速めたが、これは、それまでの最高速度の三倍半の速さであった。今日、旅客機の最高速度は時速六〇〇マイルを超える。この速度は、四〇年前の陸路・海路の最高旅行速度の、それぞれ一〇倍と二〇倍である。そして超音速旅客機の速度は、これらの数字の二倍以上の速さを示すであろう。

一七九〇年には、ボストンからニューヨークへ、すなわち二〇〇マイルを多少超える距離を行くのに、一番よい条件の季節で四日かかった。今日、季節に関係なく、四日あれば地球を回るのに十分である。旅行速度という点でいえば、ニューヨークからモスクワへは、今日では一五〇年前のフィラデルフィアに位置しているぐらいに近くなっている。そして地球全体は、アメリカ合衆国を建国した一三州の領土を合わせたものよりも小さくなっている。とくにここ数年の発達――それは、専門の観察者の予想をさえはるかに越えている――がいかに急速であったかということは、たまたまステーリー教授が一九三九年において、いまわれわれが問題にしていることを取り上げて発した質問にきわめて明瞭に示されている。すなわち、「時速三〇〇マイルという数字は二五年以内に到達しうる旅客輸送のスピードとしては不可能な数字であろうか」[12]ということである。一九六〇年において、最も速い旅客機の巡航速度は、ステーリー教授が一九六四年には到達可能と考えた速度の二倍以上であった。一九三九年に、ゼネラルモーターズ社は、一九六〇年までには、三、八〇〇万台の車が道路を走ることになるだろうと予想したが、実際には一九六〇年において、この数はその二倍以上になってしまった。

機械の進歩の意義は、旅客輸送にしても物資輸送にしても実際上は同じである。なぜなら、どちらの場合も、そこに用いられる機械の手段は事実上同じだからである。唯一の相違は、物資の陸上輸送の機械化の方が、そもそもの出発点におけるレヴェルが低かったために、旅客輸送よりもずっと急速に発展したという点にある。最も重い物資を最高限度の速度で運ぶ場合を除けば、物資は今日では人間と同じ速度で輸送されうるが、鉄道が発明される以前は、搭載スペースと牽引力に限界があったために、人間の輸送よりも物資の陸上輸送の速度の方が制約されていた。ところが一九世紀中葉以前にドイツに鉄道が導入されると、旅客輸送の速度がやっとそれまでの五倍になったにすぎないのに、物資の輸送の速度は八倍にもなったのである。

しかし、通信の発達は、口頭あるいは文書によるコミュニケーションの分野において、他と比較できないほど速いものである。通信分野における機械の進歩は、人間や物資の輸送におけるそれをはるかに凌いだ。一九世紀に電信、電話、海底ケーブルが発明される以前は、口頭あるいは文書によるコミュニケーションの速度は、旅行の速度と同じであった。すなわち目で見ることのできる信号を別にすれば、このようなコミュニケーションを行なう唯一の方法は、普通の輸送手段に頼っていたからである。一九世紀のこれらの発明によって、このようなコミュニケーションの伝播に要する速度は、それまで数日ないし数週間かかっていたものでも数時間ですむくらい短くなった。そして、ラジオとテレビは、発声と同時に伝達が行なわれることを可能にしたのである。

すべてを賭けた戦争

機械がこのように発達してきたために、世界征服は技術的に可能になり、加えてその征服された状態に世界を保っておくことも技術的に可能になった。確かにこれまでにも幾つかの大帝国は存在した。マケドニア帝国はアドリア海からインダス川に、ローマ帝国はイギリス諸島からコーカサス地方に、ナポレオンの征服はジブラルタルの端からモスクワまで広がっていた。しかし、これらの大帝国は長続きしなかった。たとえ続いたとしても、それは、被征服民に対して支配権力を有利な立場にする、技術的あるいはそれ以外の面での文明上の圧倒的優位性があったからにほかならない。ローマ帝国の版図拡大はこの点を例証している。ローマ帝国の行動の多くは、第一級の競争国を圧倒するということよりも、むしろ政治的に空白な地域に植民地を拡大していく類のものである。ところが他の帝国は長続きせず、既知の政治世界のすべてを征服するところまでにはとても至らなかった。なぜならこれらの帝国は、広大な領域に散在する非常に多くの人びとを服従させ永続的な支配をするのに必要な科学技術上の資源に欠けていたためである。

安定した世界帝国のための科学技術面の必須条件は、本質的には次の三つである。(1)

帝国の被征服民の心を中央集権的に統制し、強制的に社会統合をはかること、(2)帝国内でいつ分裂解体が起こっても、それにまさる組織された物理力を有すること、(3)支配と強制のための以上のような手段が帝国内のすみずみにまで永続的にいきわたること。これら三つの軍事的、政治的必須条件は、どれひとつとして過去には達成されなかったが、それらは、現代では手の届くところにあるのである。

かつてはコミュニケーションの手段は機械化されていなかった。あるいは機械化されていても、その手段は完全に個人が個人として行使するものに限られ、非集中的であった。ニュースや知識は、口頭か手紙、あるいは個人が家庭で扱うことのできる印刷機などによってだけ伝達された。そこで、世界の征服者たらんとするものは、この分野においては無数の競争相手と、ほぼ同等の立場で競争しなければならなかった。彼は、自分の競争相手を、見つけだし逮捕することができれば、その相手を投獄したりあるいは死刑を宣告することもできた。しかし彼は、ニュース、新聞、ラジオ、あるいは映画などをとりまとめたり広めたりする仕事を独占ないし準独占したとしても、競争者たちの声を押さえることはできなかった。一九〇〇年も前、聖パウロは各都市を遍歴し、コリント人やローマ人に手紙を送り福音を広めることができたが、ローマ帝国の公認された多神教の使徒たちにできることも、せいぜいこの程度のことであった。そして、パウロが処刑されたとき、彼は、ローマ帝国の使徒たちとのより効果的で広範囲な競争においてなし遂げた、あの自分の遺業を引き継ぐ弟子を何千人も残していった。しかし、もし自分のメッセージを印刷する新聞も雑誌もなく、説教を伝える放送網もなく、大衆の前に自分の姿を示すニュース映画もテレビもなく、おそらくは手紙を送る郵便局もなく、しかも国境を横切るための許可証すら確実にないとするなら、明日の世界帝国において、聖パウロはいったい何をなしうるであろうか。

すでに指摘したように、暴力の手段は以前にはたいてい機械化されておらず、個人個人によって使用され分散されていた。ここにおいてもまた、世界帝国をつくりあげようともくろむものは、自分たちの組織よりすぐれた組織をつくったり訓練をしたりすることを将来の服従民に許さないとしても、ほぼ対等の立場にあってその服従民に対峙していたわけである。どちらの側も、切ったり、突いたり、矢を放ったりする武器をもっていた。そこでは征服者は、自分の帝国を維持するために、敵となりうるすべての人びとに対抗して組織された武力において、あらゆるところで実際に優位に立つといった不可能なことをなさなければならなかったであろう。たとえば、一八〇八年五月三日、マドリードの住民はフランスの征服者に対して、その征服者が意のままに使ったのと同じ武器をとって立ち上がり、征服者を町から追いだした。しかし今日では、これと同じようなことが起こっても、無線によって情報を得ている世界帝国の政府は、数時間のうちに、爆撃機の編隊や、落下傘部隊、臼砲、そして戦車――この政府はこれらの武器を独占ないし準独占的に所有している――を搭載した多数の輸送機を暴動下の都市に送り込み、反乱を簡単に鎮圧するだろう。たちどころにどんな場所でも攻撃することのできるこのような圧倒的武力によって干渉が起こりうるという脅威こそ、人びとに反乱などということを考えさせないようにしてしまうのである。

最後に、世界帝国の建設をもくろむものは、輸送の機械化によって、有利な気候条件や地理的位置に頼らなくてもすむようになった。以前は、このようなものに頼っていたからこそナポレオンは破滅し、また、彼ほど精力的でも乗り気でもない指導者は世界征服の考えすらもてなかったのである。この点で、世界征服を行なうさいのひとつの重大な障害は、晩秋、冬、早春の期間には戦闘を中止しなければならなかったことであり、しかもこの障害は、一九世紀まで続いた。なぜなら、戦場で悪天候から軍隊をまもり、生活必需品や兵器を供給することは不可能だったからである。こうして、敵がひとつの作戦で回復する望みもないほど打ちのめされさえしなければ、その敵には、次の戦闘シーズンの新しい作戦に向けて準備する機会が与えられたのである。だから、戦争はボクシングの試合に似ている。というのは、ボクシングの試合では、弱い選手の方が意識のなくなるほど打ちのめされさえしなければ、その選手が確実に再び戦えるようになるぐらいの中休みが、各ラウンドのあとに与えられているからである。このような状況下では、世界征服を考えることなど、全くばかげたことであったろう。なぜならひとつの戦闘シーズンになされた征服の仕事は、次のシーズンに、大部分やりなおさなければならなかったからである。勝利は、征服したり絶滅させたりすることの結果であるというよりも、敗者の方が勝者に比べてより疲れてしまったということの結果にほかならないのであるから、勝利をおさめたものといえども、世界の征服を完成するまで毎春新しい敵と戦うのに必要な資源をもちつづけるということなど、とてもできる相談ではなかったのである。

しかし、たとえひとつの戦闘シーズンにおける勝利者が向こうみずにも世界征服へ向かう道を歩きはじめたとしても、彼は、そう遠くに行くことはできなかったであろう。征服した領土のすみずみにまで実際に軍事力の優位を維持することはできなかったがゆえに、勝利者は、自分が時宜を得た対処をすることができないままに反乱が準備、実行されるという可能性にいつも直面していたのである。コミュニケーションに時間がかかり、輸送が技術的に困難であったために、世界の征服者たらんとするものは、みずからなしえたかもしれないどのような恒久的征服をも確固たるものにすることはできなかったのである。自分の帝国の版図を広げれば広げるほど、その没落する可能性もそれだけ大きくなった。一八一二年、ナポレオン帝国がその力の頂点に達したときはまた、かつてなかったほどそれが崩壊に近づいた時期でもあったわけである。なぜなら、ナポレオンが自分の領土の周辺部で戦い、その周辺部を自分の力の源泉であるフランスから遠くへ遠くへと広げている間に、征服の犠牲者たちはナポレオンの背後で、解放の準備をととのえることができたからである。これら被征服者たちが、イギリスとロシアの資源――その大部分はまだどちらの陣営にも投入されず、しかも征服を免れていた――の援助を受けて攻勢にでたとき、ナポレオンの軍勢の主力ははるか遠隔の地にあり、かくして、あの冬場の寒さを押して、しかも恐るべき損害を払って反乱の現場に引き戻されなければならなかった。結局ナポレオンの軍隊は、自分たち征服者ではなくて被征服者が選んだ地点で打ち破られることになったのである。

今日、世界を征服しようとするものは、いったん獲得したものを決して失うことがないようにするための、技術的手段を駆使することができる。というのは、征服した領土内では、征服者は、組織された武力の優位――これについては前に述べたのだが――を、季節や距離にかかわりなく、いつどこにおいても自由に行使することができるからである。近隣の空軍集結地から一、〇〇〇マイル離れたところではじまったばかりの反乱は、ナポレオン時代の輸送技術からすれば約五マイルのところで起こったものと同じであり、その当時のコミュニケーションの技術からすればすぐ向こうの街角で起こっていると同じである。いいかえれば、征服者は、不満分子に反抗の企てを思いとどまらせるために、大衆宣伝の近代的技術のすべてをほとんど即座に稼働させることができる。そして数時間以内に、征服者は、その組織された武力の優位によって革命家を抑圧することができるのである。⑬

こうして、技術的可能性という観点からすると、いったん完成された征服は永続的なものになる。もちろんこれは、政府の失策、外部からの干渉、あるいは、帝国内部から起こる政治的、軍事的な偶発事件といったものがなければの話であるが。このような限定はあっても、いったん征服された人びとは征服されたままになるだろう。なぜなら、彼らはもはや反抗する手だてをもたないからであり、征服者がコミュニケーションの手段を独占的に統制することによって、人民から反抗する意志を奪ってしまう可能性があるからである。つまり、エドマンド・バークが述べているように、「誰でもよいからひとりの人間に朝も夜も自分自身の話をさせ、それをともかく一二カ月間もじっとがまんして聞きつづけることができれば、そのときそいつはわれわれを支配するようになっているだろう」⑭、というわけである。

今日支配的な国家が、他の国家を支配するための技術的手段において優位を保つことができるなら、世界全体を支配する帝国建設への道には何ら技術的障害はない。核兵器や、輸送、コミュニケーションなどのおもな手段を独占している国家は、この独占と統制を維持することができれば、世界を征服し、その征服を持続させることができる。何よりもまず第一に、そのような国家は、世界帝国の市民の心を画一的に服従させることができるだろう。これについてはつい最近までの、そして現在の全体主義社会が格好の見本を提供している。政府が相当強力であると仮定するなら、それに反乱しようとする意志はどのつまりばらばらに分散させられてしまい、どんな場合でも、その反乱意志は政治的、軍事的意義を失うであろう。第二に、どのような反乱の試みも、優越した権力による迅速な対応に出くわすだろうし、したがって、初めから失敗するよう運命づけられている。最後に、近代の科学技術によって、人心と行動に対する支配は、地理と季節に関係なく地球のすみずみにまで及びうるのである。

全面的機械化、全面戦争、全体支配

現代戦争の機械化とその軍事的、政治的な意味についての分析は、もしその分析が西洋文化の全面的な機械化——戦争の機械化はその特殊なあらわれにすぎない——を考察しないならば、完全とはいえない。なぜなら、すべての面にわたるあの機械化がなされなかったなら、現代国家は、戦場に多くの軍隊を送ることも、その軍隊に食糧や武器を供給しつづけることも決してできなかったからである。全面戦争は全面的機械化を前提としており、戦争は、これを遂行する国家の機械化が全面的である度合いによってのみ全面的たりうるのである。

歴史の初めから、アメリカの南北戦争、一八七〇年のプロシア・フランス戦争に至るまで、すべての軍事的移動は人力によって行なわれた。兵士は自力で移動したし、兵器を自分の体力で運ぶか、牛馬などの力に頼った。武器および軍隊の規模や質と同様、すべての軍事的な移動は、利用できる人力や動物の力の本来の量と質によって制約されていたのである。南北戦争では、鉄道は散発的に利用されたが、その後一八七〇年にはドイツ軍が鉄道を輸送手段として初めて系統的に利用した。こうしてドイツは、フランスに対して戦略的、戦術的に相当の優位を獲得することとなった。

一八九九年になっても、ボーア戦争の最中には、五インチ砲を一門運ぶのに三二頭もの雄牛が使われた。移動が遅いこと、人間の努力ではどうにもならない数の上での自然的制約、そして飼料の調達および輸送の必要といったことが、このようにして戦われる戦争を緩慢で煩わしいものにした。平時にも戦時にも、人間の生産力を幾倍にもしたのは、人力によるエネルギーではなくて、蒸気機関、タービン、電動機、内燃機関を動かした石炭、水、および石油のエネルギーであった。ジェームズ・フェアグリーヴ教授は、おもにイギリスに言及しつつ、石炭がこの発達に貢献した様子を生き生きと描いている。

「そこで、農業、牧場、それに、幾つかの港や政府機関のある小さな商業都市から成るこの世界に、一五〇年あまり昔のこと、初期の産業革命が訪れた。それまでは、あちこちの家庭で日常生活のためにだけ使われていた石炭は、人間ひとりや動物一匹、ときには多数の人間や動物さえできないような多くの仕事をする機械を動かすために使われるようになった。人間は、以前には自分の手でしなければならなかったことをするのに、人間以外のエネルギーを利用した。ここには、食糧エネルギーとは全く違ったエネルギーの巨大な新しい蓄えがみられ、これによって、以前にはなされなかったことがなされるようになった。人間は、はるかに大きな規模でエネルギーを利用できるようになった……。人間の衣服は、最後のひと縫いまですっかり調製されてしまっており、家庭ではほとんど裁縫をしないですむようになった。人間の食物も高度に加工されて、すぐ食卓に出せるぐらいになっている。その結果、家庭ではほとんど手を加える必要がない。

また大都市では、食事の準備はすでにひとつの産業にまでなっているので、昼夜の区別なく、ほとんどいつでも、自分の財布と味覚にふさわしい食事をすることができるようになっている。

ある計算によれば、わが国の工場が使用している石炭だけでも、つまり工場以外の他の場所で使用されるものはすべて除いても、まじめに働く一億七、五〇〇万人の労働者のエネルギーに相当するのであり、しかもこの石炭は、人間がかつて実現しえなかったような有効な形でこれだけのエネルギーをもたらしているのである。人間の進歩のあらゆる方面で偉大なことをなし遂げた古代ギリシアの力は、第一に、奴隷階級によってなされた仕事に主として基づいていた。ギリシアのそれぞれの自由人、ギリシアのそれぞれの家庭は、平均すれば五人の奴隷をもっていた。しかも、われわれがギリシア人について話をするとき、このことは全く思いも及ばないことなのである。この奴隷たちはギリシアのエネルギーの大部分を提供した人びとである。現代のイギリスについて比喩的にいえば、各家庭には、食糧を必要とせず、奴隷の生活につきものの疲労困憊や絶望感には無関係な二〇人以上のエネルギーをもつ奴隷がいることになる。イギリスの総人口は、成年男女、および未成年者すべてを合わせても四、五〇〇万人にしかすぎないのに、イギリスの工場は、一億七、五〇〇万人以上の人的労働力で動いていることになる。完全に物理的な手段のみで各部分が動くようになっている機械に対して供給されるエネルギーと比較すれば、二、〇〇〇万人以下の成年男女が提供している肉体的エネルギーは、取るに足らないものである。大きな社会機構が円滑に、かつできるだけ容易に機能することができるように、われわれ自身は、ただボタンを押したり、レバーを引いたり、油をさしたり、荷づくりしたりしていればそれでよい技術者の国家になった。生命のない奴隷が、われわれのために穀物をひき、衣服をつくり、食糧を地球の果てからもってくるのであり、われわれを仕事場へそして娯楽場へと運んでくれ、新聞も、高邁な知性の書物も印刷してくれるのである。そしてさらに、ギリシア人には夢想だにできなかったような無数のサーヴィスを提供するのである。アメリカでは、一人ひとりの男女、子供は、暖房設備というかたちの五〇人の奴隷にかしずかれていることになる。……[15]」

このような機械化による労働力の節約は莫大なものである。もう一度フェアグリーヴ教授の言葉を引用しよう。「一八五五年から一八九四年までの間に、一ブッシェルのとうもろこしを生産するのに必要とする人間の労働時間は、平均して、四時間半から四五分間へと短縮した。一八三〇年から一八九六年にかけて、一ブッシェルの小麦を生産するのに要する人間の労働時間は、三時間から十分間に短縮した[16]」。一九五二年のアメリカの農業生産は史上最大であったが、同年の農業従事者数は、過去八十余年をつうじて最低であった。技術的に遅れている国々では、人口の九〇パーセントまでもの人が農業に従事している一方、アメリカの全農業労働人口の割合は、一八五〇年における五〇パーセントから、一九四〇年には二〇パーセント以下へと下がった。一九一〇年から一九一四年にかけてアメリカでは人口のほぼ三分の一が農業に従事し、国民所得の一二・四パーセントを生産していた。これに対応する数字をみると、一九四一年には人口の二二・七パーセントが国民所得の七・八パーセントを、一九五二年には人口の一五・九パーセントが国民所得の六・四パーセントを、そして一九六四年は人口の六・八パーセントが国民所得の二・五パーセントを占めたのである。

ホーネル・ハート教授は、工業における同じ傾向を説明するのに次のような例を報告している。

「たとえば、紡績は、一七三〇年に至るまで、すべて人間の手で行なわれた。紡績工は、ゆっくりと手間をかけ苦労しながら、一回に一縒りの糸を引きだすにすぎなかった。過去二〇〇年の間に機械はすっかり革命的な進歩を遂げてしまったので、工員ひとりは、毎分一万回転の速さで回転している一二五紡錘を分担することになった。工業がいまだに昔のままの人力の段階にあるフィリピンでは、コプラの一荷は、二〇〇人から三〇〇人の苦力《クーリー》によって積み込まれる。機械化時代の省力経済を打ち樹てたサンフランシスコでは、一六人の男で一隻の船の積み荷を降ろすには、その荷を積み込むためにかかる時間の四分の一しか要しない。動力機械を使って仕事をする人間の能率は、人力だけで動く積み荷機の五〇倍である。一台の蒸気シャベルは、二〇〇人の労務者の労働力に相当する仕事をする。一台のガラス器製造機は、六〇〇人の熟練工の代わりをする。一台の自動電球製造機は、以前に二、三百人の労働者がやり遂げたのと同じ生産高をあげている。(17)」

一九世紀中葉には、アメリカの物理的な労働の二二パーセントは人間によって、五一パーセントは動物によって、そして残りの二七パーセントは機械装置によってなされていた。一九〇〇年には、それに対応する数値は、一五パーセント、三三パーセント、四八パーセントとなった。一九四八年には、人間は物理的な労働のうちの四パーセントをなし、動物が二パーセント、そして実に九四パーセントを機械装置が行なったのである。このような機械化革命の結果として、ひとりの人間が一時間働いて生産する物資の生産高は、この時期の間に五倍以上に増えた。ひとりの農業労働者が一時間の労働で産出する食糧は、一九六六年には一九二〇年の五倍になり、一九四五年にはひとりの農業労働者は一二人分の食糧しか供給できなかったのに、一九六六年には三二人分の食糧を供給するに至ったのである。

今日までに人的労働は、多くの工業生産の過程から事実上排除されてしまった。ここにおいて機械化は、オートメーションとなったのである。このことは水力発電所においてきわだっている。労働者はひとりもおらず、自動電気信号によって制御されているのである。パルプ紙の生産は、液状パルプを機械へ送るところから、巻き紙になって出てくるところまで、すべて自動化されている。同じことは、白紙を機械に入れることから、折りたたまれて完成された新聞が出てくるまでの新聞印刷についてもいえる。レーヨンと絹の製造、鉄鋼と自動車の製造、食糧の生産とそれを缶詰にする工程、そしてとくに小麦粉の加工といったものは機械化され、こういったことが、生産力の増大と肉体労働の無用化に同じような影響を与えたのである。多くの生産過程においては、わずかな機械化しか実現しなかったために、機械化の総体的結果は、これら最も顕著な実例に比べればはるかに印象的ではないのだが、いま述べた傾向は、生産の最も重要な幾つかの分野で全般的かつ急進的であるがゆえに、人間の生産過程の革命——これは、過去の歴史をふり返って最大である——と呼ぶにふさわしい。

近代の生産過程におけるこの革命が、全面戦争と世界支配とを可能にした。この革命が起こる以前には、戦争はその科学技術面において制約を受けざるをえなかった。国の生産力は、国民に衣食住を与え、長期にわたって大規模な軍隊に兵器を供給しつづけるには不十分であった。もっと具体的にいえば、国家の経済は、最低限の国民生活を差し引いた後の、わずかばかりの余剰金の上に成り立っていたから、国民生産における軍隊の取り分を相当程度にまで増加すれば、必ず国民の生存そのものが危うくなった。一七、一八世紀には、軍事目的のために、政府が国家予算の三分の二、あるいはそれ以上を費やすことは何ら珍しいことではなかった。この時期をつうじて、数回ほど、軍事支出が政府の全支出の九〇パーセント以上を占めたことがあった。それはもちろん、軍事支出の重要性が他のすべてに先行していたためであるが、同時に国民生産があまりにも少ないので、他の目的のために大規模に課税することができなかったためでもある。このようなわけで、一九世紀以前において全面兵役制の試みがすべて失敗してしまったのは偶然ではない。なぜなら、国民の生産活動を維持していくためには、生産者階級は、兵役から除外されなければならなかったからである。生産的な事業に従事することのできない浮浪者や、それに従事することを快く思わない貴族のみが、悪影響を伴わずに徴兵されることができたのである。

産業革命、そのなかでもとくに、二〇世紀における農業・工業過程の機械化は、戦争と国際政治の性格に三つの結果をもたらした。それらは、まず、工業大国の生産性の総体を著しく拡大した。そしてそれに加えて、生産過程における人的労働力の相対的比率を大幅に減少させた。最後に、それらは、薬品と衛生面での新しい技術にも助けられながら、前例のない人口増加を各国にもたらした。このようにして達成された生産力の増大は、生活水準の高度化と消費者の増加によって起こった、国民生産に対する要求の拡大をはるかに超えることになる。いまや余剰生産力は、新しい目的に利用される。そしてそれは、まさに全面戦争のチャンネルへと導かれる可能性があるのである。機械によって生みだされたこの新しいエネルギー、そして、一五〇年前には、生存するためにだけ費やされていた人間のエネルギーの多くは、いまや、直接には兵役という形で、間接には工業生産をつうじて、軍事目的に使われるのである。

今日戦争のために利用できる人的エネルギーは、肉体的なものだけではない。機械化の時代は、自分と家族のために食糧や衣類を獲得し、風雨と疾病から身をまもるという知的、道義的負担を大いに軽くした。考えてみれば、近々一五〇年前にはまだ、この努力のために、ほとんどすべての人びとはその活気あるエネルギーの大部分を消費していたのである。しかも、機械化の時代は、以前にはごく一部の人びとしかもちえなかった余暇を、ほとんどの人びとに提供するようになった。しかし、全く逆説的ではあるが、そうなることによって、機械化の時代は、よりよい世界を建設したと同時に全面戦争を準備し遂行する恐るべき知的、道義的エネルギーを解放したのである。こういった機械化の時代によって解放され生みだされた、人力と物質力との連鎖は、戦争というものに全面的な性格を与えたわけである。

この連鎖はまた、世界支配以外の何物にも満足しないようにみえる、あの恐ろしいそして世界全体を包み込むようなはずみを全面戦争に与えている。人間の知的、道義的エネルギーは、もはや、現世の日常生活に本気になってかかわるということがないので、また、さりとて方向を変えて死後世界の問題にかかわるというわけでもないので、近代の人間は、ただ、征服することのみを求める。それは、自然と他の人間に対する征服へと向かっている。機械化の時代は、人間の独立自足の精神から生みだされたものである。そしてこの機械化の時代は、その場その場で誰にも助けられずに自分ひとりの力で自分を救済できるという自信を近代人に植えつけた。それゆえに、この自信を否定し神の介在に頼る伝統的宗教は、精気を失い蟬の抜けがらのようになってしまっている。近代人の知的、道義的エネルギーは、科学、革命、あるいはナショナリズムの聖戦をつうじて救済を約束する政治的宗教へと流れ込んでいる。科学技術的進歩の道のりで、機械化の時代は、それ自身の勝利をもたらす。一歩前進するたびに、それは、さらに二歩の前進を呼び起こすのである。機械化の時代はまた、それ自身の勝利、すなわち軍事的、政治的勝利をも生みだす。というのは、機械化の時代は、世界を征服しその征服を持続する能力をもっているので、世界を征服する意志を生みだすのである。

だが機械化の時代はまた、みずからの破壊を招くかもしれない。現代のバランス・オブ・パワーの諸条件の下ですべてを賭けて全国民によって戦われる全面戦争は、世界支配をもたらすか、世界の破滅をもたらすか、それともその両方をもたらすか、いずれかであろう。なぜなら、世界を支配しようとする二つの抗争国のどちらかが、自国にとって相対的にごくわずかな損害だけで征服を完了するかもしれないし、あるいはいずれも征服には成功しないまま相互破滅に至るかもしれないし、さもなければ最小限の弱体化ですんだ国が、荒廃した世界に君臨して征服を完了するかもしれないからである。これが、二〇世紀後半の世界政治をおおっている見通しなのである。

以上のようにしてわれわれは、入念な考察を進めてきたわけである。われわれは、民族的普遍主義の新しい道義的な力のなかに現代世界政治を突き動かす要因が存在する、ということを認めたのである。われわれは、硬直した二つの陣営の間に作用している単純化されたバランス・オブ・パワーが、巨大な善あるいは巨大な悪の前兆であることを知ったし、また、全面戦争が秘めている潜在力のなかに悪の脅威を発見したのである。だが、全面戦争を可能にする要素——つまり近代生活の機械化——は、全面戦争という手段をつうじて全体支配を遂げようとする道義的な力を生みだすこともできる。現代の三大革命——道義的、政治的、技術的革命——は、どれもこの要素をもっている。つまり、これら三つの革命は、互いに支え合い、強め合い、同じ方向——世界規模の戦争という方向——に作動する。もし三大革命が同時に起こり、しかも並行して展開すれば、これらの革命は、西洋文明の生存に対する脅威——これらの革命はそれぞれ独自にこの脅威をもたらすのだが——を一層深刻化させることになるのである。

これら三大革命の連鎖は、三つの重要な結果をもたらした。すなわち、第一に、政治世界の中心としてのヨーロッパが永久的に衰退したこと、第二に、二つの超大国が他の国の挑戦を受けつけないほど卓越した地位にのぼったこと、そして第三に、アジアが政治上、道義上の独立要因として登場したことである。ヨーロッパからアジアが政治的に解放されたことと、西洋に対してアジアが道義的に対立するようになったこととが同時に起こったように、アメリカとソ連が世界政治の中心として台頭すると、やはり同時にこれら二つの国は普遍的な政治的宗教の本山となったのである。ヨーロッパが世界の政治・道義・技術の中心としての地位から没落してしまったことは、ヨーロッパ化の世界的な膨張が進むとともに近代国際システムの微妙な社会機構が破壊されたことや、ヨーロッパから世界のすみずみまで近代技術が伝播したことや、アジアにおいてヨーロッパの道義的理念が勝利をおさめたことの副産物にすぎない。ヨーロッパは、その政治的、技術的、道義的成果を世界に与え、世界は、それを利用してヨーロッパの優越に終止符を打ったのである。

現代世界政治のこのような暗たんたる様相とその潜在力に直面して、われわれは現代の最も重要な問題を検討しなければならない。それが平和の問題なのである。

原注

第四部

第一一章

(1) 本書においては、「バランス・オブ・パワー」という言葉は四つの異なった意味に用いられている。㈠ある特定の情勢をつくろうとする政策。㈡現実の情勢。㈢ほぼ均等な力の配分。㈣何らかの力の配分。何ら限定を加えずにバランス・オブ・パワーという言葉を用いているときには、この言葉は、幾つかの国の間にほぼ均等に力が配分されている現実の情勢をさす。何らかの力の配分をさすいい方については、一一〇ページ以下を参照。

(2) たとえば、Walter B. Cannon, *The Wisdom of the Body* (New York: W. W. Norton and Company, 1932), pp. 293, 294 のなかで展開されている、人体および社会における均衡の印象的な類推と比べよ。「最初に注目すべきことは、国家それ自体が自然の自動的安定過程の幾つかの徴候を示しているということである。前章において、私は次のような仮説を述べた。すなわち、ある複雑なシステムにおけるある程度の不変性はそのこと自体、諸機関がその不変性を維持するために現に働いているかあるいはいつでも働く、ということの証拠である、ということである。なおまた、あるシステムが変化しないままでいるのは、変化に向かういかなる傾向も、この変化に抵抗する要素ないし諸要素の効力が増大するという事態に直面しているからである。これらの記述が、現在の不安定な条件下の社会においてさえもある程度の真実性をもつということは、多くの周知の事実によって証明されている。保守主義の誇示は、急進的反抗を惹起し、そして次には保守主義への復帰が続く。自由な政府は、その結果として改革者を政権につかせるが、しかし彼らが厳しい支配をすれば、それは反抗と解放の願望を刺激する。戦争のための高尚な熱意と犠牲のあとには、道義的無関心と放縦な底抜けの騒ぎが続く。ある国におけるいかなる強力な傾向も、それが災害の段階に達するまで続くということはほとんどない。その極端な段階に至る前に、この傾向を抑制し是正する力が起こり、その力は、通常、新たな反動を引き起こすに至るまで勢力を拡大する。これら社会の振子運動と反転力といったものの本性を研究することによって、貴重な理解と、攪乱をさらに狭く制限する手段とが生まれることになる。しかし、この時点において、われわれは次のようなことに気づいたにすぎない。すなわち、この攪乱は、おおよそ制限されており、そしてこの制限は、社会の定常性(homeostasis)の初期の段階を示すものではないか、ということである」(出版社の許可を得て掲載。一九三二年および一九三九年、ウォルター・B・カノンによって版権取得)。

(3) John K. Galbraith, *American Capitalism, the Concept of Countervailing Power* (Boston: Houghton Mifflin, 1952).〔藤瀬五郎訳『アメリカの資本主義』時事通信社、一九五五年〕。

(4) William Cabell Bruce, *John Randolph of Roanoke* (New York and London: G. P. Putnam, 1922), Vol. II, p. 211 に従って引用。

(5) バランス・オブ・パワーは普遍的な社会現象であるが、その機能および効果は国内政治と国際政治では異なる、ということは指摘するまでもない。国内政治において、バランス・オブ・パワーは、次のようなところで作用する。つまり、強いコンセンサスと、通常では挑戦し難いような中央政府の力とによってまとめられている統合社会の比較的安定した枠組みのなかでそれは作用する。一方、コンセンサスが弱く、また中心的権威の存在しない国際舞台においては、その社会の安定と構成部分の自由はバランス・オブ・パワーの作用に、より大きく依存することになる。これについてのさらに詳しいことは、第一四章で述べられよう。

J. Allen Smith, *The Growth and Decadence of Constitutional Government* (New York: Henry Holt and Company, 1930), pp. 241, 242 とも比較せよ。「国際法の解釈と国際関係の管理とについて、共通かつ公平な機関が全然ないところでは、各国は、自国の権威の増強に急であるのみでなく、もしできれば競争相手国の権威のいかなる増強をも阻止しようとする。自己保存の本性は、独立した諸国によって構成された世界において次のように作用する。すなわち、外部からの侵略に対してみずからをまもるために各自が力を求める、という具合である。どの国も一国だけでは、敵対諸国の将来の連合に対して安全であると感ずるほど十分には強くないという事実があるからこそ、同盟および対抗同盟の形成が必要になる。各国は、その安全が外から脅かされた場合には、この同盟および対抗同盟によって必要な支援を確保しようとする。通常これは、バランス・オブ・パワーを維持するための闘争である、とされる。これは、単に国家の抑制均衡の理論を国際政治に応用したにすぎない。たとえいかなる国であろうとも、国際問題において優越的地位を獲得すれば、そのことは、世界の他の諸国の利益と安寧に対する明白な脅威になる、ということは考えられることであるし、まさにそのとおりなのである。力は、たとえそれが防衛の手段として獲得されたものであっても、それを所有する国がいかなる仮想敵国よりも強くなったとみずから思うやいなや、国際平和の脅威となる。国際政治においてバランス・オブ・パワーを維持することは、一国においてある特定勢力に優位を獲得せしめないことと同じように必要である。しかし、このバランス・オブ・パワーの概念は、攻撃に対する恐怖に基礎をおいており、またすべての国家が戦争の準備をすべきであると想定しているので、それは、いかなる真の意味においても国際平和をも保障するものとはみなされえない」(出版社の許可を得て掲載)。*The Cambridge Modern History*, Vol. V (New York: The Macmillan Company, 1908), p. 276とも比較せよ。

(6)　John Stuart Mill, *Considerations on Representative Government* (New York: Henry Holt and Company, 1882), p. 142における、一般的問題についての啓蒙的討論と比較せよ。「このように構成された社会の状態において、もし代表制が理想的に完全につくられうるならば、そしてそれによって社会がその状態を維持できるならば、その組織は次のようなものでなければならない。すなわち、一方に肉体労働者と彼らの同族、他方に労働雇用者と彼らの同族、これら二つの階級は、この代表制の配置において平等に釣り合い、議会においてそれぞれほぼ同数の票を左右する勢力をもたなければならない、ということである。なぜなら、それは次のような仮定に立つからである。つまり、それぞれの階級の多数派は、いかに意見が相違しようと、おもに彼らの階級的利益によって支配されるであろう。しかしそれぞれの階級には、理性、公正、および全体の利益に従ってものを考える少数派がいる。それぞれのこの少数派は、相手側階級の全体に加わることによって、実現されてはならない自己の階級の多数派のいかなる要求にも反対して、形勢を変えるであろう」(関嘉彦編『世界の名著38』中央公論社、一九六七年、四五二ページ参考)。上巻三五〇—二ページも参照。連邦諸州間におけるバランス・オブ・パワーに関連しては、上巻五四—六ページおよび六七—九ページを参照。

(7) *The American Commonwealth* (New York: The Macmillan Company, 1891), Vol. I, pp. 390-1.

(8) *The Republic* (New York: The Viking Press, 1944), pp. 190-1.〔松本重治訳『共和国』下、社会思想研究会出版部、一九五〇年、三三—四ページ〕。

(9) Ibid., pp. 190, 191.〔同前書三四ページ参考。John C. Calhoun, "A Disquisition on Government," in *the Works of John C. Calhoun* (Columbia: A. S. Johnston, 1851), Vol. I, pp. 35-6, 38-9とも比較せよ。

(10) *Works*, Vol. IV (Boston: Little, Brown, and Company, 1889), p. 331.

第一二章

(1) 八九—九一ページを参照。

(2) 軍縮問題は、第二三章において、さらに詳しく論じられるだろう。

(3) 上巻五二—三ページにある、ツキディデスおよびソールズベリー卿からの引用を参照。

(4) 一七、一八世紀の同盟条約を一瞥すると、軍隊、装備、兵站支援、食糧、金銭などの供給義務が、きわめて厳密に定められていたのには驚かされる。

(5) 神聖同盟および大西洋憲章のどちらも、通常は、別個の法的文書に含まれた実質的約束を補足している、ということは指摘されなければならない。

(6) *The Prince*, Chapter 21.〔黒田正利訳『君主論』岩波書店、一九三五年〕。

(7) しかしながら、この相関関係の逆は成り立たない。とくに一七、一八世紀において、限定的条約は、特別な場合、すなわち攻撃に対抗したり、攻撃に従事したり、あるいは特定の遠征に乗りだしたりするためにしばしば締結された。したがって、同盟が締結されたこの特別な事態が過ぎ去ると、同盟はその目的を失って消滅した。

(8) Polybius I, 83.

(9) Frederick the Great, "Considerations on the present state of the political body of Europe," *Œuvres de Frédéric le Grand*, Vol. VIII (Berlin: Rudolph Decker, 1848), p. 24. フランス語版からの翻訳。

(10) *Speeches of the Right Honourable George Canning* (London, 1836), Vol. VI, pp. 109–11.

(11) *Protocols of Conferences in London Relative to the Affairs of Belgium* (1830–31), p. 60.

(12) *British Documents on the Origins of the War, 1898–1914* (London: His Majesty's Stationery Office, 1926), Vol. XI, p. 276.

(13) 第二四章を参照。

(14) *Papiers d'État du Cardinal de Granvelle* (Paris, 1843), Vol. IV, p. 121.

(15) Eugenio Albèri, *Le Relazioni degli Ambasciatori Veneti al Senato*, Series I (Firenze, 1862), Vol. II, pp. 287, 464.

(16) William Camden, *Annales or the History of the Most Renowned and Victorious Princess Elizabeth, Late Queen of England* (London, 1635), p. 196.
(17) この点については、第二一章における詳細な論議を参照。
(18) Winston S. Churchill, *The Second World War*, Vol. I, *The Gathering Storm* (Boston: Houghton Mifflin Co., 1948), pp. 207-8. (Reprinted by permission of the publisher.)〔毎日新聞社翻訳委員会訳『第二次大戦回顧録』(二)、毎日新聞社、一九四九年、五―七ページ参考〕。

第一三章

(1) Albert Sorel, *L'Europe et la révolution française* (Paris: E. Plon, 1885), Vol. I, p. 443.
(2) 三一―三ページを参照。
(3) *Works*, Vol. IV (Boston: Little, Brown, and Company, 1889), p. 330.
(4) 六七―八ページを参照。
(5) 他の構造的変化については、五八ページ以下、および第二一章を参照。
(6) これら自律的システムのほとんどが崩壊するにいたった原因については、第二一章を参照。

第一四章

(1) 第一〇章におけるこの問題の広範囲にわたる論議を参照。
(2) "On the Study and Use of History," *The Works of Lord Bolingbroke*, Vol. II (Philadelphia:

Carey and Hart, 1841), p. 258.

(3) *Die politischen Testamente Friedrichs des Grossen* (Berlin, 1920), p. 192.

(4) *British Documents on the Origins of the War, 1898–1914* (London: His Majesty's Stationery Office, 1926), Vol. XI, p. 361.

(5) この書信の交換によってもたらされた状況がいかに曖昧であるかは、一九一二年一一月二二日イギリス外相エドワード・グレー卿からイギリス駐在フランス大使ポール・カンボン氏宛に書かれた書信の本文から明らかである。その書信の本文は、翌日のフランス大使の返信のなかでかなり多く繰り返されている。

「近年しばしば、フランスとイギリスの陸海軍の専門家たちは互いに協議してきた。それはつねに次のように理解されたのである。すなわち、このような協議は、軍事力によって他方を援助するかどうかをそれぞれの政府が決定する自由を、将来のいかなるときにも制限するものではない、ということである。またわれわれは次のようにも合意してきた。つまり、専門家間の協議は、これまでに発生したこともなくこれからも起こらないかもしれない偶発事件において、おのおのの政府が行動せざるをえなくなるような取決めではないし、またそのようにみなすべきではない、ということである。たとえば、現時点におけるフランスおよびイギリス艦隊のそれぞれの配置は、戦争において協力するという約束に基づいているものでない。」

「しかしながら、あなたは次のことを指摘した。すなわち、もしいずれかの政府が、第三国によるいわれのない攻撃を予想する重大な理由をもつならば、その政府がこの事件において他方の軍事援助をあてにできるかどうかを知ることは必要不可欠の要素となるであろう、ということである。」

「私は次のことに同意する。すなわち、もしいずれかの政府が、第三国によるいわれのない攻撃を予想する重大な理由をもつなら、あるいは、もしいずれかの政府が、全般的平和を脅かす事態に遭遇したなら、その政府はただちに他方と、両政府が侵略阻止と平和保持のために共同行動をとるべきか否か、そしてもしそうであれば、彼らがいかなる手段を共同でとる用意があるかを討議しなければならない、ということである。もしこれらの手段が行動を伴うものならば、参謀本部の計画はただちに考慮されようし、また政府は、この計画をどのように実行すべきかを考慮するであろう。」*Collected Diplomatic Documents Relating to the Outbreak of the European War* (London: His Majesty's Stationery Office, 1915), p. 80.

この状況の曖昧さは、同前書一七四ページに引用した皇帝《ツァー》の電文によってもまたよく例証される。

（6） *British Documents*, loc. cit., p. 361.

（7） Ibid., p. 363.

（8） Ibid., p. 284.

（9） 上巻一五三―五ページおよび上巻一八二ページ以下を参照。

（10） Op. cit., p. 291.

（11） *British Documents*, loc. cit., p. 361.

(12) Max Montgelas and Walther Schuecking, editors, *Outbreak of the World War: German Documents Collected by Karl Kautsky* (New York: Oxford University Press, 1924), p. 307.

(13) April 27, 1947, p. E3.

(14) *The Decline and Fall of the Roman Empire* (The Modern Library Edition), Vol. II, pp. 93-5.〔村山勇三訳『ローマ帝国衰亡史』(五)、岩波書店、一九五四年、四〇四、四〇七ページ参考〕。バランス・オブ・パワーの有益な業績についての同様に才気のある説明は、*Edinburgh Review*, Vol. I (January 1803), p. 348 の筆者不明の寄稿にみいだされる。「しかし、もし競争相手である隣国への健全な警戒心――現代の政治家はこれを大事にするよう教えられてきた――がなかったならば、諸戦争――この戦争では、なにがしかの無駄死があり、数百万ポンドがなくもがなに浪費された――の代わりに、いかに多くの征服と支配の交代が生まれたことであろうか。何百人かの水兵たちが退屈な海原で大害なく闘うことの代わりに、そして何千人かの兵士たちが目的のために引き離されていった諸地域で、科学的で規則的で静かな闘争のシステムを推進することの代わりに、いかに多くの地球の汚れのない部分が血まみれになったことであろうか。そして、いかに多くの地球の汚れのない部分が、諸国家の紛争に決着をつける場所としてあてにされたであろうか。実際われわれは、人類の記録における最も誇りある時期として、前世紀の歴史に注目するであろう。その時期は、学問、技術、産業のために、そして穏やかな美徳と常識のために、さらには洗練された統治と、自由の均等な普及のために、そしてなかんずく、行政技術の完全な知識――それは、諸国家間における一般的行動準則を確立したし、諸帝国の転覆を防ぎ、弱国が貪欲な隣国に併合されることを阻止したし、征服者の発展を制限し、さらには、戦争に訴えることが他の時代ではつねに最初の段階であてにされていたのに対して、それを最後に採用する手段にした――のために、最も強い特質を示したのである」。

(15) Arnold Toynbee, *A Study of History* (London: Oxford University Press, 1939), Vol. IV, p. 149. (Reprinted by permission of the publisher.)〔下島連ほか訳『歴史の研究7』、経済往来社、一九七九年、二三一―二ページ参考〕。

(16) *Œuvres* (Paris, 1870), Vol. III, pp. 349, 350.

(17) *Œuvres complètes* (Brussels: Th. Lejeune, 1827), Vol. 10, pp. 172, 179.〔山路昭ほか訳『ルソー全集』第四巻、白水社、一九七八年、三一五ページ、三二一ページ参考〕。

(18) *The Law of Nations* (Philadelphia, 1829), Book III, Chapter III, pp. 377-8.

(19) 第二七章を参照。

(20) *Considerations on Representative Government* (New York: Henry Holt and Company, 1882), p. 21.〔関嘉彦編『世界の名著38』中央公論社、一九六七年、三六一ページ参考〕。国内政治におけるバランス・オブ・パワーの維持のための道義的要因の重要性については、同前書二三五―六ページの洞察力のある意見とも比較せよ。「この問題は単に政治的道義の問題にすぎない、といわれるとき、それはこの問題の重要性を減ずるものではない。憲法上の道義の問題は、憲法自体に関する問題と同様実際に重要である。幾つかの政府の存在そのもの、および他の政府を持続させるすべてのものは、憲法上の道義の教理を実際に遵守すること、すなわちそれぞれの当局者の心における伝統的観念――この観念は、もしそれがなければこうなるであろうという権力の利用の仕方を変えるのだが――に基づいている。このような行動原理は、バランスのとれていない政府――純粋な君主政治、純粋な貴族政治、純粋な民主政治――においては、その政府特有の極端な方向へ行きすぎないよう抑制する唯一の防壁となっている。不完全にしかバランスしていない政府――ここでは、最強の権力の衝動に憲法的制約を加えようとするある試みがなされるが、その権力は少なくとも一時的には無難にその制約の限度をふみ越えるほどに強力である――において、憲法上の抑制と制限に対していやしくも敬意が払われるのは、まさしく、世論に承認され支持されている憲法上の道義の教理によってなのである。十分に釣り合いをとっている政府のなかでは最高の権力は分割され、そしてこの権力の分有者は、可能なるひとつの方法によってのみ、すなわち、他のものが攻撃のためにふるいうるのと同じ強さで防衛のために武装されていることによって、他者からの侵害に対して保護されているのである。したがって、権力の他の分有者の側からの一様に極端な行動によって挑発されない限りは、このような政府は、これら極端な権力を行使しないというすべての側の自制によって初めて運営されるのである。この場合、憲法上の道義に含まれている行動原理に敬意を払うことによってのみ憲法を存続させることができるのだといえよう」。

この点については、R. H. Tawney, *The Acquisitive Society* (New York: Harcourt, Brace and Company, 1920), pp. 40, 41 における、産業戦争(industrial warfare)と国際的バランス・オブ・パワーとの間の類比についても比較せよ。「その動因は、残念な偶発事としてでなく、不可避の結果として産業戦争を起こす。その動因が産業戦争を起こすのは、その教えるものが次のとおりであるためである。すなわち、それぞれの個人あるいは集団は、彼らの得るものについて要求する権利があり、そして彼らの得るべきものを決定する市場のメカニズムとはちがう原理が何かあるということを否定するということである。つまり、分配に役立つ収入には限界があるので、またそれゆえ、ある限界点を越えてしまうと、ある集団が獲得するものを他の集団は必ず失うことになるので、もしそれぞれの集団の相対的収入が各集団の機能によって決められるべきでないとすれば、それらの相対的収入を決めるに残された方法は相互の自己主張以外にないことは明らかである。実際、利己主義は、各集団に対して、彼らが全力を用いて自己の主張を押しとおすことがないようにさせるかもしれないし、そしてそのようなことが起こる限りは、人びとがバランス・オブ・パワーによって国際問題で平和を確保しようとしてきたと同様に、産業面でも平和を確保することができるのである。しかしこのような平和の維持は、彼らが公然たる闘争によって得るものよりも失うものの方が多いということ、についての評価にかかっているのである。さらにこのような平和の維持は、彼らの相対立する主張を公正に解決するためあらゆる分配規準を彼らが受諾したことの結果ではないのである。したがって、それは不安定であり偽りであり、そして短期間のものである。しかもそれは終わりがない。なぜならば、単に収入が増額するということには、物品へのあらゆる他の欲望の満足におけるのと同様に、終局がないからである。欲求が起こると、古い闘争は新たなレヴェルで再開され、そして人びとが、すべての報酬の分配——多かろうと少なかろうと——を基礎づける原則をみいだすことによってでなく、単に分け前をふやすることによって闘争の終結を求める限り、この闘争はつねに再開されるであろう」。

同前書五〇ページをも参照。「しかし釣り合い——国際政治においてもあるいは産業においても——は不安定である。なぜならその釣り合いは、ある原則——それによって諸国家および諸個人の主張が制限される——の共通の承認の上にでなく、単にある平衡状態——それは、限度のない主張をむやみに追求することなく紛争を避けるかもしれない——を求める企てに基礎をおくからである。だが、このような平衡状態をみいだすことは不可能である。なぜなら、軍事的あるいは産業的な力の増大の可能性が無限である世界においては、このような平衡状態は存在しえないからである」(出版社の許可を得て掲載)。

(21)　"The Balance of Power," in Hans Weigert and Vilhjalmur Stefansson, editors, *Compass of the World* (New York: The Macmillan Company, 1944), pp. 53-4.

(22)　小国の独立保持のための道義的要素の重要性は、Alfred Cobban, *National Self-Determination* (Chicago: University of Chicago Press, 1948), pp. 170, 171 に十分指摘されている。「しかし大帝国の政策さえも時代思潮によって影響される。そして、小独立国の権利に有利な先入主が久しく存在していた。この先入主の起源にわれわれは関与する必要はないが、しかしその存在はひとつの事実であり、それを国際問題の学徒は無視できない。われわれがいままでずっと述べてきた各種の要素は疑いもなく重要であるが、われわれの意見では、多くのヨーロッパの小国——あるものはひとつの都市よりも小さい——を大国の併合から究極的にまもったのは、小国における国民感情の力ではなく、いわんやバランス・オブ・パワーの結果ですらないし、独立主権国の破壊が異常の行為でありなおかつ通常は不正の行為であるという一般的認識でもないのだが、むしろ後者は前二者よりも、その理由としては重要である。大国の力が急速に増大していた一八世紀においてさえ、古典的都市国家の理想に影響された当時の見解は、賛美をもって小国を支持し、そしてそれら小国の独立を信じた。一九世紀には民族主義的理想の発展は、この見解を大きく侵害したが、われわれがみてきたように、一九一九年においても、この見解は依然として相当の影響力を及ぼしていた」(シカゴ大学出版部の許可を得て掲載)。

第五部

第一五章

(1) *Leviathan*, Chapter XIII.〔水田洋訳『リヴァイアサン』(二)、岩波書店、一九五四年〕。

第一六章

(1) *Nature and Sources of the Law* (New York: The Macmillan Company, 1927), p. 127.
(2) 上巻一〇六ページ以下を参照。
(3) 上巻二八二ページ以下を参照。
(4) E. H. Carr, *The Twenty Years' Crisis, 1919-39* (London: Macmillan and Company, 1939), p. 196.〔原彬久訳『危機の二十年』岩波書店、二〇一一年、二九六ページ〕。

（5）　Winston S. Churchill, *The Second World War*, Vol. V, *Closing the Ring* (Boston: Houghton Mifflin Co., 1951), pp. 373–4. (Reprinted by permission of the publisher.)〔毎日新聞社翻訳委員会訳『第二次大戦回顧録』（十九）、毎日新聞社、一九五四年、八二—三ページ参考〕。

（6）　とくに§Ⅲ〔一又正雄訳『戦争と平和の法』第三巻、巌松堂書店、一九五一年、九六四ページ以下〕を参照。

（7）　Ibid., §III（原著の§X、XIは誤り）〔同前書、九七三ページ〕。

（8）　*Chapters on the Principles of International Law* (Cambridge: Cambridge University Press, 1894), pp. 267 ff.

（9）　*Mémoires* (Brussels, 1858–67), Vol. II, pp. 266–7.

（10）　*Bismarck, the Man and the Statesman, being the Reflections and Reminiscences of Otto, Prince von Bismarck* (New York and London: Harper and Brothers, 1899), Vol. I, p. 341.

（11）　"Philosophical Theory and International Law," *Bibliotheca Visseriana*, Vol. I (Leyden, 1923), p. 74.

（12）　*Studies in Diplomacy and Statecraft* (London, New York, Toronto: Longmans, Green and Company, 1942), pp. 300, 301.

（13）　一七四—五ページを参照。

（14）　一〇六—七ページを参照。

（15）　Loc. cit., p. 308 参照。

(16) *The Economic Consequences of the Peace* (New York: Harcourt, Brace and Company, 1920), pp. 32, 33.

(17) *Pensées*, translated by W. F. Trotter, Modern Library (New York: Random House, Inc., 1941). Section V. (Reprinted by permission of the publisher.)〔松浪信三郎訳『パンセ』(世界文学大系13)、筑摩書房、一九五八年、第五篇、二〇八ページ参照〕。

(18) 他の諸要因については、第二〇章を参照。

(19) *Selected Papers of Robert C. Binkley*, edited by Max H. Fisch (Cambridge: Harvard University Press, 1948), p. 328.

(20) 一一七―九ページを参照。

(21) 道義の普遍的原則の言明が、どの程度にまで実際行動における徹底した堕落と連動してなされるかは、世界を征服しようとして一四世紀に南アジアと小アジアを征服し破壊したモンゴール人ティムールの事例においてはっきりと示されている。彼は、神と回教との栄光のために、何十万人もの人民を殺した――一三九八年一二月一二日に、デリー入城に先んじて一〇万人のヒンズー教徒の囚人を虐殺した――のち、征服されたアレッポ市の代表にいった。「わしは殺伐な人間ではない。神が照覧し給うように、わしはどの戦争にも決して自分から手出しをしたことはない、したがってわしの敵どもはいつも自刃自滅の作為者であった」。

ギボンは、このような言を伝えて、次のように付け加えている。「こうした平和な会話の最中にもアレッポの街は血に洗われ、母と子の叫び、凌辱される処女らの悲鳴が響き渡っていた。兵士らに奪われた豊富な略奪物は、これら兵士の貪欲な心をさらに刺激した。しかし彼らの残虐行為は、敵の首をもってこいという君主の圧制的な命令によって行なわれたのである。つまり、敵の首は、ティムールの習慣に従って、円柱状やピラミッド状に奇妙な形で積み上げられたのである。………」*The Decline and Fall of the Roman Empire* (The Modern Library Edition), Vol. II, p. 1243.〔村山勇三訳『ローマ帝国衰亡史』(十)、岩波書店、一九五九年、一〇六―七ページ参考〕。

(22) *The Collected Works of Abraham Lincoln*, edited by Roy P. Basler (New Brunswick, N. J.: Rutgers University Press), Vol. V, pp. 403f., 419f.

第一七章

(1) *The Parliamentary Debates:* Official Report. Fifth Series. Vol. 118. House of Commons, p. 992.

(2) *New York Times*, April 18, 1939, p. 2.

(3) Leland M. Goodrich and Edward Hambro, *Charter of the United Nations* (Boston: World Peace Foundation, 1949), p. 151.

(4) November 15, 1947, p. 16.

(5) 一八八ページ以下参照。

(6) Walter Lippmann, *Public Opinion*, pp. 214ff. Copyright 1922, by The Macmillan Company and used with their permission.〔大日本文明協会訳『輿論』大日本文明協会、一九二三年、一〇

七—九ページ参考〕。

（7） *London Evening Standard*, June 26, 1936.

（8） 前植民地主義列強がつねにそうであるのだが、各国政府が国連総会における票の分布に関心を寄せる場合、これら政府が本当に気にかけるのは、実在しない世界世論ではなく、他国政府との関係における自国の威信である。しかもこの威信は、このような前植民地主義列強がいかに少ない支持者しかもたないかということを示す反対票によって影響されるであろう。

（9） L. B. Namier, *England in the Age of the American Revolution* (London: Macmillan and Co., 1930), p. 42 に引用された、Considerations on the Expediency, etc. (Dublin, 1779).

第六部

第一八章

（1） J. L. Brierly, *The Outlook for International Law* (Oxford: The Clarendon Press, 1944), pp. 1, 2.(出版社の許可を得て掲載)。

（2） A. R. Radcliffe-Brown, "Primitive Law," *Encyclopedia of the Social Sciences*, Vol. IX, pp. 203-4 を参照。文献については p. 262 を参照。

（3） L. Oppenheim, *International Law*, 2nd ed. (London: Longmans, Green and Company, 1912), Vol. I, p. 193. この部分およびそれ以下におけるバランス・オブ・パワーへの言及が、以後の版で

は編者により削除されていることが注目される。

（4）　Ibid., p. 80.

（5）　2 vols.(Boston: Little, Brown, and Company, 1946).

（6）　国際法のさまざまな概念およびそれらに関する文献については、L. Oppenheim and H. Lauterpacht, *International Law*, 8th ed.(London: Longmans, Green and Company, 1955), Vol. I, pp. 48 ff. と比較せよ。

（7）　一五三ページ以下においてふれた戦闘手段の人道化を求めるいろいろな一般国際協定のほか、一八七四年の一般郵便協約や一九四四年の国際民間航空条約のような通信・運輸およびその他の分野における法典化が例として挙げられる。

（8）　*Commentaire du Pacte de la Société des Nations*(Paris: Sirey, 1930), p. 44.

（9）　こうした事態を救うために、国際連合の第二回総会は、一九四七年一一月一四日、憲章および専門機関の基本条約は、承認された国際法の諸原則に基づいて解釈されるのがきわめて重要であることを宣明する決議を採択した。同決議は、国際連合の諸機関が、その活動の過程において生じた法的問題については、国際司法裁判所から勧告的意見を求めるよう、とくに要請している(*United Nations Documents*, A/459)。総会のこの要請に応えて、国際司法裁判所は、憲章その他の国際条約の解釈に関して、数多くの勧告的意見を与えてきた。

（10）　Hans J. Morgenthau, Eric Hula, and Moorhouse F. X. Millar, in *America*, Vol. 76, No. 10 (December 7, 1946), pp. 266-8 と比較せよ。

(11) 一六〇ページ以下を参照。

(12) P. C. I. J. Series B, No. 5, p. 27.

(13) ここでは、仲裁(arbitration)と裁判(adjudication)という二つの言葉を区別しないで使っている。ただし、「仲裁」という言葉は、常設仲裁裁判所〔原著の Permanent Court of International Justice は常設国際司法裁判所のことであり、文意にそぐわない。Permanent Court of Arbitration が正しい、と思われる〕が〔多数国間条約に基づいて〕設置されるまでは、主として、二国間条約によって設置された裁判機関を指すのに用いられるのに反し、「裁判」の方は、現在では、一般的に、どのような態様で設置されたかにかかわらず、国際的性格を有するすべての裁判機関を指すのに用いられる。

(14) H. Lauterpacht, *The Function of Law in the International Community* (Oxford: The Clarendon Press, 1933), p. 427. (Reprinted by permission of the publisher.)

(15) Document United States/International Court of Justice/5, *Department of State Bulletin*, Vol. 15, No. 375 (September 8, 1946), p. 452.

(16) P. C. I. J. Series A/B, No. 41.

(17) 二五一ページを参照。

(18) 同条約の第四四条。

(19) このことは、観念的にのみ正しい。なぜなら、国内の裁判制度の実際の運用においては、かなりの例外があるからである。たとえば、連邦裁判制度においては、異なった連邦裁判所の判決の間の論理一貫性は、最高の上訴審たる連邦最高裁判所が判決を下した範囲においてのみ確保される。法の定めによるか、最高裁判所が上告を棄却するかして、数個の（連邦）巡回裁判所が、類似の事件についてより上級の裁判所に頼らずに判決を下す場合には、それら類似の事件に対して適用される法規が相互に異なることがありうるし、実際にも、しばしば異なっている。したがって、この程度までは、国際裁判の分野ではむしろ普通とされる事態〔「判決相互間の論理一貫性の欠如」〕が、連邦裁判制度の下でも例外的に存在するわけである。

（20）*The Law of Nations*, pp. 92, 93. (Reprinted by permission of the publisher.)〔一又正雄訳『国際法』有斐閣、一九五五年、九一―二ページ参考〕。

（21）Emmerich de Vattel, *The Law of Nations* (Washington: Carnegie Institution, 1916), Book II, §235, p. 193.

（22）*International Law*, Vol. I, p. 966. (Reprinted by permission of the publisher.)

（23）国際連盟規約第一六条は、次のように規定している。

一、第十二条、第十三条又ハ第十五条ニ依ル約束ヲ無視シテ戦争ニ訴ヘタル聯盟国ハ、当然他ノ総テノ聯盟国ニ対シ戦争行為ヲ為シタルモノト看做ス。他ノ総テノ聯盟国ハ、之ニ対シ直ニ一切ノ通商上又ハ金融上ノ関係ヲ断絶シ、自国民ト違約国国民トノ一切ノ交通ヲ禁止シ、且聯盟国タルト否トヲ問ハス他ノ総テノ国ノ国民ト違約国国民トノ間ノ一切ノ金融上、通商上又ハ個人的交通ヲ防遏スヘキコトヲ約ス。

二、聯盟理事会ハ、前項ノ場合ニ於テ聯盟ノ約束擁護ノ為使用スヘキ兵力ニ対スル聯盟各国ノ陸海又ハ空軍ノ分担程度ヲ関係各国政府ニ提案スルノ義務アルモノトス。
三、聯盟国ハ、本条ニ依リ金融上及経済上ノ措置ヲ執リタル場合ニ於テ之ニ基ク損失及不便ヲ最少限度ニ止ムル為相互ニ支持スヘキコト、聯盟ノ一国ニ対スル違約国ノ特殊ノ措置ヲ抗拒スル為相互ニ支持スヘキコト、並聯盟ノ約束擁護ノ為協力スル聯盟国軍隊ノ版図内通過ニ付必要ナル処置ヲ執ルヘキコトヲ約ス。
四、聯盟ノ約束ニ違反シタル聯盟国ニ付テハ、聯盟理事会ニ代表セラルル他ノ一切ノ聯盟国代表者ノ聯盟理事会ニ於ケル一致ノ表決ヲ以テ、聯盟ヨリ之ヲ除名スル旨ヲ声明スルコトヲ得。

(24) 第一二条、第一三条および第一五条は次のように規定している。

第十二条
一、聯盟国ハ、聯盟国間ニ国交断絶ニ至ルノ虞アル紛争発生スルトキハ、当該事件ヲ仲裁裁判若ハ司法的解決又ハ聯盟理事会ノ審査ニ付スヘク、且仲裁裁判官ノ判決若ハ司法裁判ノ判決後又ハ聯盟理事会ノ報告後三月ヲ経過スル迄、如何ナル場合ニ於テモ、戦争ニ訴ヘサルコトヲ約ス。
二、本条ニ依ル一切ノ場合ニ於テ、仲裁裁判官ノ判決又ハ司法裁判ノ判決ハ、相当期間内ニ、聯盟理事会ノ報告ハ、紛争事件付託後六月以内ニ之ヲ為スヘシ。
第十三条
一、聯盟国ハ、聯盟国間ニ仲裁裁判又ハ司法的解決ニ付シ得ト認ムル紛争ヲ生シ、其ノ紛争カ外交手段ニ依リテ満足ナル解決ヲ得ルコト能ハサルトキハ、当該事件全部ヲ仲裁裁判又ハ司法的解決ニ付スヘキコトヲ約ス。

二、条約ノ解釈、国際法上ノ問題、国際義務ノ違反ト為ルヘキ事実ノ存否並該違反ニ対スル賠償ノ範囲及性質ニ関スル紛争ハ、一般ニ仲裁裁判又ハ司法的解決ニ付シ得ル事項ニ属スルモノナルコトヲ声明ス。

三、審理ノ為紛争事件ヲ付託スヘキ裁判所ハ、第十四条ノ規定ニ依リ設立セラレタル常設国際司法裁判所又ハ当事国ノ合意ヲ以テ定メ若ハ当事国間ニ現存スル条約ノ規定ノ定ムル裁判所タルヘシ。

四、聯盟国ハ、一切ノ判決ヲ誠実ニ履行スヘク、且判決ニ服スル聯盟国ニ対シテハ戦争ニ訴ヘサルコトヲ約ス。判決ヲ履行セサルモノアルトキハ、聯盟理事会ハ、其ノ履行ヲ期スル為必要ナル処置ヲ提議スヘシ。

第十五条

一、聯盟国間ニ国交断絶ニ至ルノ虞アル紛争発生シ、第十三条ニ依ル仲裁裁判又ハ司法的解決ニ付セラレサルトキハ、聯盟国ハ、当該事件ヲ聯盟理事会ニ付託スヘキコトヲ約ス。何レノ紛争当事国モ、紛争ノ存在ヲ事務総長ニ通告シ、以テ前記ノ付託ヲ為スコトヲ得。事務総長ハ、之カ充分ナル取調及審理ニ必要ナル一切ノ準備ヲ為スモノトス。

二、此ノ目的ノ為、紛争当事国ハ、成ルヘク速ニ当該事件ニ関スル陳述書ヲ一切ノ関係事実及書類ト共ニ事務総長ニ提出スヘク、聯盟理事会ハ、直ニ其ノ公表ヲ命スルコトヲ得。

三、聯盟理事会ハ、紛争ノ解決ニ力ムヘク、其ノ努力効ヲ奏シタルトキハ、其ノ適当ト認ムル所ニ依リ、当該紛争ニ関スル事実及説明並其ノ解決条件ヲ記載セル調書ヲ公表スヘシ。

四、紛争解決ニ至ラサルトキハ、聯盟理事会ハ、全会一致又ハ過半数ノ表決ニ基キ当該紛争ノ事実ヲ述ヘ、公正且適当ト認ムル勧告ヲ載セタル報告書ヲ作成シ之ヲ公表スヘシ。

五、聯盟理事会ニ代表セラルル聯盟国ハ、何レモ当該紛争ノ事実及之ニ関スル自国ノ決定ニ付陳述書ヲ公表スルコトヲ得。

六、聯盟理事会ノ報告書カ紛争当事国ノ代表者ヲ除キ他ノ聯盟理事会員全部ノ同意ヲ得タルモノナルトキハ、聯盟国ハ、該報告書ノ勧告ニ応スル紛争当事国ニ対シ戦争ニ訴ヘサルヘキコトヲ約ス。

七、聯盟理事会ニ於テ、紛争当事国ノ代表者ヲ除キ、他ノ聯盟理事会員全部ノ同意アル報告書ヲ得ルニ至ラサルトキハ、聯盟国ハ、正義公道ヲ維持スル為必要ト認ムル処置ヲ執ルノ権利ヲ留保ス。

八、紛争当事国ノ一国ニ於テ、紛争カ国際法上専ラ該当事国ノ管轄ニ属スル事項ニ付生シタルモノナルコトヲ主張シ、聯盟理事会之ヲ是認シタルトキハ、聯盟理事会ハ、其ノ旨ヲ報告シ、且之カ解決ニ関シ何等ノ勧告ヲモ為ササルモノトス。

九、聯盟理事会ハ、本条ニ依ル一切ノ場合ニ於テ紛争ヲ聯盟総会ニ移スコトヲ得。紛争当事国一方ノ請求アリタルトキハ、亦之ヲ聯盟総会ニ移スヘシ。但シ右請求ハ、紛争ヲ聯盟理事会ニ付託シタル後十四日以内ニ之ヲ為スコトヲ要ス。

一〇、聯盟理事会ノ行動及権限ニ関スル本条及第十二条ノ規定ハ、聯盟総会ニ移シタル事件ニ関シ、総テ之ヲ聯盟総会ノ行動及権能ニ適用ス。但シ紛争当事国ノ代表者ヲ除キ聯盟理事会ニ代表セラルル聯盟各国代表者及爾余過半数聯盟国ノ代表者ノ同意ヲ得タル聯盟総会ノ報告書ハ、紛争当事国ノ代表者ヲ除キ他ノ聯盟理事会員全部ノ同意ヲ得タル聯盟理事会ノ報告書ト同一ノ効力ヲ有スヘキモノトス。

(25) この点に関連ある決議は、次のようにうたっている。

3. 義務不履行国の一方的行為は戦争状態をつくることはできない。それは、規約侵犯国に対して戦争に訴える権利、または、規約侵犯国と戦争状態にあることを宣言する権利を連盟の他の加盟諸国に与えるにすぎない。しかし、連盟が、少なくとも初期の段階では、戦争を回避し、経済的圧力によって平和を回復するよう試みることは、規約の精神にかなうものである。

4. 規約が侵犯されたかどうかを各自が決定することは、連盟の各加盟国の義務である。連盟国が第一六条の下における義務を履行すべきことは、規約の明文によって要請されており、加盟国がこれらの義務の履行を怠れば、条約義務違反となる。

9. 次の場合を留保して、すべての国は、経済的圧力という措置の適用に関して平等に扱われなくてはならない。

(a) 特別な措置をとるようある国々に対してだけ勧告する必要が生じうるであろう。

(b) 第一六条に定められた経済的制裁の有効な適用を全部または一部延期することが、ある国々にとって望ましいと考えられても、そのような延期が共同の行動計画の成功のため望ましいか、または、制裁の適用によって一部の加盟国にもたらされる損失および財政困難を最小限度にまで軽減する場合以外には、そのような延期は許されないものとする。

10．経済的圧力が適用されるべき個々の場合においてとられるべき経済上、通商上、財政上のさまざまな措置をあらかじめ詳細に決めておくことは不可能である。したがって、具体的な事件が発生した時点において、理事会が、連盟加盟国に対して合同行動計画を勧告する。

11．外交関係の断絶は、初期の段階では、外交使節の長の召還に限ることができる。

12．領事関係は維持しつづけても差支えない。

13．規約侵犯国の国民とその他の連盟国の国民との関係を遮断するにあたっては、国籍ではなく、居所(residence)に基づいて両者を識別する。

14．経済的圧力の適用が長びく場合には、いっそう厳格な措置をとることができる。ただし、義務不履行国の非戦闘員に対する食料品の供給遮断は、他のとりうる措置が明らかに不十分な場合にのみ適用されるべき非常手段であるとみなされなければならない。

15．交通その他すべての通信手段は、特別な規制に服するものとする。

16．人道にかかわるような関係は継続されるものとする。

決議の全文については、League of Nations *Official Journal*, Special Supplement No. 6 (October 1921), pp. 24 ff. を参照。

(26) "League of Nations Assembly Report on the Sino-Japanese Dispute," *American Journal of International Law*, Vol. 27 (1933), Supplement, p. 146.

(27) Oppenheim-Lauterpacht, *International Law* (6th ed., 1944), Vol. II, pp. 139–40. (Reprinted by permission of the publisher.)

(28)　ただし、分権性を緩和する方向にある政治的変容については、下巻一八二ページ以下を参照。

第一九章

(1)　第二七章および第三〇章を参照。
(2)　同項の文言については、四八二―五ページの注(24)を参照。
(3)　このようにして主権が失われる極端な事態については、三二二ページ以下を参照。
(4)　「主権とは純然たる事実である」(*American Banana Co. vs. United Fruit Co.*, 213 U. S. 347 at 358, 1909). そして「主権とは権力の問題であり、しかも、人間の権力にはつねに制約が伴う」(*The Western Maid*, 257 U. S. 419 at 432, 1921)というホームズ判事〔連邦最高裁判所判事〕の言葉と比較せよ。
(5)　これらの法律文書において取り上げられている基準の妥当性は、イギリス自治領・エジプト・フィリピンといったような国々の地位に関する歴史的推移の分析によって十分に裏付けられよう。
(6)　これらの規定の文言については、下巻一七四―八ページを参照。
(7)　299 U. S. 304 at 316, 317(1936).
(8)　例外は、ウィリアム・S・ジョンソン博士である。*Debates on the Adoption of the Federal Constitution*, Vol. V of Elliot's Debates(Washington, 1845), p. 221を参照。
(9)　Ibid., p. 107.

(10) Ibid., p. 177.

(11) Ibid., p. 202. なお、同前書一九九ページとも比較せよ。ジョンソン博士も、主権は「同一の社会においてはひとつでしかありえない」(同前書四四八ページ)と述べて、同様の見解をとっているが、これは、注(8)に引用した彼の言葉とは、まるっきり逆である。

(12) *The Works*, John C. Calhoun, Vol. I (The General Assembly of the State of South Carolina, 1851), p. 146.

(13) Loc. cit., Vol. II (The General Assembly of the State of South Carolina, 1853), p. 233.

(14) Ibid., p. 250. なお、同前書一九四ページのパターソンの発言とも比較せよ。

(15) この点は、アメリカおよびソ連の憲法慣行および一八七一年憲法下のドイツの憲法慣行をみれば明らかである。

(16) C. E. Merriam, *History of the Theory of Sovereignty since Rousseau* (New York: Columbia University Press, 1900), p. 161 の次の言葉と比較せよ。「したがって、憲法は、地方政府と中央政府との間の権力配分の特質において、さらには、主権的権力の究極的淵源をはっきりうたわないということのなかに、各時代の政治的事実と政治的理論を反映している」。

　主権の理論と主権の政治的実相とのズレという一般的な現象については、Ernest Barker, *Essays on Government* (Oxford: Oxford University Press, 1945), pp. 88-9 の次の文も参照。「逆説的ではあるが、国家主権説を奉じるフランスは、実際には議会主権制を実行し、他方、議会主権説を奉じるイギリスは、実際には、事実上の内閣主権制を実行しているといえるであろう。どちらの国も、みずから宣明しているところとは異なったことを行なっているのであり、しかも両者が行なっていることは互いにまた異なっている。すなわち、イギリスが、ややもすれば議会を統御する傾向にある強い内閣を有しているのに反し、フランスは、歴代内閣を成立させ崩壊させ統御することのできる強い議会を有しているのである」。

(17)　*UNESCO and Public Opinion Today* (Chicago: National Opinion Research Center, 1947), Report No. 35, pp. 12ff. 第二次世界大戦後にアメリカおよびイギリスで行なわれた、これ以外の数多くの世論調査においても、同じように矛盾する結果が出ている。とくに *Peace and the Public: A Study by Mass-Observation* (London, New York, Toronto: Longmans, Green and Company, 1947)と比較せよ。

第七部

第二〇章

（1）　この部分は、二一五ページ以下で論じたことのあるナショナリズムと民族的普遍主義の問題を再び論究するものである。

（2）　一三〇ページを参照。

（3）　上巻三五三―五ページをも参照。

（4）　二〇七―九ページを参照。

（5）　体系的な議論をするためには、Hans J. Morgenthau, *A New Foreign Policy for the United States* (New York: Frederick A. Praeger, 1969), pp. 88 ff. を参照〔木村修三・山本義彰訳『アメリカ外交政策の刷新』鹿島研究所出版会、一九七四年、一二四ページ以下参照〕。

第二一章

（1）　今世紀の初期に起こった他の変化については五八ページ以下、および八六—八ページを参照。

（2）　七〇ページ以下のバランスの「保持者《ホールダー》」についての論述も参照。

（3）　*New York Times*, July 29, 1946, p. 1. その後の演説については、同紙、June 30, 1947, p. 1; July 10, 1947, p. 3; 一九六四年七月二三日の記者会見、および、ストラスブールにおける一九六四年一一月二二日の演説等を比較のこと。

（4）　Arnold Toynbee, *A Study of History* (London, New York, Toronto: Oxford University Press, 1934), Vol. III, p. 302. (Reprinted by permission of the publisher.)〔下島連ほか訳『歴史の研究』6、経済往来社、一九七七年、一二七—九ページ参考〕。

（5）　一八七六年一二月五日のドイツ帝国議会の会期において。

（6）　三七〇—三ページを参照。

（7）　一一九—二〇ページを参照。

（8）　*Œuvres* (Paris, 1870), Vol. III, pp. 349–50.

（9）　Kurt H. Wolff, editor, *The Sociology of Georg Simmel* (Glencoe: The Free Press, 1950), pp.

138ff. と比較のこと。

第二二章

(1) Sir Charles Oman, *A History of the Art of War in the Middle Ages* (London: Methuen and Company, Ltd., 1924), Vol. II, p. 304 の記述を参照。「なぜなら、傭兵隊長のなかには、他人をねたんだり、他人に対して反逆とか侮辱といった古い遺恨を抱くものもいたが、戦闘員は、互いに国民的、宗教的憎悪はもたず一般に個人的憎悪さえもたなかった。しかしそれぞれの雇主の下にある武装兵たちは、そのうちの何人かが集団となって、つねに新しい雇主の給料にひかれて移動したために、ある時点における敵とおそらく何回も一緒に戦ったはずである。戦闘員はしばしば、自分たちが突撃の目標としている特定の分隊とは古い顔なじみであったかもしれない。また、たとえそうでなくても、傭兵はすべて、多かれ少なかれ、武装した兄弟とでもいうべきであり、専制君主とか、彼らに給料を払っているブルジョアジーを軽蔑していた。そのうえ捕虜は、その捕獲者にとっては、馬やよろいの価値に相当するだけでなく、身代金としても価値があったが、死人は一銭のたしにもならなかった。したがって、勝利をおさめるということはばかばかしいことになった。降伏は、金銭上の損失しか意味しなかったから、戦術的に敗北した部隊は、大きな努力を払ってまで逃走しようとはしなかった。また、勝利者が、負けた部隊に対して自分の軍隊に加わる機会を与えるということもありえた。この場合には、捕虜は馬や武器さえ失わずにすむのであった。

（2） マキアヴェリと同時代の人びとは、「よい」戦争と「悪い」戦争とを区別したが、前者は、本文で論じた戦争の型に相当し、後者は、スイス人のどう猛な残忍性をさしている。スイス人は、彼らと同じような激しさで抗戦してくるドイツ傭兵に立ち向かうときにはとくにどう猛になったのである。

（3） John U. Nef, "Limited Warfare and the Progress of European Civilization, 1640–1740," *The Review of Politics*, Vol. 6 (July 1944), p. 277 に引用されている。

（4） Charles Strachey, editor, *The Letters of the Earl of Chesterfield to His Son* (New York: G. P. Putnam's Sons, 1901), Vol. II, p. 321.

（5） Ferdinand Foch, *The Principles of War*, translated by J. de Morinni (New York: H. K. Fly, 1918), pp. 31–2.

（6） Ibid., pp. 39, 42–3.

（7） William Ballis, *The Legal Position of War: Changes in Its Practice and Theory from Plato to Vattel* (The Hague: Nijhoff, 1937), pp. 102–3.

（8） イギリスが主人公だった、もうひとつ別の限定戦争は、*Edinburgh Review*, Vol. I (January 1803), p. 357 のなかで、匿名の筆者によってよく描きだされている。「戦争の作戦行動によって最も多く被害を受けた国々は、余分の蓄えが最も多い国々でもあった。これらの国々は、金銭と交換に戦争を避けるという一種の振替法を考案したが、これは常備軍を導入する道を開いた兵役の振替制に類似している。すなわち、これらの国々は、自国ほど豊かでない同盟国に金を払って安全な距離をおいたところで、自国の戦争目的のためにその同盟国に戦わせ、こうして自国の国境から戦闘を締めだすようにした。このような方法で戦争の作戦行動は著しく無害なものにされて、作戦が徐々に不用になっていくための基礎がつくられた。数百万の無駄な金銭と、さらに無駄な数名の命が犠牲にされただけですんだ。平和の技術は、ときには繁栄を増しながら栄えつづけていった。本国内で勝利をおさめるより、むしろ、遠くで敗北を買い取ろうとする政策——自国の土地で最もみごとな勝利をあげるよりは、同盟国に金を払って負けてもらうという政策——は、安全、資源の増加、力の真の増大という形で十分に報いられる。つまりその政策は、平和の実質的な恩恵のすべてを享受するという考えから生まれるのであり、避けてとおれない戦闘の唯一の現実的な利点なのである」。

(9)　ロシアの損害の矛盾した数字については、Dudley Kirk, *Europe's Population in the Inter-war Years* (Series of League of Nations Publications. II. Economic and Financial. 1946. II. A. 8), p. 69, note 24, p. 70, note 28; *The World Almanac* (1946), p. 44; (1947), p. 521; (1948), p. 552; (1949), p. 326 を参照。本文中の見積もりは、これらの資料の見積もりのうち一番大きい数字のものを用いた。

(10)　Miguel de Cervantes, *The History of Don Quixote de la Mancha*, Part I. Chapter 38.〔永田寛定訳『ドン・キホーテ』正編㈢、岩波書店、一九五一年、一二九ページ〕。

(11)　これらの数字は、理論上のもので、理想的な条件下で達しうる最高数値を示す。現実の戦闘条件の下では、これらの数字がかなり低いことはいうまでもない。しかし、これらの相互関係は、理論的条件の下で起こるものと近似しているはずである。

（12） Eugene Staley, *World Economy in Transition* (New York: Council on Foreign Relations, 1939), p. 13.

（13） 一九四四年のヒトラーに対する陰謀の失敗は、たとえ軍隊の一部によって行なわれた反乱であったにしろ、この企てに対決するのに政府がどれほど優位な立場にあるものかをよく説明している。とくにそれは、政府が統制している近代的マス・コミュニケーションがもっている決定的重要性を示している。なぜなら、この紛争を政府の勝利に終わらせたのは、事実上、国民や反乱の指導者たちにラジオをつうじて話しかけたヒトラーの声にほかならなかったからである。

Allen W. Dulles, *Germany's Underground* (New York: The Macmillan Company, 1947) における卓抜な記述と比較せよ。

（14） "Thoughts on French Affairs," *Works*, Vol. IV (Boston: Little, Brown, and Company, 1899), p. 328.

（15） *Geography and World Power* (8th ed.; London: University of London Press, Ltd., 1941), pp. 314-7, 326. (Reprinted by permission of the publisher.)

（16） Ibid., pp. 323-4.

（17） *The Technique of Social Progress* (New York: Henry Holt and Company, 1931), p. 134. (Reprinted by permission of the publisher.)

〔編集付記〕

本書はハンス・J・モーゲンソー著『国際政治Ⅱ――権力と平和』(現代平和研究会〈代表＝原彬久〉訳、福村出版、一九八六年五月刊行)を文庫化したものである。

(岩波文庫編集部)

モーゲンソー 国際政治《こくさいせいじ》—権力《けんりょく》と平和《へいわ》（中）〔全3冊〕

2013年10月16日　第1刷発行
2022年 6 月15日　第5刷発行

監訳者　原《はら》　彬《よし》久《ひさ》

発行者　坂本政謙

発行所　株式会社 岩波書店
〒101-8002 東京都千代田区一ツ橋 2-5-5
案内 03-5210-4000　営業部 03-5210-4111
文庫編集部 03-5210-4051
https://www.iwanami.co.jp/

印刷・三陽社　カバー・精興社　製本・中永製本

ISBN 978-4-00-340282-5　Printed in Japan

読書子に寄す

――岩波文庫発刊に際して――

岩波茂雄

真理は万人によって求められることを自ら欲し、芸術は万人によって愛されることを自ら望む。かつては民を愚昧ならしめるために学芸が最も狭き堂宇に閉鎖されたことがあった。今や知識と美とを特権階級の独占より奪い返すことはつねに進取的なる民衆の切実なる要求である。岩波文庫はこの要求に応じそれに励まされて生まれた。それは生命ある不朽の書を少数者の書斎と研究室とより解放して街頭にくまなく立たしめ民衆に伍せしめるであろう。近時大量生産予約出版の流行を見る。その広告宣伝の狂態はしばらくおくも、後代にのこすと誇称する全集がその編集に万全の用意をなしたるか。千古の典籍の翻訳企図に敬虔の態度を欠かざりしか。さらに分売を許さず読者を繋縛して数十冊を強うるがごとき、はたしてその揚言する学芸解放のゆえんなりや。吾人は天下の名士の声に和してこれを推挙するに躊躇するものである。このときにあたって、岩波書店は自己の責務のいよいよ重大なるを思い、従来の方針の徹底を期するため、すでに十数年以前より志して来た計画を慎重審議この際断然実行することにした。吾人は範をかのレクラム文庫にとり、古今東西にわたって文芸・哲学・社会科学・自然科学等種類のいかんを問わず、いやしくも万人の必読すべき真に古典的価値ある書をきわめて簡易なる形式において逐次刊行し、あらゆる人間に須要なる生活向上の資料、生活批判の原理を提供せんと欲する。この文庫は予約出版の方法を排したるがゆえに、読者は自己の欲する時に自己の欲する書物を各個に自由に選択することができる。携帯に便にして価格の低きを最主とするがゆえに、外観を顧みざるも内容に至っては厳選最も力を尽くし、従来の岩波出版物の特色をますます発揮せしめようとする。この計画たるや世間の一時の投機的なるものと異なり、永遠の事業として吾人は微力を傾倒し、あらゆる犠牲を忍んで今後永久に継続発展せしめ、もって文庫の使命を遺憾なく果たさしめることを期する。芸術を愛し知識を求むる士の自ら進んでこの挙に参加し、希望と忠言とを寄せられることは吾人の熱望するところである。その性質上経済的には最も困難多きこの事業にあえて当たらんとする吾人の志を諒として、その達成のため世の読書子とのうるわしき共同を期待する。

昭和二年七月

《法律・政治》〔白〕

人権宣言集　高木八尺・末延三次・宮沢俊義 編
新版 世界憲法集 第二版　高橋和之 編
君主論　マキアヴェッリ　河島英昭 訳
フィレンツェ史 全二冊　マキァヴェッリ　齊藤寛海 訳
リヴァイアサン 全四冊　ホッブズ　水田洋 訳
法の精神 全三冊　モンテスキュー　野田良之・稲本洋之助・上原行雄・田中治男・三辺博之・横田地弘 訳
ローマ人盛衰原因論　モンテスキュー　田中治男・栗田伸子 訳
第三身分とは何か　シィエス　稲本洋之助・伊藤洋一・川出良枝・松本英実 訳
教育に関する考察　ロック　服部知文 訳
完訳 統治二論　ジョン・ロック　加藤節 訳
寛容についての手紙　ジョン・ロック　加藤節・李静和 訳
キリスト教の合理性　ジョン・ロック　加藤節 訳
ルソー 社会契約論　桑原武夫・前川貞次郎 訳
アメリカのデモクラシー 全四冊　トクヴィル　松本礼二 訳
犯罪と刑罰　ベッカリーア　風早八十二・五十嵐二葉 訳
リンカーン演説集　高木八尺・斎藤光 訳
権利のための闘争　イェーリング　村上淳一 訳
近代人の自由と古代人の自由・征服の精神と簒奪 他一篇　コンスタン　堤林剣・堤林恵 訳
民主主義の本質と価値 他一篇　ハンス・ケルゼン　長尾龍一・植田俊太郎 訳
外交談判法　カリエール　坂野正高 訳
危機の二十年 ―理想と現実　E・H・カー　原彬久 訳
アメリカの黒人演説集 ―キング・マルコムX・モリスン他　荒このみ 編訳
モーゲンソー 国際政治 ―権力と平和 全三冊　原彬久 監訳
現代議会主義の精神史的状況 他一篇　カール・シュミット　樋口陽一 訳
第二次世界大戦外交史 全二冊　芦田均
憲法講話　美濃部達吉
日本国憲法　長谷部恭男 解説
民主体制の崩壊 ―危機・崩壊・再均衡　ファン・リンス　横田正顕 訳

《経済・社会》〔白〕

政治算術　ペティ　大内兵衛・松川七郎 訳
チュルゴオ 富に関する省察　永田清 訳
国富論 全四冊　アダム・スミス　水田洋 監訳　杉山忠平 訳
道徳感情論 全二冊　アダム・スミス　水田洋 訳
法学講義　アダム・スミス　水田洋 訳
コモン・センス 他三篇　トーマス・ペイン　小松春雄 訳
経済学における諸定義　マルサス　玉野井芳郎 訳
オウエン自叙伝　ロバアト・オウエン　五島茂 訳
経済学および課税の原理 全二冊　リカードウ　羽鳥卓也・吉澤芳樹 訳
戦争論 全三冊　クラウゼヴィッツ　篠田英雄 訳
自由論　J・S・ミル　塩尻公明・木村健康 訳
女性の解放　J・S・ミル　大内兵衛・大内節子 訳
ミル自伝　朱牟田夏雄 訳
大学教育について　J・S・ミル　竹内一誠 訳
ユダヤ人問題によせて ヘーゲル法哲学批判序説　マルクス　城塚登 訳
経済学・哲学草稿　マルクス　城塚登・田中吉六 訳
新編輯版 ドイツ・イデオロギー　マルクス　エンゲルス　廣松渉 編訳　小林昌人 補訳
マルクス エンゲルス 共産党宣言　大内兵衛・向坂逸郎 訳
賃労働と資本　マルクス　長谷部文雄 訳
賃銀・価格および利潤　マルクス　長谷部文雄 訳
マルクス 経済学批判　武田隆夫・遠藤湘吉・大内力・加藤俊彦 訳

- マルクス 資本論 全九冊 エンゲルス編 向坂逸郎訳
- 文学と革命 全二冊 トロツキイ 桑野隆訳
- ロシア革命史 全五冊 トロツキー 藤井一行訳
- 空想より科学へ —社会主義の発展 エンゲルス 大内兵衛訳
- イギリスにおける労働者階級の状態 —一九世紀のロンドンとマンチェスター 全二冊 エンゲルス 一条和生・杉山忠平訳
- 帝国主義論 全二冊 ホブスン 矢内原忠雄訳
- 帝国主義 レーニン 宇高基輔訳
- 国家と革命 レーニン 宇高基輔訳
- 金融資本論 全二冊 ヒルファディング 岡崎次郎訳
- ローザ・ルクセンブルク 獄中からの手紙 秋元寿恵夫訳
- 雇用、利子および貨幣の一般理論 全二冊 ケインズ 間宮陽介訳
- シュムペーター 経済発展の理論 全二冊 塩野谷祐一・中山伊知郎・東畑精一訳
- シュムペーター 経済学史 —学説ならびに方法の諸段階 中山伊知郎・東畑精一訳
- 租税国家の危機 シュムペーター 木村元一・小谷義次訳
- 恐慌論 宇野弘蔵
- 経済原論 宇野弘蔵
- ユートピアだより ウィリアム・モリス 川端康雄訳

- 民衆の芸術 ウィリアム・モリス 中橋一夫訳
- 社会科学と社会政策にかかわる認識の「客観性」 マックス・ヴェーバー 富永祐治・立野保男訳 折原浩補訳
- プロテスタンティズムの倫理と資本主義の精神 マックス・ヴェーバー 大塚久雄訳
- 職業としての学問 マックス・ヴェーバー 尾高邦雄訳
- 社会学の根本概念 マックス・ヴェーバー 清水幾太郎訳
- 職業としての政治 マックス・ヴェーバー 脇圭平訳
- 古代ユダヤ教 全三冊 マックス・ヴェーバー 内田芳明訳
- 宗教と資本主義の興隆 —歴史的研究 全二冊 トーニー 出口勇蔵・越智武臣訳
- 世論 全二冊 リップマン 掛川トミ子訳
- 王権 A・M・ホカート 橋本和也訳
- 鯰絵 —民俗的想像力の世界 C・アウエハント 小松和彦・中沢新一・飯島吉晴・古家信平訳
- 贈与論 他二篇 マルセル・モース 森山工訳
- 国民論 他二篇 マルセル・モース 森山工編訳
- ヨーロッパの昔話 その形と本質 マックス・リュティ 小澤俊夫訳
- 独裁と民主政治の社会的起源 —近代世界形成過程における領主と農民 全二冊 バリントン・ムーア 宮崎隆次・森山茂徳・高橋直樹訳
- 大衆の反逆 オルテガ・イ・ガセット 佐々木孝訳

《自然科学》〔青〕

- 科学と仮説 ポアンカレ 河野伊三郎訳
- エネルギー オストヴァルト 山県春次訳
- 光学 ニュートン 島尾永康訳
- 大陸と海洋の起源 —大陸移動説 全二冊 ヴェーゲナー 都城秋穂・紫藤文子訳
- ロウソクの科学 ファラデー 竹内敬人訳
- 種の起原 全二冊 ダーウィン 八杉龍一訳
- 完訳 ファーブル昆虫記 全十冊 山田吉彦・林達夫訳
- 確率の哲学的試論 ラプラス 内井惣七訳
- 史的に見たる科学的宇宙観の変遷 アーレニウス 寺田寅彦訳
- 科学談義 T・H・ハックスリ 小泉丹訳
- アインシュタイン 相対性理論 内山龍雄訳・解説
- 相対論の意味 アインシュタイン 矢野健太郎訳
- 自然美と其驚異 ジョン・ラバック 板倉勝忠訳
- ダーウィニズム論集 八杉龍一編訳
- 近世数学史談 高木貞治
- ハッブル 銀河の世界 戎崎俊一訳

パロマーの巨人望遠鏡 全二冊　D・O・ウッドベリー　関正雄　湯澤博　成相恭二 訳

生物から見た世界　ユクスキュル　クリサート　日高敏隆　羽田節子 訳

ゲーデル 不完全性定理　林晋　八杉満利子 訳

日本の酒　坂口謹一郎

生命とは何か ―物理的にみた生細胞　シュレーディンガー　岡小天　鎮目恭夫 訳

ウィーナー サイバネティックス ―動物と機械における制御と通信　池原止戈夫　彌永昌吉　室賀三郎　戸田巌 訳

《哲学・教育・宗教》〔青〕

- ソクラテスの弁明・クリトン　プラトン　久保勉訳
- ゴルギアス　プラトン　加来彰俊訳
- 饗宴　プラトン　久保勉訳
- テアイテトス　プラトン　田中美知太郎訳
- パイドロス　プラトン　藤沢令夫訳
- メノン　プラトン　藤沢令夫訳
- 国家　全二冊　プラトン　藤沢令夫訳
- プロタゴラス　—ソフィストたち　プラトン　藤沢令夫訳
- パイドン　—魂の不死について　プラトン　岩田靖夫訳
- アナバシス　—敵中横断六〇〇〇キロ　クセノポン　松平千秋訳
- アリストテレス　ニコマコス倫理学　全二冊　高田三郎訳
- アリストテレス　形而上学　全二冊　出隆訳
- アリストテレス　弁論術　戸塚七郎訳
- アリストテレース詩学・ホラーティウス詩論　松本仁助・岡道男訳
- 物の本質について　ルクレーティウス　樋口勝彦訳
- エピクロス　—教説と手紙　出隆・岩崎允胤訳

- 生の短さについて　他二篇　セネカ　大西英文訳
- 怒りについて　他二篇　セネカ　兼利琢也訳
- エピクテトス　人生談義　全二冊　國方栄二訳
- マルクス・アウレーリウス　自省録　神谷美恵子訳
- 老年について　キケロー　中務哲郎訳
- 友情について　キケロー　中務哲郎訳
- 弁論家について　全二冊　キケロー　大西英文訳
- キケロー書簡集　高橋宏幸編
- 方法序説　デカルト　谷川多佳子訳
- 哲学原理　デカルト　桂寿一訳
- 精神指導の規則　デカルト　野田又夫訳
- 情念論　デカルト　谷川多佳子訳
- パンセ　全三冊　パスカル　塩川徹也訳
- 知性改善論　スピノザ　畠中尚志訳
- スピノザ　エチカ（倫理学）　全二冊　畠中尚志訳
- モナドロジー　他二篇　ライプニッツ　谷川多佳子・岡部英男訳
- 学問の進歩　ベーコン　服部英次郎・多田英次訳

- ハイラスとフィロナスの三つの対話　バークリ　戸田剛文訳
- 市民の国について　全二冊　ヒューム　小松茂夫訳
- 自然宗教をめぐる対話　ヒューム　犬塚元訳
- 人間機械論　ド・ラ・メトリ　杉捷夫訳
- 聖トマス　形而上学叙説　—有と本質とに就いて　高桑純夫訳
- エミール　全三冊　ルソー　今野一雄訳
- ルソー　告白　全三冊　桑原武夫訳
- 孤独な散歩者の夢想　ルソー　今野一雄訳
- 人間不平等起原論　ルソー　本田喜代治・平岡昇訳
- ルソー　社会契約論　桑原武夫・前川貞次郎訳
- 政治経済論　ルソー　河野健二訳
- 学問芸術論　ルソー　前川貞次郎訳
- 演劇について　—ダランベールへの手紙　ルソー　今野一雄訳
- 言語起源論　—旋律と音楽的模倣について　ルソー　増田真訳
- ディドロ、ダランベール編　百科全書　—序論および代表項目　桑原武夫訳編
- ディドロ　絵画について　佐々木健一訳
- 道徳形而上学原論　カント　篠田英雄訳

プラトン入門　R・S・ブラック　内山勝利訳
ハリネズミと狐 ―『戦争と平和』の歴史哲学　バーリン　河合秀和訳
論理哲学論考　ウィトゲンシュタイン　野矢茂樹訳
自由と社会的抑圧　シモーヌ・ヴェイユ　冨原眞弓訳
根をもつこと 全二冊　シモーヌ・ヴェイユ　冨原眞弓訳
重力と恩寵　シモーヌ・ヴェイユ　冨原眞弓訳
全体性と無限 全二冊　レヴィナス　熊野純彦訳
啓蒙の弁証法 ―哲学的断想　M・ホルクハイマー　T・W・アドルノ　徳永恂訳
ヘーゲルからニーチェへ 十九世紀思想における革命的断絶 全二冊　レーヴィット　三島憲一訳
統辞構造論 付『言語理論の論理構造』序論　チョムスキー　福井直樹　辻子美保子訳
統辞理論の諸相 方法論序説　チョムスキー　福井直樹　辻子美保子訳
言語変化という問題 ―共時態、通時態、歴史　E・コセリウ　田中克彦訳
快楽について　ロレンツォ・ヴァッラ　近藤恒一訳
古代懐疑主義入門 判断保留の十の方式　J・アナス　J・バーンズ　金山弥平訳
ヨーロッパの言語　アントワーヌ・メイエ　西山教行訳
ニーチェ みずからの時代と闘う者　ルドルフ・シュタイナー　高橋巖訳
人間精神進歩史 全二冊　コンドルセ　渡辺誠訳

人間の教育 全二冊　フレーベル　荒井武訳
フレーベル自伝　長田新訳
旧約聖書 創世記　関根正雄訳
旧約聖書 出エジプト記　関根正雄訳
旧約聖書 ヨブ記　関根正雄訳
旧約聖書 詩篇　関根正雄訳
新約聖書 福音書　塚本虎二訳
文語訳 新約聖書 詩篇付
文語訳 旧約聖書 全四冊
キリストにならいて　トマス・ア・ケンピス　大沢章　呉茂一訳
聖アウグスティヌス 告白 全二冊　服部英次郎訳
アウグスティヌス 神の国 全五冊　服部英次郎　藤本雄三訳
新訳 キリスト者の自由・聖書への序言　マルティン・ルター　石原謙訳
シュヴァイツェル イエスの生涯 メシアと受難の秘密　シュヴァイツェル　波木居齊二訳
キリスト教と世界宗教　シュヴァイツェル　鈴木俊郎訳
水と原生林のはざまで　シュヴァイツェル　野村実訳
コーラン 全三冊　井筒俊彦訳

エックハルト説教集　田島照久編訳
霊操　イグナチオ・デ・ロヨラ　門脇佳吉訳・解説
ムハンマドのことば ハディース　小杉泰編訳
後期資本主義における正統化の問題　ハーバーマス　山田正行・金慧訳
シンボルの哲学 ―理性、祭礼、芸術のシンボル試論　S・K・ランガー　塚本明子訳
ジャック・ラカン 精神分析の四基本概念 全二冊　ジャック＝アラン・ミレール編　小出浩之　新宮一成　鈴木國文　小川豊昭訳

《東洋思想》〔青〕

- 易経 全二冊 — 高田真治・後藤基巳訳
- 論語 — 金谷治訳注
- 孔子家語 — 藤原正校訳
- 孟子 全二冊 — 小林勝人訳注
- 老子 — 蜂屋邦夫訳注
- 荘子 全四冊 — 金谷治訳注
- 新訂 孫子 — 金谷治訳注
- 荀子 全二冊 — 金谷治訳注
- 韓非子 全四冊 — 金谷治訳注
- 史記列伝 全五冊 — 司馬遷／小川環樹・今鷹真・福島吉彦訳
- 春秋左氏伝 全三冊 — 小倉芳彦訳
- 塩鉄論 — 曾我部静雄訳註
- 千字文 — 小川環樹・木田章義注解
- 大学・中庸 — 金谷治訳注
- 孫文革命文集 — 深町英夫編訳
- 実践論・矛盾論 — 毛沢東／松村一人・竹内実訳
- 仁学 —清末の社会変革論 — 譚嗣同／西順蔵・坂元ひろ子訳注
- 章炳麟集 —清末の民族革命思想 — 西順蔵・近藤邦康編訳
- 梁啓超文集 — 岡本隆司・石川禎浩・高嶋航編訳
- マヌの法典 — 田辺繁子訳
- ガンディー獄中からの手紙 — 森本達雄訳
- 随園食単 — 袁枚／青木正児訳註
- ウパデーシャ・サーハスリー —真実の自己の探求 — シャンカラ／前田専学訳

《仏教》〔青〕

- ブッダのことば —スッタニパータ — 中村元訳
- ブッダの真理のことば・感興のことば — 中村元訳
- 般若心経・金剛般若経 — 中村元・紀野一義訳註
- 法華経 全三冊 — 坂本幸男・岩本裕訳注
- 日蓮文集 — 兜木正亨校注
- 浄土三部経 全二冊 — 中村元・早島鏡正・紀野一義訳註
- 大乗起信論 — 宇井伯寿・高崎直道訳注
- 天台小止観 —坐禅の作法 — 天台大師／関口真大訳注
- 臨済録 — 入矢義高訳注
- 碧巌録 全三冊 — 入矢義高・溝口雄三・末木文美士・伊藤文生訳注
- 無門関 — 西村恵信訳注
- 法華義疏 全二冊 — 聖徳太子／花山信勝校訳
- 往生要集 全二冊 — 源信／石田瑞麿訳注
- 教行信証 — 親鸞／金子大栄校訂
- 歎異抄 — 金子大栄校注
- 正法眼蔵 全四冊 — 道元／水野弥穂子校注
- 正法眼蔵随聞記 — 懐奘編／和辻哲郎校訂
- 道元禅師清規 — 大久保道舟訳注
- 一遍上人語録 —付 播州法語集 — 大橋俊雄校注
- 一遍聖絵 — 聖戒編／大橋俊雄校注
- 南無阿弥陀仏 —付 心偈 — 柳宗悦
- 蓮如文集 — 蓮如／笠原一男校注
- 蓮如上人御一代聞書 — 稲葉昌丸校訂
- 日本的霊性 — 鈴木大拙／篠田英雄校訂
- 新編 東洋的な見方 — 鈴木大拙／上田閑照編
- 禅堂生活 — 鈴木大拙／横川顕正訳

大乗仏教概論 　鈴木大拙 佐々木閑訳
浄土系思想論 　鈴木大拙
神秘主義 キリスト教と仏教 　鈴木大拙 坂東性純 清水守拙訳
禅の思想 　鈴木大拙
ブッダ最後の旅 —大パリニッバーナ経 　中村元訳
仏弟子の告白 —テーラガーター— 　中村元訳
尼僧の告白 —テーリーガーター— 　中村元訳
ブッダ神々との対話 —サンユッタ・ニカーヤI— 　中村元訳
ブッダ悪魔との対話 —サンユッタ・ニカーヤII— 　中村元訳
驢鞍橋 　鈴木正三 鈴木大拙校訂
禅林句集 　足立大進校注
ブッダが説いたこと 　ワールポラ・ラーフラ 今枝由郎訳
ブータンの瘋狂聖ドゥクパ・クンレー伝 　ゲンドゥン・リンチェン編 今枝由郎訳

《音楽・美術》〔青〕

ベートーヴェン音楽ノート 　小松雄一郎訳編
ベートーヴェンの生涯 　ロマン・ロラン 片山敏彦訳
音楽と音楽家 　シューマン 吉田秀和訳
モーツァルトの手紙 —その生涯のロマン 全二冊 　柴田治三郎編訳
レオナルド・ダ・ヴィンチの手記 全二冊 　杉浦明平訳
ゴッホの手紙 全三冊 　硲伊之助訳
ロダンの言葉抄 　高村光太郎訳 高田博厚 菊池一雄編
ビゴー日本素描集 　清水勲編
ワーグマン日本素描集 　清水勲編
葛飾北斎伝 　飯島虚心 鈴木重三校注
ヨーロッパのキリスト教美術 —十二世紀から十八世紀まで 全二冊 　エミール・マール 柳宗玄 荒木成子訳
近代日本漫画百選 　清水勲編
ドーミエ諷刺画の世界 　喜安朗編
デューラー自伝と書簡 　前川誠郎訳
蛇儀礼 　ヴァールブルク 三島憲一訳
迷宮としての世界 —マニエリスム美術 全二冊 　グスタフ・ルネ・ホッケ 種村季弘 矢川澄子訳
日本洋画の曙光 　平福百穂
江戸東京実見画録 　長谷川渓石画 進士慶幹 花咲一男注解
映画とは何か 全二冊 　アンドレ・バザン 野崎歓 大原宣久 谷本道昭訳
漫画 坊っちゃん 　近藤浩一路
漫画 吾輩は猫である 　近藤浩一路
ロバート・キャパ写真集 　ICPロバート・キャパ・アーカイブ編
北斎 富嶽三十六景 　日野原健司編
日本漫画史 —鳥獣戯画から岡本一平まで 　細木原青起
世紀末ウィーン文化評論集 　ヘルマン・バール 西村雅樹編訳

《ドイツ文学》〔赤〕

- ニーベルンゲンの歌 全二冊　相良守峯訳
- 若きウェルテルの悩み　ゲーテ　竹山道雄訳
- ヴィルヘルム・マイスターの修業時代 全三冊　ゲーテ　山崎章甫訳
- イタリア紀行 全三冊　ゲーテ　相良守峯訳
- ファウスト 全二冊　ゲーテ　相良守峯訳
- ゲーテとの対話 全三冊　エッカーマン　山下肇訳
- スペインの太子 ドン・カルロス　シルレル　佐藤通次訳
- 改訳 オルレアンの少女　シルレル　佐藤通次訳
- ヒュペーリオン —希臘の世捨人　ヘルデルリーン　渡辺格司訳
- 青い花　ノヴァーリス　青山隆夫訳
- 夜の讃歌・サイスの弟子たち 他一篇　ノヴァーリス　今泉文子訳
- 完訳 グリム童話集 全五冊　金田鬼一訳
- 黄金の壺　ホフマン　神品芳夫訳
- ホフマン短篇集　池内紀編訳
- O侯爵夫人 他六篇　クライスト　相良守峯訳
- 影をなくした男　シャミッソー　池内紀訳
- 流刑の神々・精霊物語　ハイネ　小沢俊夫訳
- 冬物語 —ドイツ　ハイネ　井汲越次訳
- 芸術と革命 他四篇　ワーグナー　北村義男訳
- ブリギッタ・森の泉 他一篇　シュティフター　宇多五郎・高安国世訳
- みずうみ 他四篇　シュトルム　関泰祐訳
- 村のロメオとユリア　ケラー　草間平作訳
- 沈鐘　ハウプトマン　阿部六郎訳
- 地霊・パンドラの箱 ルル二部作　F・ヴェデキント　岩淵達治訳
- 春のめざめ　F・ヴェデキント　酒寄進一訳
- ゲオルゲ詩集　手塚富雄訳
- 花・死人に口なし 他七篇　シュニッツラー　番匠谷英一・山本有三訳
- リルケ詩集　高安国世訳
- ドゥイノの悲歌　リルケ　手塚富雄訳
- ブッデンブローク家の人びと 全三冊　トーマス・マン　望月市恵訳
- トオマス・マン短篇集　実吉捷郎訳
- 魔の山 全二冊　トーマス・マン　関泰祐・望月市恵訳
- トニオ・クレエゲル　トオマス・マン　実吉捷郎訳
- ヴェニスに死す　トオマス・マン　実吉捷郎訳
- 車輪の下　ヘルマン・ヘッセ　実吉捷郎訳
- 青春はうるわし 他三篇　ヘッセ　関泰祐訳
- 漂泊の魂 クヌルプ　ヘルマン・ヘッセ　相良守峯訳
- デミアン　ヘルマン・ヘッセ　実吉捷郎訳
- シッダルタ　ヘッセ　手塚富雄訳
- ルーマニア日記　カロッサ　高橋健二訳
- 若き日の変転　カロッサ　斎藤栄治訳
- 幼年時代　カロッサ　斎藤栄治訳
- 指導と信従　カロッサ　国松孝二訳
- ジョゼフ・フーシェ —ある政治的人間の肖像　シュテファン・ツワイク　高橋禎二・秋山英夫訳
- 変身・断食芸人　カフカ　山下肇・山下萬里訳
- 審判　カフカ　辻瑆訳
- カフカ短篇集　池内紀編訳
- カフカ寓話集　池内紀編訳
- 三文オペラ　ブレヒト　岩淵達治訳
- 肝っ玉おっ母とその子どもたち　ブレヒト　岩淵達治訳

ドイツ炉辺ばなし集 ―カレンダーゲシヒテン　ヘーベル　木下康光編訳
悪童物語　ルウドキヒ・トオマ　実吉捷郎訳
ウィーン世紀末文学選　池内紀編訳
ティル・オイレンシュピーゲルの愉快ないたずら　阿部謹也訳
大理石像・デュランデ城悲歌　アイヒェンドルフ　関泰祐訳
チャンドス卿の手紙 他十篇　ホフマンスタール　檜山哲彦訳
ホフマンスタール詩集　川村二郎訳
インド紀行 全二冊　ボンゼルス　実吉捷郎訳
ドイツ名詩選　生野幸吉・檜山哲彦編
蝶の生活　シュナック　岡田朝雄訳
聖なる酔っぱらいの伝説 他四篇　ヨーゼフ・ロート　池内紀訳
ラデツキー行進曲 全二冊　ヨーゼフ・ロート　平田達治訳
暴力批判論 他十篇 ―ベンヤミンの仕事1　ベンヤミン　野村修編訳
ボードレール 他五篇 ―ベンヤミンの仕事2　ベンヤミン　野村修編訳
パサージュ論 全五冊　ヴァルター・ベンヤミン　今村仁司・三島憲一・大貫敦子・高橋順一・塚原史・細見和之・村岡晋一・山本尤・横張誠・與謝野文子・吉村和明訳
ジャクリーヌと日本人　ヤーコプ　相良守峯訳
人生処方詩集　エーリヒ・ケストナー　小松太郎訳

第七の十字架 全二冊　アンナ・ゼーガース　山下肇・新村浩訳

《フランス文学》〔赤〕

ロランの歌　有永弘人訳
ラブレー第一之書 ガルガンチュワ物語　渡辺一夫訳
ラブレー第二之書 パンタグリュエル物語　渡辺一夫訳
ラブレー第三之書 パンタグリュエル物語　渡辺一夫訳
ラブレー第四之書 パンタグリュエル物語　渡辺一夫訳
ラブレー第五之書 パンタグリュエル物語　渡辺一夫訳
ピエール・パトラン先生　渡辺一夫訳
日月両世界旅行記　シラノ・ド・ベルジュラック　赤木昭三訳
ロンサール詩集　ロンサール　井上究一郎訳
エセー 全六冊　モンテーニュ　原二郎訳
ラ・ロシュフコー箴言集　二宮フサ訳
ブリタニキュス ベレニス　ラシーヌ　渡辺守章訳
ドン・ジュアン ―石像の宴　モリエール　鈴木力衛訳
完訳 ペロー童話集　新倉朗子訳
カンディード 他五篇　ヴォルテール　植田祐次訳

哲学書簡　ヴォルテール　林達夫訳
ルイ十四世の世紀 全四冊　ヴォルテール　丸山熊雄訳
フィガロの結婚　ボオマルシェエ　辰野隆訳
美味礼讃 全二冊　ブリア-サヴァラン　関根秀雄・戸部松実訳
アドルフ　コンスタン　大塚幸男訳
近代人の自由と古代人の自由・征服の精神と簒奪 他一篇　コンスタン　堤林剣・堤林恵訳
恋愛論 全二冊　スタンダール　杉本圭子訳
赤と黒 全二冊　スタンダール　桑原武夫・生島遼一訳
ゴプセック・毬打つ猫の店　バルザック　芳川泰久訳
艶笑滑稽譚 全三冊　バルザック　石井晴一訳
レ・ミゼラブル 全四冊　ユーゴー　豊島与志雄訳
死刑囚最後の日　ユーゴー　豊島与志雄訳
ライン河幻想紀行　ユーゴー　榊原晃三編訳
ノートル＝ダム・ド・パリ 全二冊　ユーゴー　辻昶・松下和則訳
モンテ・クリスト伯 全七冊　アレクサンドル・デュマ　山内義雄訳
三銃士 全二冊　デュマ　生島遼一訳
エトルリヤの壺 他五篇　メリメ　杉捷夫訳

書名	著者	訳者
カルメン	メリメ	杉捷夫訳
愛の妖精（プチット・ファデット）	ジョルジュ・サンド	宮崎嶺雄訳
ボヴァリー夫人 全二冊	フローベール	伊吹武彦訳
感情教育 全二冊	フローベール	生島遼一訳
紋切型辞典	フローベール	小倉孝誠訳
サラムボー 全二冊	フローベール	中條屋進訳
未来のイヴ 全二冊	ヴィリエ・ド・リラダン	渡辺一夫訳
風車小屋だより	ドーデー	桜田佐訳
月曜物語	ドーデー	桜田佐訳
サフォ パリ風俗	ドーデー	朝倉季雄訳
プチ・ショーズ —ある少年の物語	ドーデー	原千代海訳
少年少女	アナトール・フランス	三好達治訳
神々は渇く	アナトール・フランス	大塚幸男訳
テレーズ・ラカン 全二冊	エミール・ゾラ	小林正訳
ジェルミナール 全三冊	エミール・ゾラ	安士正夫訳
獣人 全二冊	エミール・ゾラ	川口篤訳
制作 全二冊	エミール・ゾラ	清水正和訳

書名	著者	訳者
水車小屋攻撃 他七篇	エミール・ゾラ	朝比奈弘治訳
氷島の漁夫	ピエール・ロチ	吉氷清訳
マラルメ詩集		渡辺守章訳
脂肪のかたまり	モーパッサン	高山鉄男訳
メゾンテリエ 他三篇	モーパッサン	河盛好蔵訳
モーパッサン短篇選		高山鉄男編訳
わたしたちの心	モーパッサン	笠間直穂子訳
地獄の季節	ランボオ	小林秀雄訳
対訳ランボー詩集 —フランス詩人選（1）		中地義和編
にんじん	ルナアル	岸田国士訳
ぶどう畑のぶどう作り	ルナアル	岸田国士訳
博物誌	ルナール	辻昶訳
ジャン・クリストフ 全四冊	ロマン・ローラン	豊島与志雄訳
トルストイの生涯	ロマン・ロラン	蛯原徳夫訳
ベートーヴェンの生涯	ロマン・ロラン	片山敏彦訳
ミケランジェロの生涯	ロマン・ロラン	高田博厚訳
フランシス・ジャム詩集		手塚伸一訳

書名	著者	訳者
三人の乙女たち	フランシス・ジャム	手塚伸一訳
背徳者	アンドレ・ジイド	川口篤訳
法王庁の抜け穴	アンドレ・ジイド	石川淳訳
精神の危機 他十五篇	ポール・ヴァレリー	恒川邦夫訳
若き日の手紙	フィリップ	外山楢夫訳
朝のコント	フィリップ	淀野隆三訳
シラノ・ド・ベルジュラック	ロスタン	辰野隆・鈴木信太郎訳
地底旅行	ジュール・ヴェルヌ	朝比奈弘治訳
八十日間世界一周	ジュール・ヴェルヌ	鈴木啓二訳
海底二万里 全二冊	ジュール・ヴェルヌ	朝比奈美知子訳
結婚十五の歓び		新倉俊一訳
死霊の恋・ポンペイ夜話 他三篇	ゴーチエ	田辺貞之助訳
火の娘たち	ネルヴァル	野崎歓訳
パリの夜 —革命下の民衆	レチフ・ド・ラ・ブルトンヌ	植田祐次編訳
牝猫（めすねこ）	コレット	工藤庸子訳
シェリ	コレット	工藤庸子訳
シェリの最後	コレット	工藤庸子訳

生きている過去　レニエ　窪田般彌訳
ノディエ幻想短篇集　篠田知和基編訳
フランス短篇傑作選　山田稔編訳
シュルレアリスム宣言・溶ける魚　アンドレ・ブルトン　巖谷國士訳
ナジャ　アンドレ・ブルトン　巖谷國士訳
不遇なる一天才の手記　ヴォーヴナルグ　関根秀雄訳
ヂェルミニィ・ラセルトゥウ　ゴンクウル兄弟　大西克和訳
ジュスチーヌまたは美徳の不幸　サド　植田祐次訳
とどめの一撃　ユルスナール　岩崎力訳
フランス名詩選　安藤元雄・入沢康夫・渋沢孝輔編
繻子の靴　全二冊　ポール・クローデル　渡辺守章訳
A・O・バルナブース全集　全二冊　ヴァレリー・ラルボー　岩崎力訳
悪魔祓い　ル・クレジオ　高山鉄男訳
楽しみと日々　プルースト　岩崎力訳
失われた時を求めて　全十四冊　プルースト　吉川一義訳
子ども　全二冊　ジュール・ヴァレス　朝比奈弘治訳
シルトの岸辺　ジュリアン・グラック　安藤元雄訳

星の王子さま　サン=テグジュペリ　内藤濯訳
プレヴェール詩集　小笠原豊樹訳

岩波文庫の最新刊

シェリング著／西川富雄・藤田正勝監訳

学問論

ドイツ観念論の哲学者シェリングが、国家による関与からの大学の自由、哲学を核とした諸学問の有機的な統一を説いた、学問論の古典。

〔青六三一-一〕 定価一〇六七円

森 鷗外作

大塩平八郎 他三篇

表題作の他、「護持院原の敵討」「堺事件」「安井夫人」の鷗外の歴史小説四篇を収録。詳細な注を付した。(注解・解説＝藤田覚)

〔緑六-一二〕 定価八一四円

……今月の重版再開……

十川信介編

藤村文明論集

〔緑二四-六〕 定価九三五円

辻 善之助著

田沼時代

〔青一四八-一〕 定価一〇六七円

定価は消費税 10% 込です　　2022. 4